经济管理 | 高等院校规划教材

物流学概论

Logistics Generality

主　编　袁雪妃　袁　兵

副主编　白璐璐　李　宁　张　蕾

大连理工大学出版社

图书在版编目(CIP)数据

物流学概论 / 袁雪妃，袁兵主编. — 大连 : 大连理工大学出版社，2017.12
高等院校规划教材
ISBN 978-7-5685-0883-4

Ⅰ.①物… Ⅱ.①袁… ②袁… Ⅲ.①物流－概论 Ⅳ.①F252

中国版本图书馆 CIP 数据核字(2017)第 141524 号

大连理工大学出版社出版
地址:大连市软件园路 80 号 邮政编码:116023
发行:0411-84708842 邮购:0411-84708943 传真:0411-84701466
E-mail:dutp@dutp.cn URL:http://dutp.dlut.edu.cn
大连金华光彩色印刷有限公司印刷 大连理工大学出版社发行

幅面尺寸:170mm×240mm 印张:17.25 字数:325 千字
2017 年 12 月第 1 版 2017 年 12 月第 1 次印刷

责任编辑:邵 婉 张 娜 责任校对:婧 萱
封面设计:波 朗

ISBN 978-7-5685-0883-4 定 价:40.00 元

前言

PREFACE

随着经济发展水平的快速提高,以及由模块化分工和网络组织的发展而引致的经济运作模式的巨大变化,物流产业已然成为地区经济发展的血液循环系统,为各行各业的发展输送养料等,对经济的发展起到至关重要的作用。至2015年3月"一带一路"国家级战略提出之后,物流产业对于一国经济发展水平的影响作用更是毋庸置疑了。但是目前在中国,物流领域的专业人才还比较匮乏,使得物流产业的升级发展遇到瓶颈。现实经济的发展,对于物流专业人才的需求量缺口较大,对于物流高端人才的需求也更为迫切。

在这种背景下,对于物流产业发展的研究与实践都是非常必要的,尤其是对于高等院校的教学来说,更是如此。《物流学概论》是对物流产业进行学习和研究的专业基础性教材,对于初学者了解物流产业的内涵及相关的基础知识、概念、管理理论等具有较好的指导性作用。

鉴于已有的其他物流学教材也比较丰富,本书的特色主要凸显于三个方面:一是在框架结构上根据物流的主要职能来设计,集中于物流管理各个职能模块内的知识著述,更为一目了然,有助于读者通观全局;二是在前人的研究著作基础上,结合理论著述,重点突出实践内容,加入大量相关的案例、小常识等内容,以帮助读者更好地深入理解物流理论,强化学习效果;三是本书调配了产业组织研究领域、物流实践领域、理工科生产物流研究领域等多个领域的专业教师,共同合著此书,分别在各个章节注入更为专业的物流知识和信息。

本书主要面向普通高等院校物流管理、电子商务、国际物流、市场营销、物流工程、工商管理、物流机械制造等专业的学生,也可作为物流领域内相关工作者的入门自学读物。

本书由在物流管理领域具有多年教学经验与实践经验的优秀教师联合著述,其中融入了多年的教学总结、体会与创新点。其中,袁雪妃任第一主编,主要负责全书结构框架的设计及人员调配，并负责第2、8章的编写工作；袁兵任第二主编，负责统稿及第3、7章的写作工作；副主编白璐璐负责第1、10章的编写工作，并协助统稿；张蕾负责第5、9章的编写工作；李宁负责4、6章的编写工作。

本书作者在编写过程中，查阅了大量的资料，进行对比分析，并融入了多年的科研成果及实践经验，这些对于高等院校学生及初进入物流领域的新人，了解并学习物流入门知识，将会有很大的帮助。

在编写本教材的过程中，编者得到了一些高校和友人的大力支持，在此，对他们表示真诚的谢意。但由于精力、时间有限，书中难免存在不足之处，诚请物流同行和广大读者批评、指正。

编　者
2017年11月

目录

CONTENTS

物流概述

第1章

【学习目标】

- 掌握物流的概念及演变过程、物流的定义、现代物流观念
- 掌握流通与物流的关系、商流与物流分离的表现形式
- 理解物流活动的构成与分类
- 了解中国物流的发展历程和现状

引导案例

物流行业“降本增效”是重中之重

2017年“两会”期间，全国政协常委、民建中央副主席提交了一份针对物流行业的提案，其表示，目前物流业还面临着成本居高不下，效率低等诸多问题。

“近年来，我国社会物流成本与GDP的比率由过去的18%逐步降至15%，但仍比美国数据高7个百分点，也高于全球平均水平以及印度、巴西等其他金砖国家。从物流成本占产品成本的比例来看，我国处在30%～40%，发展中国家一般为15%～25%，发达国家则一般为10%～15%，同样反映了我国物流成本居高不下的现状。”“两会”期间，全国政协党委、民建中央副主席在其关于现代物流业进一步“降本增效”的提案中这样指出。

全国政协常委、民建中央副主席表示，物流成本高的原因在于三个方面。首先是公路成本高，特别是过桥过路费，平均占公路干线货运企业运输成本的30%左右；其次为管理成本高，目前我国物流管理费用占物流总费用的12.6%，是发达国家的3～4倍；另外则是效率低下，目前我国货运空载率在40%左右。

全国政协常委、民建中央副主席指出，在税费方面，实施“营改增”以来，物流企业由于普遍存在进项抵扣不足的问题，比如占成本比重近三成的过路过桥费无法抵扣，这就导致物流企业的税负不降反增。对此，其建议降低物流企业税率，或者实现路桥费也能抵扣。

除了成本居高不下，全国政协常委、民建中央副主席还指出，物流行业还存在企业“小、散、乱、差”以及基础设施相对滞后的问题。

在设施方面，周汉民指出，虽然近几年我国一直在完善基础设施网络，也取得了不错的成效，但总体看来，现代化仓储、多式联运转运等设施仍显不足，布局合理、功能完善的物流园区体系尚未建立，高效、顺畅、便捷的综合交通运输网络尚不健全，物流基础设施之间不衔接、不配套问题比较突出。

在此背景下，从物流业“降本增效”出发，全国政协常委、民建中央副主席指出，加快“甩挂运输”等先进运输方式向多式联运发展以及搭建信息化平台，提升行业集约度亦是需要着手推进的事情。

为了达到可以采用甩挂运输的规模，目前一些企业已经在尝试新的模式——借助互联网搭建平台，如南通林森物流搭建“江苏省交通物流公共信息服务与交易平台”，实现了江苏“互联网物流”的历史性突破。事实上，在中国经济步入新常态后，物流企业面临巨大的挑战，“互联网＋物流”的平台模式已愈发受到青睐，一些企业更是为资本看中，发布融资的信息亦连续不断。

（资料来源：中国物流与采购网）

分析

通过上述资料及分析可以明白一个道理，物流业“降本增效”不仅仅对物流行业的健康发展至关重要，对整个国家的经济发展乃至国际竞争力的提升都有举足轻重的作用。

本章将对物流的概念、构成与分类，物流在流通中的作用，中国物流的发展等有关内容进行详细的分析介绍。

1.1 物流相关概念

1.1.1 物流的概念

物流是与人们生活最为密切相关的社会经济活动之一，它存在于国民经济和社会生活的各个方面，维系着社会再生产的顺利进行，同时也是重要的经济增长点。物流是一个现代化的概念，随着经济的发展和社会的进步，人们对物流概念的认识也在不断地深化。对物流概念的科学认识，决定和影响着人们对物流规律的认识程度，也决定和影响着物流科学发展和应用的水平，进而影响物流发展的程度和水平。

物流的概念是随着交易对象和环境变化而发展的，物流概念的正式形成经历了漫长的道路，从20世纪初美国最先提出物流概念至今，人们对物流活动和物流管理的认识经历了一个世纪的演变。

1. 物流概念的演进

物流的概念最早起源于20世纪初的美国。从20世纪初到现在一个世纪的时间内，物流概念的演进经历了以下三个阶段。

(1)PD阶段

19世纪末至20世纪初，美国迎来了大量生产、大量流通、大量消费的时代，出现了直接进入流通领域的制造商，开始涉及Physical Distribution（物资配送或实物配送，简称PD）活动领域。这段时期内，物流经历了从实物供给到实物配送的过程，成为经济管理的一个基本功能或基本领域。学术界一般认为以阿奇萧（Arch W Shaw）和弗莱德克拉克（Fred E Clerk）等的研究成果为标志，PD成为最早的物流概念。

1956年，日本政府组织"流通技术专门视察团"赴美考察，随后于1958年在其发表的《流通技术专门视察团报告书》引入PD概念。1964年日本通商产业省把"物的流通"政策作为政府产业政策的一个重要组成部分，第一次把PD用"物的流通"来表达，物流是物的流通的简称。

(2)Logistics阶段

20世纪70年代开始，Logistics（物流）术语大量出现在文献上，与PD的物流概念出现了很大区别。1985年，美国物资配送管理协会改名为美国物流管理协会，它是最早开展Logistic（物流）研究的权威机构。根据美国物流管理协会在1998年的最新定义，物流是"供应链流程的一部分，是为了满足顾客需求而对物品、服务及相关信息从产出地到消费地的有效率、有效益的正向和反向流动及储存进行的计划、实施与控制过程"。

(3)SCM阶段

进入21世纪，物流的理论和实践又有了新进展。2005年1月1日，美国物流管理协会正式更名为美国供应链管理专业协会，这标志着全球物流已经进入供应链管理时代。人们在研究物流问题时发现了库存控制、物资供应、物资分销等环节的研究价值，从而产生了供应链的概念及供应链管理的思想和方法。在新的经济格局下，物流业找到了自身新的定位，即物流成为供应链的一部分或者供应链的主体。

小提示

物流概念起源的四个观点

(1)物流的概念产生于1901年。有人认为是约翰F克洛威尔(John F Crowell)于1901年在美国政府的《产业协会关于农产品配送的报告》中首次讨论了影响农产品配送的因素和费用，使人类对于物流实践的认识开始走向科学化的道路。

(2)物流概念产生于1905年。有人认为是美国陆军少校贝克于1905年在其所著的《军队和军输品运输》一书中提出了“Logistics”(军事后勤)的概念，认为与军备的移动与供应相关的战争的艺术的分支就叫“物流”，这是从军事后勤的角度提出的。

(3)物流概念产生于1915年。有人认为是美国营销学者阿奇萧(Arch W Shaw)在1915年哈佛大学出版社出版的《市场流通中的若干问题》(*Some Problems in Market Distribution*)一书中提出了Physical Distribution(实体配送)的概念，这是从市场分销的角度提出的。学术界一般认同阿奇萧是第一个正式提出物流概念的人。这也是早期“物流”被表述为PD的原因。

(4)物流概念产生于20世纪50年代以后。唐纳德鲍尔索克斯(Donald J Bowersox)认为在20世纪50年代以后才出现了物流的概念。

2. 物流概念的定义

(1)不同国家对物流的定义

随着物流理论与实践的不断发展，物流的相关概念与内涵也在不断变化，世界上不同国家、不同学术团体、不同学派，出自不同的角度和观点都对物流概念给出了各种定义。表1-1反映出不同时期、不同组织、不同国家、不同地区对物流概念的认识。

表1-1　各种物流定义的比较

		年份	给出定义的组织	定义
美国	管理派	1998	美国物流管理协会	物流是供应链流程的一部分，是为了满足顾客需求而对物品、服务及相关信息从产出地到消费地的有效率、有效益的正向和反向流动及储存进行的计划、实施与控制过程
	工程派	1974	美国物流工程师学会	物流是与需求、设计、资源供给与维护有关，以支持目标、计划及运作的科学、管理、工程及技术活动的艺术
	军事派	1981	美国空军	物流是计划、执行军队的调动与维护的科学。它涉及与军事物资、人员、装备和服务相关的活动
	企业派	1997	美国EXEL物流公司	物流是与计划和执行供应链中商品及物料的搬运、储存及运输相关的所有活动，包括废弃物品及旧品的回收复用

（续表）

		年份	给出定义的组织	定义
欧洲		1994	欧洲物流协会	物流在一个系统内对人员及/或商品的运输、安排及与此相关的支持活动的计划、执行与控制，以达到特定的目的
日本		1981	日本日通综合研究所	物流是物资资料从供给者向需要者的物理性移动，是创造时间性、场所性夹着的经济活动。从物流的范畴来看，包括包装、装卸、保管、库存管理、流通加工、配送、回收、信息处理等基本功能，对其实施有机结合
中国	大陆	2006	中国国家质量监督检验检疫总局、中国国家标准化管理委员会	物品从供应地向接收地的实体流动过程。根据实际需要，将运输、储存、装卸、搬运、包装、流通加工、配送、回收、信息处理等基本功能实施有机结合
	台湾地区	1996	台湾物流管理协会	物流是一种物的实体流通活动的行为，在流通过程中，透过管理程序有效结合运输、仓储、装卸、包装、流通加工、资讯等相关物流机能性活动，以创造价值，满足顾客及社会需求
加拿大		1985	加拿大物流管理协会	物流是对原材料、在制品库存、产成品及相关信息从起源地到消费地的有效的、成本有效益的流动和储存进行计划、执行和控制，以满足顾客要求的过程。该过程包括进向、去向和内部流动

1.1.2 现代物流观念

1. 现代物流观念的形成

实物配送可以认为是传统的物流，侧重于营销领域，从传统物流发展到形成现代物流概念，主要特征表现为现代物流领域更大，将物流概念从销售领域扩大到生产领域，物流已不仅仅从产品出厂开始，而是包括从原材料采购、加工到产品销售、售后服务，直到废旧回收等整个物理性的流通过程，这种变化的实质主要体现在现代物流综合性的特征和整合集成的思想。现代物流作为一种管理方式、一个系统，其精髓在于整合，整合的结果是使分散、混沌而无秩序的状态走向一体化、有秩序的状态，整合对象范围的宽窄、要素的多少决定着系统化的程度。传统物流只实现了产成品销售领域的物流整合，而现代物流整合范围扩展到原材料的采购、供应和生产制造领域，整合对象除了有形产品外，还扩展到了信息。现代物流概念的演变反映了对于实物流动相关的活动从个别管理到系统管理、由简单系统管理到复杂系统管理的变化过程。

2. 现代物流概念的发展

物流概念从美国走向全世界，尤其在日本、欧洲得到充分发展，形成了不同的物流概念和理论。

(1)物流概念在美国

物流从分销领域向生产领域推广,综合物流概念逐渐形成。先进的生产技术和理念使得传统物流范围不断扩大,传统物流更专注研究分销领域中的物流问题,然而随着各种先进生产技术和理论的推广与应用,企业内部生产物流业在悄悄地发展起来。企业制造资源计划(MRP Ⅱ)技术将物流领域从分销物流扩展到生产物流。

(2)物流概念在日本

物流概念在日本发展形成了精益物流思想。日本丰田汽车公司创造的准时化(JIT)生产技术及相应的看板技术不仅在生产领域创造了一种革命性的哲学和技术,而且为整个物流管理学提供了一种理想的物流思想理论和技术,现在已经应用到物流的各个领域。另外,日本物流强调价值创造,即在流通中消除供需矛盾而产生的附加值。从日本的概念可以引申得出物流的经济性质,物流是可以创造价值的利润来源,而不是成本中心。

(3)物流概念在欧洲

物流概念在欧洲形成了第三方物流思想。欧洲是引进"物流"概念较早的地区之一,也是较早地将现代技术用于物流管理的先锋。欧洲物流的发展有着鲜明的阶段特点,欧洲重视发展社会化、专业化的物流,始终强调综合的观念,提倡第三方物流服务的概念。欧洲物流发展的重点是提高采购、生产、销售各个环节之间的效率,物流一体化程度很高。

(4)物流概念在中国

物流概念主要通过两条途径传入我国:一条是20世纪80年代初随市场营销理论的引入而从欧美传入,当时传过来的是Physical Distribution,中国人普遍接受"实体配送"的译法;另一条是从日本传入,日本人将其译为日文"物的流通"。改革开放后,1979年6月中国物资经济学会派代表团参加在日本举行的第三届国际物流会议,代表团第一次引入物流概念,并直截了当将其简称为"物流"。此后有关部门和专家学者展开了物流研究,20世纪80年代初原物资部内部刊物《物资经济研究通讯》(2002年3月更名为《中国物流与采购》)发表的北京物资学院王之泰教授的《物流浅谈》一文,较为完整地将物流概念介绍进我国,系统讲述了物流的概念,管理结构及物流信息等。

中国物资经济学会在前期将物流概念引入中国的过程中起到了重要作用,它连续多年组团参加国际物流会议。1987年1月5日,新成立的中国物流研究会在安徽蚌埠召开了首届大型学术年会,这次会议对国内物流研究起到了较大的促进作用。直到20世纪90年代,由于中国经济的发展及对外开放的深入,尤其是流通体制的改革、流通领域连锁经营的发展，以及 1997 年以来电子商务的发展，国内落后的物流状况才真正引起有关政府部门、企业和学术研究机构的关注。2006 年 12 月 4 日，中华人民共和国国家质量监督检验检疫总局和中国国家标准化管理委员会联合发布了中华人民共和国国家标准《物流术语》GB/T 18354—2006，以代替 GB/T 18354—2001。此标准确定了物流活动中的物流基础术语、物流作业服务术语、物流技术与设施设备术语、物流信息术语、物流管理术语、国际物流术语及其定义，适用于物流及相关领域的信息处理和信息交换。《物流术语》将物流定义为：物品从供应地向接收地的实体流动过程。根据实际需要，将运输、储存、装卸、搬运、包装、流通加工、配送、回收、信息处理等基本功能实施有机结合。

3. 传统物流与现代物流的区别

现代物流与传统物流的区别，主要体现在现代物流有了计算机网络和信息技术的支撑，并应用了先进的管理技术和组织方式，将原来分离的商流、物流、信息流和采购、运输、仓储、代理、配送等环节紧密联系起来，形成了一条完整的供应链。

(1)功能上的区别

传统物流一般指产品出厂后的包装、运输、装卸、仓储，现代物流提出了物流系统化或综合物流的概念，就是使物流向两头延伸并加入新的内涵，使社会物流与企业物流有机结合在一起，从采购物流开始，经过生产物流，再进入销售物流，与此同时，要经过包装、运输、仓储、装卸、加工配送到达用户(消费者)手中，最后还有回收物流。

(2)管理上的区别

现代物流作为一种管理方式、一个系统，其精髓在于整合，整合的结果是使得分散的、混沌而无序的状态走向一体化、有秩序的状态。传统物流只实现了产成品销售领域的物流整合，而现代物流的整合范围扩展到原材料的采购、供应和生产制造领域，整合对象除了有形物品外，还扩展到信息。现代物流概念的演变反映了对于物资流动相关的活动从个别管理到系统管理、由简单系统管理到复杂系统管理的变化过程。

4. 现代物流的特点

(1)系统化

系统化是现代物流最主要的特点，物流的科学形态就是建立在系统化基础之上的。把各个独立的活动组合成一个物流系统，需要系统化的组织技术和装备技术。系统化技术在物流领域比比皆是，是构成物流生产力的主体技术。

(2)信息化

信息化最能体现现代物流的特点。物流信息化表现为物流信息的商品化、物流信息收集的数据库化和代码化、物流信息处理的电子化和计算机化、物流信息传递的标准化和实时化、物流信息储存的数字化等。

(3)网络化

物流系统化的一个重要形式是物流网络化。这里的网络化有两层含义:一是各个物流企业之间,物流企业与生产企业、商业企业之间,甚至全社会之间均通过信息网络连接在一起。电子商务的快速发展就是得益于物流网络化的进程加速。二是指物流组织的网络化,即组织内部的局域网络。

(4)智能化

这是物流信息化的一种高层次应用,物流作业流程的运筹和决策,如库存水平的确定、运输路径的选择、自动导向车的运行轨迹和作业控制、自动分拣线的运行、物流配送中心经营管理的决策支持等问题都需要借助于大量的人工智能手段解决。

(5)精益化

后工业化社会,随着工业生产领域出现的大规模定制的发展趋势,派生了小批量、多批次、多品种的物流需求。与过去大批量生产相适应的大宗物流形式,在多数情况下,越是接近末端,当渠道变得细密时,就越会出现成本迅速增高和效率迅速降低的情况。因此,物流的组织方式和运作方式必然要发生变革,以适应大规模定制的要求。

小提示

2017 年 1 月中国物流业景气指数

中国物流与采购联合会发布的 2017 年 1 月份中国物流业景气指数为 52.5%,较上月回落 3.5%;中国仓储指数为 51%,较上月回落 1.7%;中国公路物流运价指数为 118.8%,比上月回升 1.7%。

业务总量指数回落,物流业务规模增势减弱。1 月份,业务总量指数比上月回落 3.5%,但仍然保持在 50%以上的水平,反映出受春节影响,物流业务活动规模增势减弱,但总体上物流活动仍较活跃。

新订单指数上升,物流需求明显增加。1 月份,新订单指数为 59%,比上月回升 2.9%。显示出物流业需求向好,将保持稳中趋升的态势。

库存指数回落,库存周转加快。1 月份,平均库存量指数为 51.3%,比上月回落 4.9 个百分点;库存周转次数指数为 59.6%,比上月回升 3.7 个百分点。显示出临近春节,与民生相关的商品迎来销售旺季,库存消耗明显,库存周转加快。

设备利用率指数和从业人员指数回落。1 月份,受生产建设活动放缓、物流业务规模增势减弱影响,设备利用率指数回落 4.6%,回落至 51%。而加上临近春节的因素影响,从业人员指数回落 2.5%,回落至 48.6%。

注:"景气指数"亦称景气度,是对企业景气调查中的定性指标通过定量方法加工汇总,综合反映某一特定调查群体或某一社会现象所处的状态或发展趋势的一种指标。

1.2 物流与流通

社会经济分为生产与流通两大领域，物流属于流通领域的一种经济活动。改革开放以前，我国长期“重生产、轻流通”，严重压制了经济增长的内在活力，制约了我国经济的健康发展。改革开放后，流通产业受到重视，为我国经济的持续稳定增长做出了重要贡献。

1.2.1 流通

在经济学特别是商业经济学中，流通指的是商品流通，即以货币为媒介的商品交换，包括商品买卖行为以及相互联系、相互交错的各个商品形态变化所形成的循环的总体。作为一种经济形式而存在的流通，是联结生产和消费之间的纽带，它伴随着商品生产和交换的历史而产生和发展。纵观其发展历程，流通承接着两大使命：一是沟通生产与消费之间的社会间隔（商流）；二是联结场所、时间的间隔（物流）。

商流和物流一起构成了传统流通活动的全部内容。随着时代的进步，商品经济的发展，流通领域也在不断扩大。现代流通已成为包含有商流、物流、信息流、资金流四大支柱的领域。

1. 商流

商流过程也就是交易过程，一般发生在两个以上相对独立的个人或组织间，通过交换而实现商品价值形态的变换和所有权转移的经济过程。传统经济理论认为，交易（主要指市场交易）是通过价格机制自动完成的，交易过程或流通过程是可以忽略不计的。但交易成本经济学认为，交易是需要费用的，现实的交易过程或流通过程不仅不能忽略，而且相当复杂。交易成本经济学同时认为，组织（企业）内部交易是交易成本的一种重要手段，且具有替代市场的功能。但是组织内部交易也存在成本（管理费用），这种成分会随着组织规模的扩大而增加，当组织内部交易成本大到一定程度时，市场交易又会替代组织内部交易。因此，企业与市场是可以相互替代的，在市场交易与组织交易之间存在着重复交易、长期交易、伙伴关系、战略合作等多种交易形式。

2. 物流

物流是物品或商品实体由生产领域（供应地）到消费领域（使用地）的运动过程。这一过程是由运输、储存、包装、装卸、流通加工、配送等一系列活动要素所构成。从全社会来看，物流活动存在于国民经济各个部门、行业、领域与环节，只要有生产、有流通、有消费，就会有物流。物流不仅是生产、流通与消费得以顺利进行的前提，而且也直接决定生产、流通与消费的效率与效果。

3. 信息流

信息流是指信息从产生、发送到接收、分析处理、反馈的运动过程。在流通过程中，商品的供给、需求、价格等信息在流通当事人之间相互传递，形成了源源不断的信息流。信息不仅是商流与物流的前提，也是商流与物流状态的反映。按流通的不同阶段或功能，可将信息分为交易信息、物流信息与市场信息三大类。

4. 资金流

资金流是指在供应链成员间随着业务活动而发生的资金往来。通过资金的流动来监控和调剂物料的流动，通过投资收益率和资金周转率的高低评价企业的经营效益。

小提示

分工与商品交换形式的演进

(1)第一次社会大分工与物物交换

恩格斯认为游牧部落的出现，即“游牧部落从其余的野蛮人群中分离出来”是“第一次社会大分工”的重要标志。这一分工改变了原始部落集狩猎与采集于一体的传统生产方式，出现了不同部落分别从事农业与畜牧业生产的专业化生产方式。于是两大部落之间的商品交换开始形成，但这时的商品交换主要是剩余产品的交换，交换形式是物物交换，即 W—W。

(2)第二次社会大分工与以货币为媒介的商品交换

手工业和农业的分离导致第二次社会大分工的出现。由于手工业的产品不能直接作为生存资料，因此手工业者要生存就必须将其生产出来的手工业品拿到市场上去交换，然后换取自己所需要的消费品。因此，“随着生产分为农业和手工业这两大部门，便出现了直接以交换为目的的生产，即商品生产；随之而来的是贸易，不仅是部落内部和部落边境的贸易，而且海外贸易也有了”。随着商品交换的发展，货币作为交换的媒介和等价物也随之出现，即 W—G—W。这时的商品交换分解为两个不同过程，即卖的阶段(W—G)和买的阶段(G—W)，这两个阶段不仅在时间上可以分离，而且在空间上都可以分离。

(3)第三次社会大分工与以商人为媒介的商品交换

日益扩大的商品交换催生了专门从事商品交换活动的商人的出现。这就是第三次社会大分工，“它创造了一个不再从事生产而只从事产品交换的阶级——商人”。由此，商品交换形式也发生了变化，由 W—G—W 转为 G—W—G，即以商人为媒介的商品交换。因此，商人资本是历史上最早出现的资本形态。

参考资料：恩格斯. 家庭、私有制和国家的起源.

1.2.2 物流与商流

1. 物流与商流的关系

物流和商流是商品流通过程的两个方面。它们既相互联系，又相互区别；既相互结合，又相互分离。

物流和商流之间的联系体现在以下两个方面。

(1)它们都属于流通领域，是商品流通的两种不同形式，在功能上相互补充。通常是先发生商流后发生物流，在商流完成以后再进行物流。

(2)它们都是从供应者到需求者的流动，具有相同的出发点和归宿。

物流和商流之间的区别体现在以下三个方面。

(1)流动的实体不同。物流是商品的物质实体的流动，商流是商品的社会实体的流动。

(2)功能不同。物流创造商品的空间效用、时间效用，而商流创造商品的所有权效用。

(3)发生的先后和路径互不相同。在特殊情况下，没有物流的商流和没有商流的物流都可能存在。

2. 物流与商流的分离

(1)物流与商流分离的基础

物流与商流产生分离的最根本原因是物流运动的实体——物品，与商流运动的基础——资金，两者具有相对独立性。商品的运动是通过资金的运动来实现的，但商品实体的运动受到实物形态的限制，其运动形式、运动渠道与资金流存在很大不同。资金的转移可以由银行间的结算系统通过划账方式瞬间到位，从而完成交易，实现所有权的转让。而物品的运动则是通过空间位移来实现，其空间移动则必须经过一系列物流活动的相对漫长过程来实现。

(2)物流与商流分离的表现形式

物流与商流的分离一般有以下几种形式。

①商流在前，物流在后，物流在商流之后完成。商品的预购就属于这种形式。

②物流在前，商流在后。商品的赊销就属于这种情况。

③商流迂回，物流直达。如商品的所有权多次易手，但商品实体可从最初的售卖者直接送达最终购买者。

④只有商流，没有物流。这种形式至少有两种情况：一种是建筑物、房产的买卖。第二种情况是商品的投机活动。

⑤只有物流，没有商流。如搬家、自由物品的保管等。

1.2.3 物流、商流、资金流和信息流

商流、物流、资金流和信息流是流通过程中的四大支柱，“四流”构成一个完整的流通过程。“四流”互为存在，密不可分，相互作用，既是独立存在的单一系列，又是一个组合体。具体来说，首先商流是物流、资金流和信息流的起点，没有商流一般不可能发生物流、资金流和信息流；反过来，没有物流、资金流和信息流的匹配和支撑，商流也不可能达到目的。其次，商流是动机和目的，资金流是条件，信息流是手段，物流是终结和归宿。最后，商流、物流、信息流和资金流之间有时互为因果关系。总之，商流、物流、信息流和资金流四方面统一于商品流通过程之中，共同推动商品流的不断发展。

小提示

国务院办公厅印发《关于促进内贸流通健康发展的若干意见》

国务院办公厅于 2014 年 11 月印发《关于促进内贸流通健康发展的若干意见》（以下简称《意见》），部署在稳增长、促改革、调结构、惠民生的关键时期，加快发展内贸流通，引导生产、扩大消费、吸纳就业、改善民生，进一步拉动经济增长。

《意见》从四个方面明确十三项政策措施。在推进现代流通方式发展方面，一是规范促进电子商务发展。拓展网络消费领域，推进商务领域大数据信息服务平台建设，促进线上线下融合发展。加快推进电子发票应用。完善市场主体住所（经营场所）管理。鼓励支付产品创新。二是加快发展物流配送。加强物流标准化、信息化、专业化、社会化、组织化建设。推动城市配送车辆统一标识管理，保障运送生鲜食品、主食制品、药品等车辆便利通行。允许符合标准的非机动快递车辆从事社区配送。经认定为高新技术企业的第三方物流和物流信息平台企业，依法享受高新技术企业相关优惠政策。三是大力发展连锁经营。推进发展直营连锁，规范发展特许连锁，引导发展自愿连锁。

此外，《意见》还就支持生活性服务业发展提出几项具体政策：鼓励超市、便利店、机场等相关场所依法依规发展便民餐点；加快生活性服务业营改增改革步伐，加大小微企业增值税和营业税的政策支持力度，进一步促进生活服务业小微企业的发展；完善银行卡刷卡手续费定价机制，取消刷卡手续费行业分类，进一步从总体上降低餐饮业刷卡手续费支出。

1.3 物流活动的构成、分类

1.3.1 物流活动的构成

根据中华人民共和国国家标准《物流术语》GB/T 18354—2006 中的定义，物流(Logistics)是物品从供应地向接收地的实体流动过程。根据实际需要，将运输、储存、装卸、搬运、包装、流通加工、配送、回收、信息处理等基本功能实施有机结合。物流活动(Logistics Activity)是物流过程中的运输、储存、装卸、搬运、包装、流通加工、配送、回收等功能的具体运作。因此，物流活动也常被称为"物流的基本功能要素"。

1. 运输活动

运输(Transportation)是指"用运输设备将物品从一地点向另一地点运送。其中包括集货、分配、搬运、中转、装入、卸下、分散等一系列操作"(GB/T 18354—2006)。广义的运输一般分为输送和配送。有人将运输作为物流的代名词。运输方式有公路运输、铁路运输、船舶运输、航空运输、管道运输等。没有运输，物品只能有存在价值，却没有使用价值，即生产出来的产品，如果不通过运输，送至消费者手中进行消费，等于该产品没有被利用，因而也就没有产生使用价值。没有运输连接生产和消费，生产就失去意义。一般认为，所有商品的移动都是运输，运输可以划分为两段：一段是生产厂到流通据点之间的运输，批量比较大、品种比较单一、运距比较长，这样的运输成为"输送"；另一段是流通据点到用户之间的运输，一般称为"配送"，就是根据用户的要求，将各类商品按不同类别、不同方向和不同用户进行分类、拣选、组配、装箱，按用户要求的品种、数量配齐后送给用户，其实质在于"配齐"和"送达"。

2. 储存活动

储存(Storing)是"保护、管理、贮藏物品"(GB/T 18354—2006)。在物流中，运输承担了改变商品空间状态的重任，储存则承担了改变商品时间状态的重任。而库存是与储存既有密切关系又有区别的一个概念，它是储存的静态形式。产品离开生产线后到最终消费之前，一般都要有一个存放、保养、维护和管理的过程，也是克服季节性、时间性间隔，创造时间效益的活动。库存主要分为基本库存和安全库存。

3. 包装活动

包装(Package/Packaging)是指"为在流通过程中保护产品、方便储运、促进销售，按一定技术方法而采用的容器、材料及辅助物等的总体名称。也指为了达到上述目的而采用容器、材料和辅助物的过程中施加一定技术方法等的操作活动”(GB/T 18354—2006)。

包装可大体划分为两类:一类是工业包装,或叫运输包装、大包装;另一类是商业包装,或叫销售包装、小包装。工业包装是为保持商品的品质,商业包装是为使商品能顺利抵达消费者手中,提高商品价值、传递信息等。由此看来,包装的功能和作用不可低估,它既是生产的终点,又是企业物流的起点。包装的作用是按单位分开产品,便于运输,并保护在途货物。注重包装是保证整个物流系统流程顺畅的重要环节之一。

4. 装卸搬运活动

装卸(Loading and Unloading)是指“物品在指定地点以人力或机械装入运输设备或卸下”(GB/T 18354—2006)。搬运(Handling Carrying)是指“在同一场所内,对物品进行以水平移动为主的物流作业”(GB/T 18354—2006)。

装卸、搬运是物流各环节连接成一体的接口,是运输、储存、包装等物流作业得以顺利实现的根本保证。装卸和搬运质量的好坏、效率的高低是整个物流过程的关键所在。装卸搬运工具、设施、设备不先进,搬运装卸效率低,商品流转时间就会延长,商品就会破损,就会增大物流成本,影响整个物流过程的质量。装卸搬运的功能是连接运输、储存和包装各个系统的节点,该节点的质量直接关系到整个物流系统的质量和效率,而且又是缩短物流移动时间、节约流通费用的重要组成部分。装卸搬运环节出了问题,物流其他环节就会停顿。

5. 流通加工活动

流通加工(Distribution Processing)是指“物品在从生产地到使用地的过程中,根据需要施加包装、分割、计量、分拣、刷标志、拴标签、组装等简单作业的总称”(GB/T 18354—2006)。它是一种产品从生产者向消费者流动的过程中,为了促进销售,维护产品质量,实现物流的高效率所采取的使物品发生物理和化学变化的功能。通过流通加工,可以节约材料、提高成品率,保证供货质量和更好地为用户服务。所以,对流通加工的作用同样不可低估。流通加工是物流过程中“质”的升华,使流通向更深层次发展。

6. 配送活动

配送(Distribution)是指“在经济合理区域范围内,根据客户要求,对物品进行拣选、加工、包装、分割、组配等作业,并按时送达指定地点的物流活动”(GB/T 18354—2006)。过去没有将配送独立作为物流系统实现的功能,未看成是独立的功能要素,而是将其作为运输中的末端运输对待。但是,配送作为一种现代流通方式,集经营、服务以及库存、分拣、装卸、搬运于一身,已不仅仅是一种送货运输所能包含的,所以应将其作为独立功能要素。

7. 物流信息处理活动

物流信息(Logistics Information)是指“物流活动中各个环节生成的信息，一般随着从生产到消费的物流活动的产生而产生，与物流过程中的运输、储存、装卸、包装等各种职能有机结合在一起，是整个物流活动顺利进行所不可缺少的”(GB/T 18354—2006)。

物流信息是连接运输、储存、装卸、包装各环节的纽带，没有各物流环节信息的通畅和及时供给，就没有物流活动的时间效率和管理效率，也就失去了物流的整体效率。通过收集与物流活动相关的信息，就能使物流活动有效、顺利地进行。信息包括与商品数量、质量、作业管理相关的物流信息，以及与订货、发货和货款支付相关的商流信息。不断地收集、筛选、加工、研究、分析各类信息，并把精确信息及时提供给决策人员，以此为依据判断生产和销售方向，制定企业经营战略，以便做出高质量的物流决策。

小提示

物流的七大流动要素

如果把物流作为一种具有经济目的的“流”来分析，可以发现这个“流”必须具备一些重要的组成元素，这就是物流的流动要素。从“流”的角度看，为了达到物流的目的，物在时间和空间上的移动过程中具有七个要素(根据七个要素的英文首字母，简称为 OCDADSE)：流体(Object of flow)、载体(Carrier)、流向(Direction of flow)、流量(Amount and volume of flow)、流程(Distance of flow)、流速(Speed of flow)、流效(Effectiveness of flow)。任何物流都具有这七个要素。

1.3.2 物流活动的分类

社会经济领域中的物流活动是普遍存在的，但在不同的领域和条件下，物流的表现形态、基本结构、技术特征和运作方式等都存在诸多差异。由于物流对象、目的、范围、范畴不同，形成了不同类型的物流。目前，物流活动在分类标准方面没有统一的看法。综合已有的论述，物流活动的分类主要有以下几种。

1. 按照物流作用分类

物流按照作用可以分为供应物流、销售物流、生产物流、回收和废弃物流等五类。

(1)供应物流(Supply logistics)

生产企业、流通企业或用户购入原材料、零部件或商品的物流过程称为供应物流，也就是物资生产者、持有者到使用者之间的物流。对于制造企业而言，是指对于生产活动所需要的原材料、燃料、半成品等物资的采购、供应等活动所产生的物流；对于流通企业而言，是指交易活动中，从买方角度出发的交易行为中所发生的物流。

(2)销售物流(Distribution logistics)

生产企业、流通企业售出产品或商品的物流过程称为销售物流，是指物资的生产者或持有者到用户或消费者之间的物流。对于制造企业，是指售出商品；而对于流通企业是指交易活动中，从卖方角度出发的交易行为中所发生的物流。

(3)生产物流(Production logistics)

从工厂的原材料购进入库起，直到工厂成品库的成品发送为止，这一全过程的物流活动称为生产物流。生产物流是制造企业所特有的，它和生产流程同步。原材料、半成品等按照工艺流程在各个加工点不停顿地移动、流转，形成了生产物流。如果生产物流发生中断，生产过程也将随之停顿。

(4)回收物流(Returned logistics)

回收物流是指不合格物品的返修、退货以及伴随货物运输或搬运中的包装容器、装卸工具及其他可再用的旧杂物等，经过回收、分类、再加工、使用的流动过程。

(5)废弃物流(Waste material logistics)

废弃物流是伴随某些厂矿的产品，同时或共生的副产物(如钢渣、煤矸石等)、废弃物，以及生活消费品中的废弃什物(如垃圾)等，收集、分类、加工、包装、搬运、处理过程的实体物流。

2. 按照物流系统的性质分类

物流按照系统性质可以分为社会物流、行业物流、企业物流三类。

(1)社会物流

社会物流一般是指流通领域发生的物流，是全社会物流的整体，所以有人也称之为大物流或宏观物流。社会物流的一个标志是：它是伴随商业活动发生的，也就是说与物流过程和所有权的更迭相关的。

(2)行业物流

同一行业中的企业虽然在市场上是竞争对手，但是在物流领域中却常常可以互相协作，共同促进行业物流系统的合理化，行业物流系统化的结果是使参与的所有企业都得到相应的利益。

(3)企业物流

企业是一种从事商务活动，即为满足顾客需要而提供产品或服务，以营利为目的经济组织。一个制造企业，首先要购进原材料，然后经过若干工序的加工，最后形成产品销售出去。一个运输企业要按照客户的要求将货物运送到指定地点。这种在经营范围内由生产或服务活动所形成的物流系统称之为企业物流。

3. 按照物流活动的空间范围分类

物流按照物流活动的空间范围可以划分为：地区物流、国内物流和国际物流三类。

(1)地区物流

所谓地区，有不同的划分原则：可按行政区域划分，可按地理位置划分。地区物流系统对于提高该地区企业物流活动的效率，以及保障当地居民的生活福利环境，具有不可缺少的作用。研究地区物流应根据地区的特点，从本地区的利益出发，组织好物流活动，还要从城市建设规划、地区开发计划出发统一考虑，妥善安排。

(2)国内物流

国家或相当于国家的实体，是指拥有自己的领土、领海和领空的政治、经济实体。国家所制订的各项计划、法令政策都是为其自身的整体利益服务的。物流作为国民经济的一个重要方面，纳入国家的总体规划，成为国内物流。

(3)国际物流

国际物流是指世界各国(或地区)之间，由于进行国际贸易而发生的商品实体从一个国家(或地区)流转到另一个国家(或地区)的物流活动。随着国际贸易的发展，物流国际化越来越突出，"物流无国界"已被人们公认，国际物流将不断得到发展，这就要求有相应的国际物流设施和管理经验。

4. 按照研究的范围分类

按照物流研究的范围大小，可将物流分为宏观物流、中观物流和微观物流三类。

(1)宏观物流

宏观物流是指社会再生产总体的物流活动，从社会再生产总体角度认识和研究的物流活动。这种物流活动的参与者是构成社会总体的大产业、大集团，宏观物流也就是研究社会再生产总体物流，研究产业或集团的物流活动和物流行为。宏观物流还可以从空间范畴来理解，在很大空间范畴的物流活动，往往带有宏观性，在很小空间范畴的物流活动则往往带有微观性。宏观物流也指物流全体，从总体看物流而不是从物流的某一个构成环节来看物流。因此，社会物流、国民经济物流、国际物流等都属于宏观物流。宏观物流研究的主要特点是综观性和全局性。

(2)中观物流

中观物流是社会再生产过程中的区域性物流，它是从区域的经济社会来认识和研究物流的。从空间位置来看，一般是较大的空间。例如，一个国家的经济区的物流，称之为特定经济区物流；一个国家的城市经济社会的物流，称之为城市物流。

(3)微观物流

微观物流是指消费者、生产者、流通企业所从事的实际的、具体的物流活动。此外，在整个物流活动中的一个局部、一个环节的具体物流活动也属于微观物流；在一个小地域空间发生的具体的物流活动也属于微观物流；针对某一种具体产品所进行的物流活动也是微观物流。我们经常涉及的物流活动皆属于微观物流，如企业物流、生产物流、供应物流、销售物流、回收物流、废弃物物流、生活物流等，微观物流研究的特点是具体性和局部性。因此，微观物流是更贴近具体企业的物流。

5.按照物流所涉及的领域分类

按照物流所涉及的领域不同，可将物流分为军事领域物流、生产领域物流、流通领域物流和生活领域物流四类。

(1)军事领域的物流

军事领域物流指用于满足军队平时与战时需要的物流活动。军事领域的物流概念是现代物流概念的来源。在军事上，物流是支持战争的一种后勤保障手段，是伴随战争和战场的转移而发生的军事物资的运动。近年来，随着军事科学的发展，军事物流已纳入军事经济系统之中，“经济性”的比重正在加重，使其外延不但涉及政治、军事，而且也必然涉及分配、调度及各种购销活动。

(2)生产领域的物流

对于物流的研究并非始于流通领域，而是始自生产领域，是以生产企业为中心，形成对物流系统的认识。无论在传统的贸易方式下，还是在电子商务下，生产都是流通之本，而生产的顺利进行需要各类物流活动支持。生产的全过程从原材料的采购开始，便要求有相应的供应物流活动，将所采购的材料组织到位；在生产的各工艺流程之间，也需要原材料、半成品的物流过程，即所谓的生产物流，以实现生产的流动性；部分余料、可重复利用的物资的回收，就需要所谓的回收物流；废弃物的处理则需要废弃物物流。可见，整个生产过程实际上就是系列化的物流活动。

(3)流通领域的物流

物流与流通领域有天然不解之缘，流通领域的物流是典型的经济活动，这个经济活动的重要特点是：购销活动、商业交易、管理与控制等活动与物流活动密不可分。在网络化时代，电子商务发展迅速，由此产生的企业对企业(B to B)、企业对消费者(B to C)的电子交易行为必然产生大量的商品实体的物理性的位移，使物流主体更趋向于流通领域。

(4)生活领域的物流

在生活消费领域也存在着物流活动，这种物流活动对支撑日常的生活是不可少的，也是使生活更为科学化，并创造一个良好的生活环境，保证现代化生活节奏不可少的组成部分。生活领域的物流现在研究较少，但是随着企业对消费者(B to

C)的电子商务的开展，物流进入个人生活领域将成为现代物流越来越重要的组成部分。

6. 按照物流作业执行者的角度分类

按照物流作业执行者的角度进行分类，可将物流分为企业自营物流和第三方物流两类。

(1)企业自营物流

企业自营物流是指企业自行组织的物流。一般来说，企业自营物流包含三个层次。①物流功能自备。其中又包含两种情况：一是企业内部各职能部门彼此独立地完成各自的物流使命；二是企业内部设有物流运作的综合管理部门，通过资源和功能的整合，专设企业物流部或物流公司来统一管理企业的物流运作。②物流功能外包。一是将有关的物流服务委托给物流企业去做，即从市场上购买有关的物流服务；二是物流服务的基础设施为企业所有，但委托有关的物流企业来运作。③物流系统组织。企业自己既不拥有物流服务设施，也不设置功能性的物流职能部门，而是通过整合市场资源的办法获得相应的物流服务。

(2)第三方物流

第三方物流(Third-Party Logistics，简称 3PL，也简称 TPL)的概念源自管理学中的外包(Out-souring)，意指企业动态地配置自身和其他企业的功能和服务，利用外部的资源为企业内部的生产经营服务；将外包引入物流管理领域，就产生了第三方物流的概念。所谓第三方物流是指生产经营企业为集中精力搞好主业，把原来属于自己处理的物流活动，以合同方式委托给专业物流服务企业，同时通过信息系统与物流企业保持密切联系，以达到对物流全程管控的一种物流运作与管理方式。因此，第三方物流又叫合同制物流。最常见的 3PL 服务包括设计物流系统、EDI 能力、报表管理、货物集运、选择承运人、货代人、海关代理、信息管理、仓储、咨询、运费支付、运费谈判等。

小提示

第四方物流

第四方物流(Fourth Party Logistics)是 1998 年美国埃森哲咨询公司率先提出的，专门为第一方、第二方和第三方提供物流规划、咨询、物流信息系统、供应链管理等活动。第四方并不实际承担具体的物流运作活动。

按照国外的概念，第四方物流是一个提供全面供应链解决方案的供应链集成商。

第四方物流存在三种可能的模式：

1. 协助提高者：第四方物流为第三方物流工作，并提供第三方物流缺少的技术和战略技能；

2. 方案集成商：第四方物流为货主服务，是和所有第三方物流提供商及其他提供商联系的中心；

3. 产业革新者：第四方物流通过对同步与协作的关注，为众多的产业成员运作供应链。

1.4 中国物流的发展

1.4.1 中国物流的发展历程

长期以来，由于受“重生产，轻流通”的思想观念影响和分割的流通体制的制约，中国物流一直没有得到应有的重视和发展。直到 2001 年，现代物流才算正式登上中国经济舞台，原国家经贸委等六部委联合印发我国有史以来第一份指导物流发展的文件《关于加快我国现代物流发展的若干意见》。由此开端，物流业逐渐成为中国现代服务业的龙头产业之一，其对国民经济发展起到举足轻重的影响。

我国物流的现代化进程主要经历三个历史阶段。

1. 传统计划储运阶段（中华人民共和国成立后——20 世纪 70 年代末期）

“物流”一词还未出世之前，中国的物流活动是一直存在的，只是没有物流的概念，更没有系统管理物流活动的思想和机制，各要素都是以单个活动分别进行的。新中国成立以后，实行高度集中的经济计划体制。由国家来组织国民经济的运行和多数产品的生产，特别关注的是增加产品的数量，以保证人民的基本需求。20 世纪 70 年代末，流通企业开始组建储运公司，从商品经营机构分离出来。但这一阶段的物流发展主要属于计划物流阶段，还不能算是真正意义上的现代物流活动。

2. 物流概念引入阶段（20 世纪 70 年代末——20 世纪 90 年代初）

1979 年 6 月，我国物资工作者代表团赴日本参加第三届国际物流会议，回国后在考察报告中第一次引用和使用物流这一术语，并介绍了日本物流的发展情况。中国也开始对物流进行理论研究，而且是以探讨生产资料流通领域活动为主，对其他领域的物流涉及却很少。这段“摸着石头过河”的时期，为以后的中国物流的崛起打下了基础。到 1989 年 4 月，第八届国际物流会议在北京召开，“物流”一词的使用在中国日益普遍。

3. 现代物流起步阶段（20 世纪 90 年代中期至 21 世纪初）

90 年代中期，现代物流才在中国真正崛起。1994 年广州宝供物流企业集团有限公司的出现，标志着中国本土第一个第三方物流企业的诞生，拉开了现代物流组织的序幕。另外,香港和记黄埔有限公司开始投资建设和经营珠三角地区的港口。

2001年中国物流与采购联合会的成立,可以说是中国物流业历史发展的一次飞跃。它的成立表明中国物流作为一个行业登上了历史舞台,而物流行业是由物流企业组成的,是物流企业的联合体,物流企业的出现使中国企业大家族增加了新的成员,改变了中国企业格局。中国加入WTO,为中国带来了巨大的机遇和挑战。大量的外资开始进驻中国市场,而外资进入对中国物流业的全面发展起到了一个很大的促进作用。

4. 现代物流大规模发展阶段(2006年至今)

2006年的“十一五”规划,在中国历史上第一次把现代物流业写进五年计划。2009年的《物流业调整和振兴规划》更是把促进物流业发展纳入应对国际金融危机的“一揽子计划”,进一步提升了其在国民经济中的基础性支撑作用,为物流业发展创造了良好的外部环境。2014年9月,国务院印发的《物流业发展中长期规划(2014—2020年)》指出:物流业是融合运输、仓储、货代、信息等产业的复合型服务业,是支撑国民经济发展的基础性、战略性产业。加快发展现代物流业,对于促进产业结构调整、转变发展方式、提高国民经济竞争力和建设生态文明具有重要意义。2017年1月,商务部等5部门联合印发《商贸物流发展“十三五”规划》的通知,为进一步推动我国商贸物流业健康发展,降低物流成本,提高流通效率保驾护航。有关部门和地方政府出台了一系列专项规划和配套措施。社会物流统计制度日趋完善,标准化工作有序推进,人才培养工作进一步加强,物流科技、学术理论研究及产学研合作不断深入。

小提示

中国物流行业发展三大趋势分析

中投顾问发布的《2017—2021年中国物流行业投资分析及前景预测报告》表示,中国物流行业将面临三大发展趋势。首先,制造业、流通业和农业等产业物流,对物流业发展起着决定性作用,并且三者各自正在发生深刻变化:制造业物流呈现整合、分离、外包的趋势;流通业物流则面临提升、改造、分流的趋势;农业物流显现双向、集中、对接的趋势。其次,随着产业物流的需求变化,物流市场的专业细分速度加快,对物流企业专业化分工、精细化服务的要求加剧,从而导致物流企业重组联合,市场集中度将提高。最后,传统物流行业迎来了向信息化物流转型的关键性时期,除了互联网信息技术的支持之外,“互联网+”的出现可以加快物流行业的转型发展;对于互联网物流行业而言,建立信用评价体系、实现线上支付闭环、建立物流生态圈是努力的方向;智能化、信息化可以在物流行业3~5年的战略机遇期中为企业提供发展的新机遇。

1.4.2 中国物流的发展现状

1. 物流产业规模快速增长

全国社会物流总额2013年达到197.8万亿元，比2005年增长3.1倍，按可比价格计算，年均增长11.5%。物流业增加值2013年达到3.9万亿元，比2005年增长2.2倍，年均增长11.1%，物流业增加值占国内生产总值的比重由2005年的6.6%提高到2013年的6.8%，占服务业增加值的比重达到14.8%。物流业吸纳就业人数快速增加，从业人员从2005年的1780万人增长到2013年的2890万人，年均增长6.2%。

2. 物流基础设施网络日趋完善

截至2014年年底，全国营业性通用仓库面积约9.1亿平方米，冷库总容积约9562万立方米。截至2015年年底，全国公路总里程457.73万公里，其中高速公路里程12.35万公里；内河航道通航里程12.70万公里，其中等级航道6.63万公里；全国生产性码头泊位3.13万个，拥有万吨级及以上泊位2221个；民用机场体系基本成型，全国民用运输机场210个。截至2016年年底，全国铁路营业里程12.40万公里，其中高速铁路2.20万公里；全国包括运营、在建和规划的各类物流园区共计1210个。

3. 物流服务能力快速提升

物流企业资产重组和资源整合步伐进一步加快，形成了一批所有制多元化、服务网络化和管理现代化的物流企业。传统运输业、仓储业加速向现代物流业转型，制造业物流、商贸物流、电子商务物流和国际物流等领域专业化、社会化服务能力显著增强，服务水平不断提升，现代物流服务体系初步建立。

4. 物流技术装备条件明显改善

信息技术广泛应用，大多数物流企业建立了管理信息系统，物流信息平台建设快速推进。仓储分拣、装卸搬运、包装加工、运输配送等专用设施设备和条形码、智能标签、无线射频识别、可视化及跟踪追溯系统、全球定位系统、地理信息系统等先进技术加速应用，云计算、大数据、物联网、移动互联网等新一代信息技术日益推广。

5. 物流需求持续扩大

2015年社会消费品零售总额达到30.1万亿元，“十二五”年均增长达13.9%；货物进出口总额达24.6万亿元，年均增长4%；电子商务交易总额达20.8万亿元，年均增长35.8%；单位与居民物品物流总额达5078亿元，年均增长20.8%；快递业务量达206.7亿件，年均增长54.61%；生产资料销售总额达57.9万亿元，年均增长10.0%。批发、零售、住宿、餐饮、居民服务等商贸服务业及货物贸易迅速发展，对商贸物流服务需求不断扩大。

6. 物流运行效率提升

“十二五”期间，商贸企业物流费率呈下降趋势，2014 年我国批发零售企业物流费率为 7.7%，较 2008 年下降 0.6 个百分点。受益于共同配送等新模式发展，大型连锁企业物流成本持续降低，配送效率不断提升。2011～2015 年，规模以上连锁超市商品统一配送率由 63.4%提高到 76.6%。

7. 物流模式创新发展

物流企业加快推动平台建设，形成了公共信息服务平台、资源整合交易平台、跨境电子商务平台等物流平台发展模式。适应连锁经营发展需要，形成了供应商直接配送、连锁企业自营配送、社会化配送及共同配送等物流配送模式。企业着眼于供应链管理，形成了商贸物流全产业链集成发展、互联网引领物流发展、商贸业和制造业联动发展等融合发展新模式。商贸物流企业积极推动全过程标准化管理，形成了供应链上下游企业“结对子”协同推进标准化、组建联盟创新推进标准化、大型企业集团在系统内部推进标准化、以标准托盘应用为依托推进商业流程标准化、以标准周转箱应用为依托推进农产品物流标准化等标准化推进模式。

8. 国际化发展取得突破

“十二五”期间，交通运输、仓储和邮政业实际利用外资金额累计达 195.3 亿美元，年均增长 13.3%。自由贸易试验区试点放宽国际航运服务领域外资准入限制，外贸进出口集装箱在国内沿海港口和自贸试验区内港口之间的沿海捎带业务有序开展。商贸物流企业加快推动国际区域物流合作，积极参与“一带一路”物流通道建设，稳步推进跨境电子商务海外仓建设，拓展国际货运代理业务范围，国际合作水平明显提高。

9. 发展环境不断优化

“十二五”期间，国家高度重视物流发展，出台了一系列扶持政策，相关规划和标准体系不断完善。地方政府积极落实土地、资金、税费、交通管理等政策，并出台相关配套措施。商贸物流诚信体系建设有序推进，市场秩序逐步规范。城市共同配送、商贸物流标准化、电子商务与物流快递协同发展等综合示范试点工作成效显著。社会物流统计制度日趋完善，标准化工作有序推进，人才培养工作进一步加强，物流科技、学术理论研究及产学研合作不断深入。

案例分析

英国物流业发展经验

作为物流发展较好的国家，英国物流基础设施建设完善、物流管理自动化水平较高、政策规划体系完备，对中国的现代物流体系建设具有重要借鉴意义。

1. 倡导综合性物流体制

在以英国为代表的欧洲物流观念中，始终强调综合观念，重视发展社会化的、专业化的物流，提倡第三方物流服务的理念。英国的企业采用综合物流观念，强调总体战略目标，致力于发展综合物流体制，全面规划流通业务，为顾客提供综合物流服务。物流企业不仅向顾客提供和联系铁路、公路、水运和空运等交通运输工具，而且还向顾客提供仓库出租等其他配套服务。英国建设的综合物流中心为社会提供的服务项目有：建设配送中心、办理海关手续、提供保税和非保税仓库、货物担保、医疗服务、消防设备、道路和建筑物的维修、铁路专用线、邮政电信系统、代办税收、就业登记等。多功能综合物流中心的建设模式对整个欧洲物流发展影响很大，"综合物流"成为英国及欧洲物流发展的重要特征。随着欧盟的诞生，欧洲共同市场的形成，英国及欧洲第三方物流的应用水平高于美国和日本。

此外，从 20 世纪 80 年代起，一种新型的物流服务方式在英国出现，即所谓的专属物流服务方式，物流公司通过与货主签订 5 年协议，提供由货主企业命名的运输车辆服务，同时也提供仓储服务。这一服务的出现，使英国 80 年代后自有物流与营业物流的比重发生了变化。

2. 政府发挥监督和引导作用

英国政府对流通并未实行完全放开、任其发展的政策，而是通过经济、法律和行政手段进行积极有效的管理，为物流业的发展创造了良好的制度环境。

(1)政策改革促进物流发展。在英国，道路运输、物流设施建设等方面受到政府和地方自治团体的管理。政府通过大力实施打破垄断、放松管制的政策措施，给物流行业创造出充分自由、公平竞争的市场环境。如，20 世纪 60 年代运输政策的变化使得运输公司的营业范围得以扩大，对物流的发展起到了催化剂的作用，而改革以前，英国对大型车辆的重量有所限制，所以一般物流公司的车辆相对较小。而仓库业的管理、监督则由地方自治团体负责，即使是临时中转库的建设也必须得到地方自治团体的同意。随着英国高速公路的发展，企业需要重新对基础设施进行布局建设，而地方自治团体积极地推波助澜，促使物流成为英国服务性行业中就业人口较多的行业。此外，欧盟在促进欧洲统一市场形成的过程中，制定和大力推行统一的贸易政策、运输政策、关税政策、货币政策等，极大地促进了货物在全欧洲范围内的自由流动。

(2)制订规划引导产业发展。物流战略规划是政府在一定时期内实施物流战略的行为纲领，它明确了物流产业的发展目标、实施步骤和战略措施、资金保障等，是促进物流产业发展的有效措施。如，英国十年运输规划等都对物流业的发展提出了明确目标和要求，从理念到行动、从战略到资金、从措施到步骤都给予了充分的保证，促进了物流业的持续发展。

(3)加强物流基础设施建设。如英国在2000—2010年交通运输发展战略中提出投入1800亿英镑,用于改善交通运输基础设施、综合运输信息化建设和提高运输安全性等方面的项目。同时,出台土地政策、财税政策等有利于物流业发展的政策措施,促进大型货运枢纽、物流基地、物流中心和公共配送中心等新型物流基础设施发展。

3.企业创新服务模式

英国第三方物流的快速发展,很大程度上取决于流通领域经营策略的变化。随着企业普遍专注于价值链中的核心环节,积极推进企业内部物流活动社会化,仓储、出货运输、运费单据审计支付、进货运输、运费汇总分配和交叉配送等已成为物流外包的重点环节,促进了第三方物流的迅速增长。英国第三方物流在商业领域发展的一大特色是:已从货物配送发展到店内物流,即零售店将从开门到关门,从清扫店堂到补货上架等原先由商店营业员负责的一系列工作,全部交给第三方物流商完成。此外,由于在欧洲市场差异较大,不同的市场对物流服务要求也不同,英国第三方物流企业为制造商提供广泛的服务,包括制作不同语言的标签和包装,帮助制造商在欧洲的不同市场进行销售,并根据不同地区的发展水平提供相应的有针对性的物流服务。

4.行业协会作用突出

20世纪60年代末期,英国组建了物流管理中心,70年代正式组建了全英国物流管理协会。协会在物流业的快速发展中起到积极的作用,如跟踪和分析整个欧洲物流产业发展状况,引导和促进整个行业的发展;提供配送中心选址、规划、经营等方面的咨询和信息,帮助成员企业降低成本、提高效率,促进成员企业的发展;提供教育和培训,并形成了相应的物流从业资格制度;规范行业行为,参与制定物流行业标准;联络和交流作用等。

5.推进物流"电子信息化"的发展

英国物流成本低、效率高的一个最根本原因就是其"电子信息化"程度高,对电子信息化工具和相应的物流信息化装卸配套设施的广泛运用,使得物流装卸储运基本实现"物流电子信息化"操作。英国物流业重视对物流信息化工具技术的研究,有专门的物流信息管理研究机构为物流的"电子信息化"流通提供服务。英国运输研究所负责研究物流车、船装载技术,通过对火车、汽车、船舶和集装箱物流运输的各项经济技术指标进行仔细的对比分析,对物流包装、散货运输各自的优越性及适用的品种、适用范围进行比较,提出了建立包、散结合,公、铁、水路运输共存互补的"物流信息化"科学运输体系。

6.物流技术设施现代化程度高

现代物流的迅速发展和效率改进,离不开持续不断地应用先进适用的物流技术。从叉车、托盘(第二次世界大战时期)、集装箱(20世纪50年代)、高层货架仓库、自动化仓库(20世纪六十七年代),到计算机仓储管理系统(20世纪80年代)以及条形码、无线射频技术、互联网、电子商务、智能交通系统、ERP等(20世纪90年代及最近)等,给物流效率持续不断的改进带来技术上的支持。

同时,英国物流仓储和物流加工业等行业较为发达,物流储备和装卸设施相互配套建设,储运现场作业的速度很快,极大地减少了物流在储、运等环节的损失和停留的时间,有效地降低了流通成本。物流加工业生产集中度相当高,较好地产生了规模效应;物流相关行业的高集中度,便于产品的生产流通。

此外,英国物流质量的控制几乎涵盖了流通全过程的所有环节。英国物流从实用出发,根据理论将复杂的质量检验简化,形成了英国物流以目测为主的现场快速检测以及以多级复检为特征的质量保证体系。同时,英国物流对质量的严格要求,极大促进了物流市场以及物流的健康发展。

英国物流还积极配合欧盟推进物流产业的标准化进程,针对物流基础设施、装备制定基础性和通用性标准;针对安全和环境制定强制性标准;支持行业协会对各种物流作业和服务制定相关的行业标准。

7.物流教育培训体系日趋完善

物流业的发展加大了对物流人才的需求,而英国等发达国家已经形成了较为合理的物流人才教育培训体系。20世纪60年代末期,英国物流管理中心开始以工业企业高级顾客委员形式出现,协助企业制订物流人才的培训计划,组织各类物流专业性的会议,到了70年代,正式组建了全英国管理协会。英国皇家物流ILT是世界上最早的物流与运输专业组织,也是最具权威的组织之一。在其近百年的发展历程中,形成和完善了自己一整套的物流和运输职业资质标准和认证体系。英国皇家物流ILT物流和运输认证标准及相应的培训课程被欧洲、北美、亚洲、大洋洲和非洲的众多国家广泛采用,更有35所著名大学开设由英国皇家物流ILT批准的有关物流和交通运输的学士、硕士及博士课程。英国皇家物流ILT物流证书还得到了其他国际专业组织和著名学府的广泛承认,如国际物流学会、欧洲物流认证委员会等,英国物流与运输专业著名大学如ASTON大学承认英国皇家物流ILT证书作为其硕士学位学分。

8.促进物流可持续发展

交通运输与物流的发展带来了诸如安全、环保、资源的利用等一系列社会问题,针对这些问题,英国物流行业研究和制定了相应的政策措施解决此类问题。如提出的"可持续运输""建设安全、高效、清洁和公正的运输系统""绿色物流""连续、和谐的运输发展""有效利用运输资源"等理念和战略措施。

(资料来源:福步外贸论坛.《英国物流业发展经验》)

分析

英国物流业发展有何成功经验？结合我国实际，如何借鉴英国物流发展的成功经验？

本章小结

本章分别介绍了物流的概念、演进历程、定义和现代物流观念；详细阐述了流通与物流的关系、商流与物流分离的表现形式；清晰表述了物流活动的构成与分类；归纳分析了中国物流的发展历程和现状。

延伸阅读

国务院印发《物流业发展中长期规划(2014—2020 年)》

国务院于 2014 年 9 月 12 日印发《物流业发展中长期规划(2014—2020 年)》(以下简称《规划》)，部署加快现代物流业发展，建立和完善现代物流服务体系，提升物流业发展水平，为全面建成小康社会提供物流服务保障。

《规划》指出，物流业是融合运输、仓储、货代、信息等产业的复合型服务业，是支撑国民经济发展的基础性、战略性产业。加快发展现代物流业，对于促进产业结构调整、转变发展方式、提高国民经济竞争力和建设生态文明具有重要意义。

《规划》提出，到 2020 年，要基本建立布局合理、技术先进、便捷高效、绿色环保、安全有序的现代物流服务体系，物流的社会化、专业化水平进一步提升，物流企业竞争力显著增强，物流基础设施及运作方式衔接更加顺畅，物流整体运行效率显著提高，全社会物流总费用与国内生产总值的比率由 2013 年的 18%下降到 16%左右，物流业对国民经济的支撑和保障能力进一步增强。

《规划》明确，要以着力降低物流成本、提升物流企业规模化集约化水平、加强物流基础设施网络建设为发展重点，大力提升物流社会化、专业化水平，进一步加强物流信息化建设，推进物流技术装备现代化，加强物流标准化建设，推进区域物流协调发展，积极推动国际物流发展，大力发展绿色物流，并提出了多式联运、物流园区、农产品物流、制造业物流与供应链管理等 12 项重点工程。

《规划》要求，要落实相关保障措施，深化改革开放，完善法规制度，规范市场秩序，加强安全监管，完善扶持政策，拓宽投资融资渠道，加强统计工作，强化理论研究和人才培养，发挥行业协会作用。各地区、各部门要充分认识促进物流业健康发展的重大意义，采取有力措施，确保各项政策落到实处、见到实效。地方各级人民政府要加强组织领导，完善协调机制，结合本地实际抓紧制订具体落实方案，及时将实施过程中出现的新情况、新问题报送发改委和交通运输部、商务部等有关部门。国务院各有关部门要加强沟通，密切配合，根据职责分工完善各项配套政策措施。发改委要加强统筹协调，会同有关部门研究制定促进物流业发展三年行动计划。

(资料来源：新华网.《国务院印发〈物流发展中长期规划〉(2014—2020年)》)

本章思考题

一、选择题

1. 物流观念的启蒙和产生都是在(　　)完成的。

A. 美国　　B. 英国　　C. 日本　　D. 法国

2. 物流是对物品(包括无形的服务)从起始点向最重点的动静结合的(　　)过程。

A. 生产　　B. 分配　　C. 消费　　D. 流动

3. (　　)管理源于物流管理，但却高于物流管理。

A. 运输　　B. 生产　　C. 储存　　D. 供应链

4. 按照物流系统的属性不同，可以分为(　　)和(　　)。

A. 城市物流　　B. 宏观物流　　C. 微观物流　　D. 区域物流

二、判断题

1. 物流可以理解为物资流通。(　　)

2. 商流是物流的基础，物流是商流的实现手段。(　　)

3. 流通包括物流、商流、信息流和资金流。(　　)

4. 配送不是物流活动的构成要素。(　　)

三、名词解释

1. 物流　　2. 第三方物流　　3. 国际物流　　4. 商流

四、简答题

1. 物流概念是如何演进的？

2. 物流活动的构成有哪些功能要素？

3. 中国物流发展经历哪些阶段？

4. 商流和物流分离的表现形式有哪些？

五、实训题

1. 通过上网或同学、朋友介绍了解当地知名物流经营企业，并了解该公司的业务范围和具体服务项目，对物流行业有个整体的认识。

2. 结合实际企业物流经营情况，指出目前中国物流发展存在的问题，有何解决措施？

物流战略与物流组织

第2章

【学习目标】

- 熟悉物流战略管理的目标和物流战略规划领域
- 掌握几种重要类型的物流战略概念及其主要特征
- 熟悉物流战略制定的基本步骤
- 认识有效物流组织的必要性
- 熟悉物流组织结构的多种形式

引导案例

深圳市怡亚通竞争力的打造

深圳市怡亚通供应链股份有限公司成立于1997年，是中国率先与国际接轨的供应链服务商之一，并致力于成为“全球最优秀的专业供应链服务商”。怡亚通总部设在深圳，员工1000余人，现在全球共拥有9家分公司、18家子公司，已基本建成服务全球整合企业的两大业务平台——全球采购执行平台和全球分销执行平台。

从企业成立进入起步期过渡到企业进入成长期的阶段(1997～2003)，该阶段怡亚通主要从两个方面提升企业的竞争力。(1)提升核心业务能力战略。2001年，怡亚通充分利用自身拥有的信息资源、高效的通关服务和物流资源整合能力，创造性地建立了以通关、配送为核心的“IT物流”运作模式，为客户“一体化”的全程物流运作服务。(2)新的供应链策略。怡亚通“一站式供应链服务”是企业供应链环节服务外包由外部“横向一体化”转向内部“纵向专业化”发展的重要突破，即由供应链环节上相邻的各企业间依次连接起来的合作转为公司内部各部门之间的合作关系。

从企业进入成长期过渡到企业进入成熟期的阶段(2003～2005),该阶段怡亚通主要通过集团化战略和完善企业自身的营销网络促进自身竞争力。(1)推进企业集团化战略。2003年,怡亚通决策层做出了在怡亚通历史上具有重大意义的创新——打造怡亚通专业供应链服务,并针对这一战略定位大刀阔斧地进行改革。(2)完善服务经营网络。怡亚通凭借在国际贸易、进出口、保税服务等各方面多年的经验,建立起遍布中国主要经济区域(珠三角、长三角、环渤海湾、西部区域中心)的全方位的保税物流平台,成为中国2013年唯一入驻全国保税物流园区的企业。

从企业进入成熟期过渡到企业进入再生期的阶段(2005—),该阶段怡亚通关注于企业综合竞争力的培养。(1)开展战略合作,促成企业联盟。怡亚通以"客户为中心",与客户建立长期稳定的战略合作伙伴关系,通过合作帮助企业从供应链管理优化中获得成本降低、核心竞争力提升、管理能力加强等一系列利好,快速发展。(2)优化物流信息和管理系统。怡亚通投入数百万元研发公司信息管理系统及服务平台,研发了具有业界领先水平和自主知识产权的信息管理系统。(3)企业文化提升核心竞争力。怡亚通在管理文化上始终保持与世界同步,将矩阵管理、根据业务行业设立事业部等先进管理模式融入怡亚通。

(资料来源:陈伟博,刘秉镰,刘伟华,王海鹏.本土物流企业竞争力构成要素及核心竞争能力分析.物流技术,2012(7))

分析

通过上述资料及分析可以明白一个道理,制定正确的、与时俱进的物流战略对于一个物流企业在激烈的市场竞争中生存、发展、保持较强的竞争力起到决定性的作用。

本章将对物流战略的内容、模式以及起到执行作用的物流组织的有关内容进行详细的分析介绍。

2.1 物流战略的内涵

2.1.1 物流战略的概念

物流战略(Logistics Strategy)是指为寻求物流的可持续发展,就物流发展目标以及达成目标的途径与手段而制定的长远性、全局性的规划与谋略。

2.1.2 物流战略的基本构成要素

物流战略的基本构成要素包括经营范围、资源配置、竞争优势和协同作用四个方面。

1. 经营范围

经营范围是指物流企业所提供的物流服务在供应链层级、地域等方面的广度。有的企业是通过扩大经营范围而获取竞争优势的，比如顺丰快递向电子商务领域发展，开创了“顺丰优选”；也有的企业是通过把经营范围精缩、把某个职能做精而获取立足之地的，比如冷链物流。

案例分析

冷链物流

冷链物流打开了食品、医药、生化等行业长途运输的困境，曾一度被奉为物流领域的高端服务。中国冷链物流自 21 世纪以来也得到了蓬勃发展。杭州统冠物流用了 5 年时间打造全程冷链物流。

2013 年 7 月，阿里巴巴的生鲜冷链物流已经正式启动，配送范围将覆盖上海始发至北京上海、广州、深圳、杭州及天津、武汉、重庆、成都、宁波等 26 个网购热门城市。

2013 年，杭州老牌水果超市大华元老板吴静鸣投资 4887 万元建设的阿克苏冷库及物流配送项目动工了，自建冷链物流。这个项目总占地面积 2.6 万平方米，其中包含 1 万多平方米的保鲜库。

2012 年，杭州物美大卖场也在自家的配送中心建了 300 多平方米的冷库。

但是挂着“贵族”标签的冷链物流却没有给营运冷链物流的中国物流企业带来利好的趋势，大部分冷链物流企业都叫苦连天。这是为何呢？首先，冷链物流成本比普通物流要高出 40%～60%，毛利润却不敌身价那么高，只有 20%左右。其次，中国部分食品企业不按规则运输、储藏的情况普遍存在，导致有效需求不足，促使不少冷链运输企业面临“吃不饱”的境况，这方面与发达国家的情况截然不同。杭州富日物流有限公司 2008 年投入 2000 多万元打造了储藏量为 2 万吨的冷库，但目前冷库的利用率却连一半都没达到。

在食品运输中，比如矿泉水标明在常温下保质期为 2 个月，这里的常温应该为 20 摄氏度，而夏天的时候有些地区的温度能达到 20 摄氏度以上，这时矿泉水应该冷藏保存，但是像这种产品大部分没有冷藏保存。这种情况在一些医药、化学产业中也屡见不鲜。

2. 资源配置

资源配置是指物流企业对企业内部全部资源及外部相关资源的调配、整合、优化的能力。

案例分析

阿里巴巴整合冷链物流

2013年7月2日，阿里巴巴旗下天猫宣布试水冷链物流，为生鲜产品提供冷链宅配服务。“这次的试水主要是跟第三方物流企业合作，把冷链运输、高端快递、宅配、航空等物流资源统一整合在一个平台上，以方便生鲜、水果卖家进行冷链配送。”阿里巴巴物流事业部配送总监段志国表示。

3. 竞争优势

竞争优势是指物流企业依托企业本身的资源所建立的一种在物流产业内获得的竞争优势，以及在相关产业内所能获得的连带竞争优势。一个企业如果能获得跨产业的竞争优势，则将如虎添翼，比如阿里巴巴的“菜鸟”网络。

案例分析

马云组建“菜鸟”网络

2013年5月29日，阿里巴巴联合银泰、复星等组建“菜鸟”网络，马云任董事长。

公司的核心目标是为电子商务、物流公司、仓储企业等搭建平台，不做自建物流。

据悉，菜鸟网络计划首期投资1000亿元，希望在5～8年的时间里，打造遍布全国的开放式、社会化物流基础设施。菜鸟称，这将是一张能支撑日均300亿，即年约10万亿网络零售额的智能骨干网络。目标是“让全中国任何一个地区做到24小时内送货必达”。

京东仓储暗战马云“菜鸟”

2013年7月31日，京东刘强东主办开放平台供应商大会。根据京东的规划，到2016年合计实现总交易额1100亿元，仓储物流开放平台业务将占半壁江山。

在最新的开放平台政策下，京东占地面积约120亩的“亚洲一号”上海物流中心及第三方仓储系统，将正式对第三方商家开放，预计2013年年底可投入使用。

物流有望成为京东的核心盈利模式之一，还通过抢先瓜分线下大物流、大数据市场，从而减少卖家等线下资源被马云的菜鸟网络一网打尽的可能。

但京东的野心不限于此。从资本层面来看，京东把开放平台置于重要的战略高度,有助于拉升公司的交易总额,提高电商运营盈利能力,最终为实现上市做好铺垫。

4. 协同作用

协同作用是指物流企业内部各个分支机构之间以及物流企业与供应链上下游的合作者之间的物流运作配合程度。一般协同作用强的企业,竞争力会更强。

案例分析

协同作用较强的物流企业介绍

海尔物流除了为海尔集团提供物流服务之外,还为社会提供家电产品的物流服务,甚至与阿里菜鸟网络建立了合作关系,为阿里菜鸟提供家电产品的配送服务。这是协同作用较强的一种表现。现在已经有越来越多的企业倾向于集中企业优势资源与核心业务,把其他辅助或上下游的职能外包出去,通过建立战略合作伙伴关系来加强整个供应链的竞争力,在此过程中就需要企业间发挥较强的协同作用。

2.2 物流战略的目标和内容

2.2.1 物流的战略性地位

随着经济的发展和分工的细化,第三方物流及第四方物流在国民经济中所做的贡献及所占的比重在逐步增加,甚至成为第三利润源泉,逐渐成为国民经济的支柱性产业。即便在第一方和第二方物流企业①中,物流管理者在企业战略决策中的影响力也在不断增强。

对于物流战略决策的地位变化主要经历了三个阶段:

第一阶段,物流经理几乎不提出建议,只是被动接受和履行企业战略。

第二阶段,物流经理提出一些建议,支持企业高层战略。

第三阶段,目前,物流经理提出重要建议,对企业战略起决定性影响,以至企业战略以物流战略为基础。

---

① 第一方物流指的是存在于生产企业内部的物流部门,第二方物流企业指的是存在于流通企业内部的物流部门。

背景了解

中国企业为什么需要物流战略？

现代企业管理已经从企业基于层面的计划和策划逐步转变为基于企业未来战略的规划。

中国的物流刚开始全面起步，可以借鉴的经验不多，企业必须明确战略方向、战略目标和战略措施。

现代物流的高度集成性，物流服务的综合性，需要在战略意义上整合资源和合理配置资源。

现代物流对于中国企业来说，具有巨大的挑战性、复杂性和艰巨性。

物流名言

张瑞敏的“物流名言”

没有现代物流，就意味着没物可流。

物流是企业的管理革命。

物流以时间消灭空间，商流以空间消灭时间。

对海尔来说，物流可以使我们寻求和获得核心竞争力。

物流使我们实现三个零的目标。三个零就是零库存、零距离、零营运资本。

企业战略与物流战略之间的关系可以说是相辅相成的，企业战略是制定物流战略的企业经济背景，物流战略是企业战略得以实现的职能保证之一，两者之间的关系可以参见图 2-1。

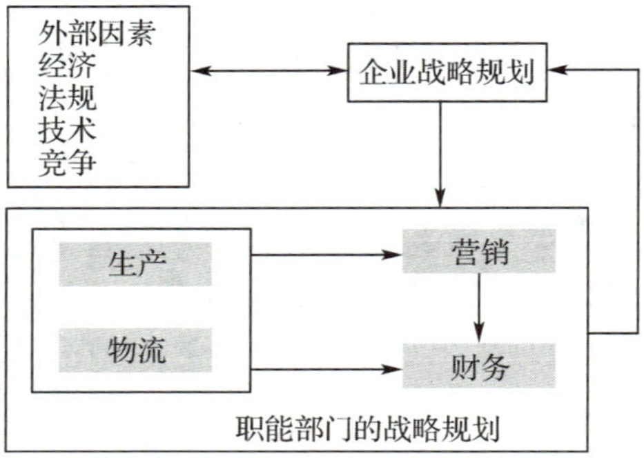

图 2-1 企业战略与物流战略的关系

📖 现实状况介绍

冷链物流的成本高昂

对于冷链物流的“身价”，杭州富日物流有限公司董事长高志明给记者算了一笔明细账：普通仓库的造价约为400元/平方米，冷库则要配备保温系统，造价就至少达2000元/平方米，而且冷库需要花费高额的电费，1万平方米的冷库一个月的电费至少要20万元。

2.2.2 物流战略的管理目标

物流战略主要包括三个基本目标，即降低成本、提高周转率、改进服务。

1. 降低成本

物流活动运作需要大量的人力、物力、财力，通过合理的战略制定及规划，可以节约大量的成本。比如，在配送这一职能中，通过合理的前期配送中心的数量和选址的战略决策，就可以为后期物流活动运作节约大量的成本，从而使得全部总成本最低。

📖 案例分析

海尔用人力替代部分自动化设备的战略决策

海尔在20世纪80年代为改进企业内部生产物流从德国进口科隆生产线，在衡量各方资源及价格的情况下，做出了用人力替代部分自动化程度高的设备的战略决策，以节省设备成本，因为当时海尔企业所在地的人力资源成本相对较低。

2. 提高周转率

在物流运作中，除了成本之外，周转率是评价一个物流企业运作效率的主要指标。周转率高，则仓储空间可以得到充分利用、资金占用率低（也即资金周转率高）、物流运作时间缩短、物流运作灵活性提高、风险性降低、成本降低，总的物流运作效率提升，从而创造更多的空间价值和时间价值。

3. 改进服务

物流服务的水平和质量也是经济社会考察物流企业的重要指标，主要体现为物流服务可得能力、作业完成能力、可靠能力等。中国物流企业经过20多年的发展，目前已经能根据各方企业的需求提供个性化服务和整合服务等。

物流成本、周转率和服务水平这三个目标之间的关系可以说是统一对立、息息相关。物流企业需要在保证物流服务水平的前提下，实现物流成本的最低化。具体而言，可通过以下各个目标的实现来达到：首先，维持企业长期的物流供应的稳定性，低成本、高效率；第二，物流服务产品谋求良好的竞争优势；第三，针对环境的变化，为企业整体战略提供预警和功能范围内的应变力；第四，以企业整体战略为目标追求与生产销售系统良好的协调性。

2.2.3 物流战略管理框架和内容

1. 全局性战略

客户服务是物流管理的最终目标，是全局性的战略目标，具体体现为两大平台和两大系统。两大平台是指基础设施平台和信息平台，两大系统是指信息网路系统和物流配送系统。

2. 结构性战略

包括供应链渠道设计和物流系统网络分析。

3. 功能性战略

主要是对企业物流作业管理的分析与优化，包括运输管理、采购与供应、库存控制的方法与策略以及仓储与配送等，尤其是运输、仓储和物料管理。

4. 基础性的战略

为保证物流系统正常运行提供基础性的保障，包括：信息系统、政策与策略、基础设施管理、组织系统管理，其中信息系统和组织管理问题对有效的物流业绩特别重要。

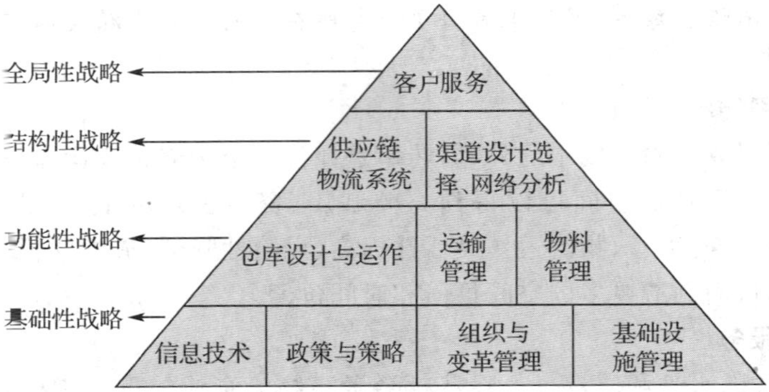

图 2-2　物流战略集成的主要领域

物流战略中均包含物流活动运营层面和作业层面的各个职能，但与后两个层面的工作存在本质的区别。主要区别参见表 2-1。

表 2-1　物流战略的工作与运营层面和作业层面工作的区别

系统层次 物流职能	战略层面	运营层面	作业操作层
选址	设施的数量、规模和位置	库存水平定位	线路选择、发货、派车
运输	选择运输方式	运输服务的内容	确定补货数量和时间表
订单处理	选择和设计订单录入系统	确定处理客户订单先后顺序	发出或接受订单
客户服务	设定标准	贯彻执行	具体操作执行
仓储	物流网络布局及仓库地点选择	仓库设施布局,存储空间选择	订单履行,收发货物,货物维护与保养
采购	确定采购政策	选择、管理供应商	洽谈合同、发出订单

各个层面的工作有不同的视角,需处理不同的数据和信息。

第一,战略层的工作是长期性的,需考虑内外环境的、趋势性的信息,所需数据无须精确和完整,具概括性即可,用规范分析(经验、直觉、创新),规划不求完美,在合理范围内接近最优框架性方案即可。灵活性较高。

第二,运营操作层的工作需要数据准确详细,方法正规、固定、精确,计划合理。

📖 对比介绍

- 战略层的库存是整个库存水平不超过某个财务预算。
- 运营操作层的计划需对每类产品提出相应的库存管理方法。

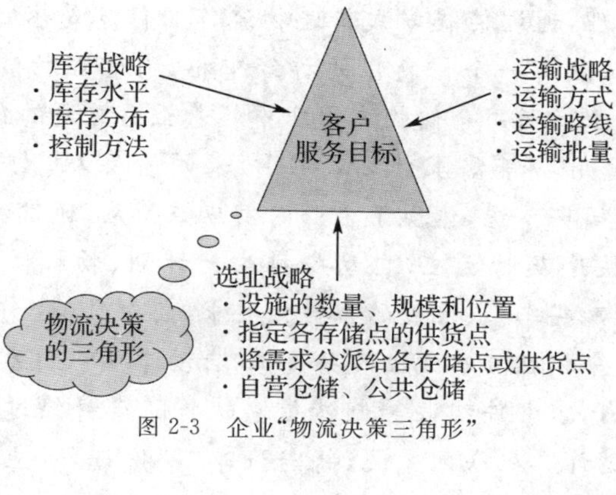

图 2-3　企业“物流决策三角形”

2.3 物流战略类型

2.3.1 企业物流的一般战略

1. 成本主导战略：精益物流战略

精益物流战略的目标是用较少的资源，如人力、空间、设备、时间来进行各种操作，有效组织物料的流动，杜绝浪费，使用最短的前置期，使库存和成本最小化。

精益战略寻找出消除浪费的途径，典型的方法是对目前的操作进行详细分析，然后取消不增加价值的操作，消除耽搁，简化过程，降低复杂性，提高效率，寻找规模经济，节省运输费用，除去供应链中不必要的环节。

案例介绍

通用公司精益物流

以精益物流闻名于世的通用汽车公司，是众多广州仓储物流公司值得借鉴的优秀仓储物流公司。在上海通用的仓库，各式复杂的汽车零部件被有序地分配到各个部件装配车间或总装车间，通过自动化汽车生产线，精准地安装到不同车型的汽车上，整个制造过程合理有序，精益美妙，体现出现代企业仓储物流的无限魅力。

要对成千上万的不同物料精益管理，对大量的产成品及时销售与配送，对上百家供应商进行管理，必然需要一个核心的仓储物流指挥控制系统，就像乐队需要指挥引导各种音符组成美妙乐章一样。我们认为这个系统就是物流管理运作的灵魂，是物流管理运作的神经系统。显然，像上海通用这样复杂的物流管理运作系统，仅凭手工统计管理，通过传统方式传递物流作业信息是不可能的：上海通用精益物流运作管理也必然有一个信息化的神经中枢，有管理物流作业的IT神经系统，这个系统显然在上海通用仓储物流管理中起着至关重要的作用。

据介绍，上海通用物料需求计划(MRP)采用贯穿从“订单—物料准备—发运—”的一个完整的闭环系统，体现了企业的供应链关系，通过利用信息技术，可对客户的个性化需求快速及时反应，自动安排生产计划、物料供应计划等。在电脑中，除了存有客户对购买车型、配置的个性化要求，还对每辆生产车辆编有SGM生产编号，这个编号是车辆在流水线上的身份证，自动车体识别系统将汽车制造信息自动读入电子标签内，零部件组装等制造信息就将随车身经过每一生产工段直至进入总装车间。通过计算机联网系统，将与汽车“身份证”对应的符合顾客个性化需求的汽车制造过程中所需物料信息，一一对应传递到各工位，在生产线上根据车辆不同的生产编号准确无误地执行不同的任务，正确完成不同的装配工作，形成由零部件的涓涓细流汇成整车流的完整过程。

上海通用仓储物流信息系统不仅在生产物流中发挥着重要作用，而且在对供应商管理及信息交换以保证零部件准时配送、产品营销中起到了巨大作用。对供应商信息交换与管理的系统是通过整个信息系统中的MGO子系统实现的。这一系统有订单展开、产品信息描述、物料需求计划自动生成、物流配送、库存管理控制及与供应商的信息交换等功能，是物料供应控制的灵魂。成品销售与配送是通过GPDS子系统实现的，这一系统具有订单管理、确认、展开功能，有售后服务与配件服务管理功能，有客户关系管理功能以及产品成本与库存分析功能等。可以认为，没有完善的物流系统，要完成如此复杂的物流作业管理，是不可想象的。

自上海通用投产以来，通过持续改进战略，上海通用在仓储物流管理上已经做了许多改进。截至2011年，上海通用按持续改进战略，还在不断研究如何进一步缩短订货周期、缩短产品制造周期，如何高效管理和利用物流信息；如何进一步改善供应链；如何更好地做到精益求精，如何做到物料供应的即时配送，如何做到客户订单的快速反应；如何实现零库存，如何进一步做好营销管理，如何进一步做好成品售后维修服务和零部件的及时供应，等等。据介绍，2011年正在研究的比较具体的改进措施就有：利用企业电子商务平台，改进与供应商的信息交流，并准备通过互联网与供应商做到供货信息及时交流，缩短响应时间，支持制造系统；也在探讨对由供应商供货的大型零部件，如供货批量小、供货配送效率不高的，今后是否可采用单独派车循环取货，以进一步提高运输效率，等等。

（资料来源：中国物流与采购网）

2. 服务主导战略：敏捷物流战略

敏捷战略的目标是对不同或变化的环境迅速做出反应，向客户提供高品质的服务。

敏捷有两个方面的含义。第一是反应的速度，敏捷的组织一直在检查客户的需求，对变化做出迅速反应；第二是物流根据不同客户需求而量身定做的能力。

案例介绍

联邦快递为大熊猫提供的特殊物流服务

2012年1月15日，联邦快递再次把两只大熊猫——欢欢和圆仔从中国运至法国西部图尔斯市的博瓦勒动物园。在与博瓦勒动物园和中国动物园协会（CAZG）的通力合作之下，联邦快递使用专门的波音777F货机——“联邦熊猫快递号”，将

3 岁的雌性大熊猫欢欢和 3 岁的雄性大熊猫圆仔从中国成都机场运至法国戴高乐机场。抵达法国后，联邦快递通过特制车辆将大熊猫从机场运送至博瓦勒动物园。联邦快递欧洲、中东、印度次大陆和非洲总裁表示，公司很荣幸能够通过专业能力助大熊猫来法国一臂之力，这证明公司在处理和运送珍稀动物方面拥有值得信赖的专业技术。

2013 年春季，联邦快递与多伦多动物园、成都大熊猫繁育研究基地密切合作，使用 MD-11 货机运送雌性大熊猫“二顺”和雄性大熊猫“大毛”。除了作为多伦多动物园大熊猫项目的官方承运商，联邦快递同时还承担定期运输新鲜竹子这一大熊猫主要食物来源的任务。

在美国当地时间 2017 年 2 月 21 日，FedEx Corp. 旗下附属公司联邦快递，运送旅美大熊猫“宝宝”返回中国。联邦快递再次派出包机搭载中国国宝大熊猫，从华盛顿杜勒斯国际机场直飞中国成都。“宝宝”将会被安置在由联邦快递提供的特制集装器内，搭乘联邦快递特别喷饰的 777 货机——“FedEx 熊猫快递号”返回中国。这是联邦快递第七次被赋予重任，运送中国国宝大熊猫。在此次运送任务中，联邦快递除了提供所有必要的空中运输外，还提供在华盛顿的地面物流支持，其中包括安排专门车辆把大熊猫从史密森尼国家动物园运送至机场。联邦快递负责本次运送大熊猫任务的飞行员、司机和操作人员都是拥有丰富经验的团队成员。联邦快递与史密森尼国家动物园和中方组织人员通力协作，确保做好运输过程中的每个工作环节，为“宝宝”提供一次安全舒适的旅程。整个团队会在旅程当中密切关注“宝宝”的状态，并备足饮用水、竹子和它最爱的食物，包括苹果、梨和红薯。鉴于安全方面的规定，大熊猫的起降过程将不对公众开放。

联邦快递多次成功运送大熊猫，包括：中国至加拿大多伦多(2013)，中国至法国巴黎(2012)，中国至苏格兰爱丁堡(2011)，美国华盛顿特区和亚特兰大至中国(2010)，中国至美国孟菲斯(2003)，中国至美国华盛顿特区(2000)。

资料来源：作者根据相关新闻整理，主要来源新闻为：联邦快递再担重任运送旅美大熊猫返回中国，网易航空网（北京）；中国大熊猫搭乘联邦快递专机飞赴法国，中华人民共和国国家邮政局网；联邦快递本月将运送两只中国大熊猫前往加拿大，中国新闻网（北京）。

3. 定制式物流服务战略

定制物流服务是指将物流服务具体到某个客户，为该客户提供从原材料采购到产成品销售过程中各个环节的全程物流服务模式，涉及存储、运输、加工、包装、配送、咨询等全部业务，甚至还包括订单管理、库存管理、供应商协调等在内的其他服务。

案例介绍

简柏特将流程再造外包

简柏特全球集团是由美国通用电气(GE)和另外两家美国投资公司共同出资成立的一家从事业务流程外包(BPO)的专业集团公司,其在全球范围内为客户提供高质量的业务和技术服务,通过其卓越的实践经验,协助其全球客户增加收入、降低成本,提高企业综合竞争力。公司共有员工35000余人,分布于美国、墨西哥、印度、中国、匈牙利、罗马尼亚的30多家分支机构。简柏特(大连)有限公司是简柏特第一家分支机构,公司运用先进的计算机技术和网络通信手段向位于中国内地、日本、韩国、新加坡等国家及中国香港等地区客户提供跨区域、远程的金融保险业的交易处理、财务分析和管理、信息技术支持、客户服务、供应链管理、员工服务以及高端软件外包和服务等业务。目前是中国从事BPO业务中规模最大、业务服务范围最广的跨国公司之一,自2000年进驻大连后的十年中,人员规模已经发展到近3000人。

案例介绍

宝供物流的定制服务

宝供与国内外100多家包括宝洁、联合利华、安利、红牛、强生、飞利浦、三星、索尼、中石油、中石化、阿克苏诺贝尔、福田汽车、丰田汽车、吉利汽车、汉高、李宁等世界500强及国内大型制造企业结成战略联盟,为他们提供物流咨询、物流运作、增值服务、信息服务、资金服务等供应链一体化的综合物流服务,成功地为这些企业在降低运营成本、提高服务水平等方面创造了价值,提高了竞争力。

4. 合作与联盟战略

极度重视与供应链其他部分的密切合作,与供应商、客户和专业物流提供商建立战略联盟,形成更为有效的供应链,所有成员齐心协力,共享长期合作的成果。

合作与联盟战略主要包括横向联盟、纵向联盟两种形式,一般通过第三方物流实现。

(1)横向联盟战略

横向联盟战略是指经营同种或相似品种的产品的企业之间,采取的一种联盟战略,主要用以打破规模小、实力不强的局面,实现企业外部一定范围内的“规模经济”。

案例介绍

广州雅琪物流与国际快递公司的联盟合作

广州雅琪物流(国际部)成立于2006年,以特色专线快递业务发展网络基础的国际专业快递。总部设在广州,目前已建立包括中美专线在内的多条国际航线。雅琪弘扬“快捷、便利、安全、务实”的企业精神,以合理价格、优质服务,全方位提升企业品牌形象,真诚服务于大众,专业代理ARAMEX中东快递,DHL快递,UPS快递,FEDEX快递,TNT快递,EMS快递。

雅琪自有品牌的专线快递服务,是其主要经营项目,整合了世界各地服务商的优势,目前已开通包括东南亚、美国、加拿大、欧洲、澳洲、中南美洲、非洲、中东在内的全球专线,目前已经开通专线的国家约80个,且专线覆盖的区域仍在不断增加中。

(资料来源:广州雅琪国际货运代理有限公司官网)

物流发展现状介绍

根据我国加入WTO的承诺,到2015年外商在流通领域,特别是运输、仓储、货代等行业,都可以占有公司的多数股份和全资拥有子公司。国际物流企业具有技术先进、资本雄厚、管理科学、成功经验、运营成本低、完善的国际网络等诸多方面的优势。

我国的物流企业必须坚持产业协作发展的道路,通过不同物流企业的优势互补和风险共担来降低运营成本,提升服务水平,应对外国企业的竞争。

(2)纵向联盟战略

纵向联盟战略是指经营供应链上有关联的不同种产品的企业之间,采取的一种联盟战略,主要用以打破经营产品单一、“受制于人”的局面,实现“范围经济”。

案例介绍

顺丰速递打造“快递+电商+便利店+金融”

顺丰速递是中国的一家比较有速递公司,近几年顺丰依托自身快速有效的物流系统,制定了向供应链上下游的职能延伸战略,以提升自身的竞争优势。

自2014年以来,顺丰速递一直致力于打造“快递+电商+便利店+金融”综合平台。

2014年,顺丰速递在兼并了3家落地配送公司之后,再与中国石化销售有限公司签订业务合作框架协议，在广东中石化易捷便利店试点开设“嘿客”店。同年，顺丰取代中国邮政，成为广州所有7-11便利店的合作伙伴。

落地配送收购只是开始

2014年6月，顺丰以增资方式收购“小红帽物流”，成为其第一大股东，为多家电商提供北京最后一公里落地配服务。7月，他们又拿下第二家落地配企业——深圳银捷速递。9月，顺丰继续收购四川星程宅配物流有限责任公司，未来在西南地区的部分终端业务，将由星程宅配承担。3个月收购3家落地配公司还只是开始，顺丰方面明确表示，“星程宅配不会是最后一家”。顺丰收购落地配，丰富了产品链，向大物流方向转变，实现售卖配送一体化，向综合物流转型，构建供应链集成商解决方案。

“‘数据＋金融’才是未来物流做大的商业模式。”黄刚认为。落地配数据的价值，是顺丰并购整合的重要内涵。多年从事B2C配送服务的落地配企业，其实积累了重要的C端用户价值。这个价值可以分析出社区人群消费习惯，这对于顺丰优选、顺丰嘿客未来的大数据驱动的精准营销，拥有不可想象的商业价值。一旦顺丰将各大城市优质的落地配企业收编，结合自身的骨干网，再与金融结合，就会掌控最后一公里的优质资源，同时牢牢控制未来社区消费的格局。

两大战略

顺丰速递致力于打造两方面的战略：一个是打造物流行业的百货公司；一个是连接社区供求。在顺丰的战略布局图中，国内速递、国际快递、仓储、顺丰航空，这仅仅是其占比1/3的格局，更大的战略在其商业帝国的打造，包括B2B、B2C、C2B、O2O的全零售布局，同时随之配套的还有金融、移动互联、大数据战略。

专家点评：大数据驱动的末端消费，直接营销到线上社区和线下社区，三年后的消费人群将是“90后”聚集的线上社区和“60后”聚集的线下社区。末端社区平台基于社区人群需求导向的C2B的电子商务将逐步成为主流。品牌基地直供到社区，通过快速的物流网络从基地到消费者是必然趋势。产业群基地与“两个社区”直接打通，便利店＋最后一公里物流会迎来绝对的商机。

（资料来源：“顺丰欲打造‘快递＋电商＋便利店＋金融’逆袭阿里？”，赢商网，2014年9月29日）

2.3.2 物流服务的特殊战略

1. 延迟战略

延迟战略是一种减少预测风险，把产品的运输时间和最终产品的加工时间推迟到客户订单之后的物流战略，主要包括生产延迟和物流延迟两种。

生产延迟(或形式延迟)是指在获得客户确切的需求和购买意向之前，无须过早地准备生产，而是严格按订单来生产。

物流延迟是指在物流网络中设计几个主要的中央仓库，根据预测结果储存必要的产品，不考虑过早地在消费地点存放产品，尤其是价格高的产品，一旦接到订单，从中央仓库处启动物流程序，把物品送往客户所在地的仓库或直接快运给客户。

2. 多样化分拨战略

不对所有产品提供同样水平的客户服务，企业在同一产品系列内可以根据产品批量、销售速度、消费者喜好等因素采用多种分拨战略。

在库存地点的选择上同样可实施多样化分拨，每个存储点都包含不同的产品组合。

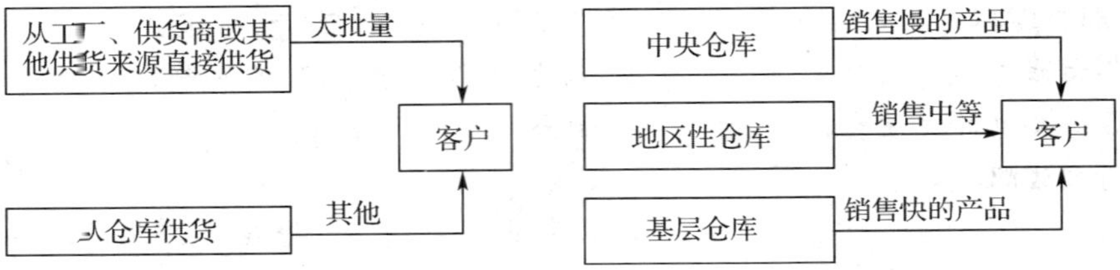

图 2-4　两种分拨战略

3. 集运战略

集运战略也就是集中运输。

区域化集中运输，是指运往某个地区的不同客户的货物集中起来运输。

预定送货，与客户商定一个运送计划，保证按时送到，在预定期内有可能集中较大的运输量，从而实现规模运输配送。

第三方联营送货，可以通过横向联盟，在运输量较小的情况下，下包给第三方物流企业，提供运输服务。

4. 物流咨询服务战略

物流咨询服务是指利用专业人才优势，深入到企业内部，为其提供市场调查分析，物流系统规划、成本控制、企业流程再造等相关服务的经营模式。

5. 绿色物流战略

绿色物流是指运输、储存、包装、装卸和流通加工等物流活动中，采用先进的物流技术、物流设施，最大限度地降低对环境的污染，提高资源利用率。

绿色物流实施的途径主要包括绿色运输管理、绿色包装管理、绿色流通加工、废弃物物流的管理等，其中绿色运输管理可以通过开展共同配送或采取复合一贯制运输方式来实现。

名词解释

复合一贯制运输

复合一贯制运输(Combined transportation)是吸取铁路、汽车、船舶、飞机等所有运输方式的长处，把它们有机地复合起来，实行多环节、多区段、多工具相互衔接进行商品运输的一种方式。

复合一贯制运输具有3个特点：

(1)手续简便；

(2)实现门到门的服务；

(3)运费低廉。

2.3.3 现代物流企业的竞争优势及核心竞争力

1.物流企业的竞争优势

竞争优势是两个企业处在同一市场中，面对类似顾客群，其中一个企业能够赢得更高的利润率，或者能够赢得潜在的更高利润率时，这个企业所拥有的某种竞争优势。

由于中小型物流企业的进入门槛比较低，因此物流企业的竞争优势主要来自其战略观。主要可以从以下三个方面考察一个物流企业为获得竞争优势所做的工作是否有效率。

(1)过程战略：物流企业是否对企业内部的运作进行考察分析并实施流程再造，提升物流活动运作的效率。

(2)市场战略：物流企业的定价策略、服务水平策略是否有竞争力，会决定其市场竞争优势。

(3)渠道战略：物流企业是否在对自身优势和劣势分析的基础上，采取通过与外部企业协作、联盟的战略，以拓宽自身服务供应链的长度和宽度，扩大市场服务深度和范围，从而扩大市场影响力。

2.物流企业的核心竞争力

(1)构成物流企业竞争力的要素

构成物流企业竞争力的要素，主要包括资源、能力和批判性三个维度。

①能力要素主要包括成本控制能力、内部部门间协调能力、质量控制能力、资源整合能力、战略能力、企业家能力、企业学习能力七个方面。

处于不同发展期的物流企业，其核心竞争力要素也不同。在起步期，成本控制能力和内部部门间的协调能力起关键作用；成长期，质量控制能力、资源整合能力和战略能力处于前三位；成熟期，服务质量和企业家能力尤为重要；再生期，企业学习能力和战略能力则影响较大。

②资源要素主要包括财力资源、客户资源、企业人力资源、服务网络资源、信息技术资源。其中，客户资源和企业人力资源在任何发展阶段都是非常重要的。

起步期，财力资源对于物流企业起重要决定性作用；成长期，物流企业发展的关键在于扩展客户群体与服务区域；成熟期，客户资源和信息技术资源对于物流企业的发展影响较大；再生期，客户资源对于企业的可持续发展影响较大。

(2)提升现代物流企业竞争力的策略

①国内市场是企业提高竞争力的根基。

②切实抓住信息技术和互联网络应用的有利时机。

③加大企业经营机制的改革力度。

④实施战略联盟与合作。

2.3.4 现代物流企业经营战略的目标

1. 优质服务(Service)

优质服务是指在为客户服务方面要求做到无缺货，无货物损伤和丢失现象，且费用低。

2. 迅速及时(Speed)

迅速及时要求把货物按照客户指定的时间和地点迅速送到。

3. 节约空间(Space Saving)

除了时间之外，空间也是物流管理创造价值的主要来源，主要集中于仓储和运输配送职能中。仓储要科学设计仓储车间内部的空间布局及流程。运输配送要充分利用运输车辆(船车)内部空间，通过整合管理达到有效集运规划。

4. 规模适当(Scale Optimization)

物流企业可以集中优势力量发展自己的优势业务，不是说规模越大实力越强，过大的规模可能带来资金流转不畅、市场应对能力不灵活等弊端。控制适当的规模，外加采取战略联盟策略，依然可以实现规模经济和范围经济。

5. 库存控制(Stock Control)

库存占用大量空间和资金，库存越少，成本越少，比如日本丰田公司开发的JTT零库存策略。但是库存少，应对风险能力小，因此企业需要合理控制库存，寻求最佳库存水平。

2.4 物流战略规划

图 2-5 是物流战略规划的一般流程。

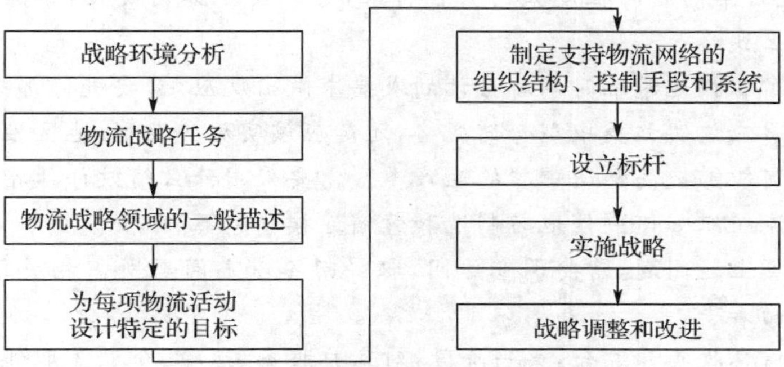

图 2-5 物流战略规划流程

物流实践

物流战略规划实践展示

美国一家公司生产和分销用于家电产品制造的工业产品。该公司在美国中西部、西南部和西海岸地区经营制造和仓储设施。公司将产品销售给原始设备制造商(OEM)以及批发商和零售商。

公司承受来自 OEM 客户对当地仓储不断增长的压力,这些客户正在他们自己的公司中尝试着实施准时制库存管理。大型的 OEM 客户希望公司将仓库设置在临近其工厂的位置,从而可以缩短提前期。

面对这一问题对公司的库存水平和物流运作产生的影响(实际上,为了给两大 OEM 客户提供当地仓储所必须增加的库存将达约 200 万美元),管理者该做何决策。单纯性地确定配送中心的地区性网络的可行性研究的方法被证明在所需的成本和时间上让公司无法接受,因此公司将重点调整到研究公司目前的客户服务能力以及推荐公司应该在未来追求的物流战略上。

制定物流战略之前,必须回答下面 13 个问题:

(1)商业市场和 OEM 市场的结构可能会产生什么变化?

(2)这些变化如何影响公司的商业和 OEM 细分市场的相对重要性?

(3)竞争对手目前使用什么物流系统?他们有可能做出改变吗?

(4)在市场中,如何能够实现差异化优势?

(5)目前的订单处理和信息系统与最新的信息处理技术相比较,情况如何?

(6)为了领导行业，需要什么样的客户服务系统能力？

(7)应该实施什么客户服务战略？这些战略如何根据客户细分市场、产品类别和订货批量有所区别？

(8)三周的订货周期标准会领导行业吗？

(9)零星订单问题的程度如何？在将来，可能发生如何变化？对付这一问题，需要采用什么战略？

(10)为了积极地对准时制库存计划或要求做出反应，需要进行哪些改变？

(11)公司应该实施集中型仓储战略，还是应该实施分散型、地区性仓储战略？

(12)如何能够提高配送中心的生产率？需要采用什么绩效评估指标？

(13)物流组织如何最佳地与制造和营销连接？

为了回答上述问题，需要调查访问，取得回答以上问题所需相关信息，可以从以下两个方面着手：

1. 内部信息收集和综合：第一阶段，对客户服务、运输、仓储等职能领域进行了7次深入的采访，在财务/会计、预测、制造、生产计划、库存管理、采购和营销职能之间进行11次采访。在采访过程中构建和采用了全面的采访纲要；所有采访都有录音记录。在采访完成后，对信息进行综合，总结主要的意见和问题。第二阶段，考察由两个月的客户订单运输样本，样本由两个月内的所有运输数据构成。

2. 外部信息收集在挑选的OEM和商业客户之间深入采访。

然后根据对上述信息的分析，提出推荐的物流战略：

支持部门的战略重点，为客户订单提供可靠的提前期，为“A”类物品提供高水平的库存可得性，提供所有订单的服务的一致性，以及以成本效益方式对客户查询和紧急需求提供反应和灵活性。客户服务的改善可以通过采用最新的技术提供物流生产率来实现。

战略实施措施所需要的条件包括以下8个方面：

(1)实施自动化订单处理系统。

(2)实施内部销售/电话销售计划。

(3)修改目前针对批发/零售客户的销售条款。

(4)实施正式的生产和库存战略和建立客户服务与生产计划之间的程序和职责。

(5)修改用于将订单发送给配送中心的系统。

(6)实施预定的交付计划。

(7)更新仓库管理系统。

(8)设计和实施物流的综合绩效评估指标。

战略实施效果预测有如下三方面：

(1)公司将实现的年成本节约额保守估计在200万美元至400万美元;乐观地估计为每年节约1000万美元

(2)减少安排生产所需工作,降低因过多的加急零部件订单所引起的管理成本等许多方面的额外收益

(3)与实施战略变革相关的一次性成本估计在130万美元至150万美元。

2.5 物流组织

2.5.1 建立有效物流组织的必要性

根据前文所述,物流企业的战略需要内部部门和外部其他物流机构共同协作执行,每个组织都有自己的分工任务,也需要和其他组织进行协作,因此无论对于物流产业的整体发展而言,还是对于物流企业的发展而言,建立有效的物流组织,权责明确,都是十分必要的。

很多企业竞争力较弱,是因为缺乏一个有效的内部组织机制;一个地区的物流产业发展落后,也往往是因为缺乏有效的物流网络组织。构建有效的物流组织,一定要使得效率和效益最大化。组织重组、流程再造也是供应链管理的一个重要内容。

1. 物流组织的构成因素

建立有效的物流组织,需要了解物流组织的构成因素,主要包括以下三大方面。

(1)组织特征

首先要理清组织内部以及组织之间的关系,主要可以从分权或集权、专门化或多元化、管理幅度、组织规模等方面进行分析。

(2)环境特征

环境特征包括内部环境特征和外部环境特征。内部环境主要是指企业文化、组织氛围等;外部环境主要是指政治、法律、经济、文化、竞争状况等。

(3)员工特征

员工特征主要可以从工作态度、职业发展目标、知识结构、综合能力等方面进行考察。

2. 构建最优物流组织的流程方法

(1)研究公司的战略和目标。

(2)构造组织职能。

(3)定义职能的责任。

(4)测试响应能力和适应性。

(5)分析支持系统的工作。

(6)制订人力资源配置计划。

2.5.2 物流组织的模式

根据现代管理理论，物流组织的模式可以分为传统型组织、职能型组织、项目矩阵型组织、虚拟组织等。针对目前经济发展的水平，最好的组织介于作为职能的组织和作为项目的组织之间，属于虚拟组织。

1. 传统型物流组织

传统型物流组织存在于生产或流通企业内部(如图 2-6 所示)。

在传统的生产或流通企业内部，物流职能还依然是存在于其他部门中，市场部、财务部、生产部都会分别承担一部分物流职能，比如成品库存控制、仓库选址存在于市场部中，库存成本分析由财务部来做，在制品库存、采购、运输由生产部来承担。

总的来说，传统型物流组织是分散于生产或流通企业内部的各部门，没有分离出来，也称为第一方或第二方物流。

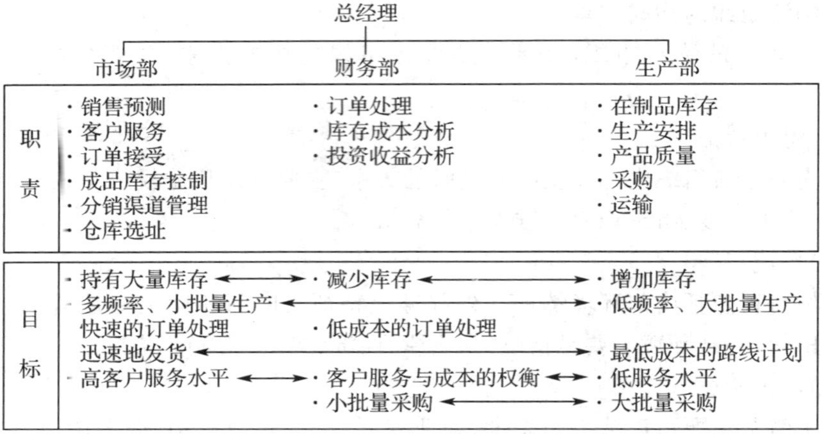

图 2-6 传统型物流组织

2. 职能型物流组织

职能型物流组织依然存在于生产或流通企业内部，但是已经得到前所未有的重视，从其他部门中分离出来了，成立了专门的物流部门，比如“物资配送”部门，如

图 2-7 所示。

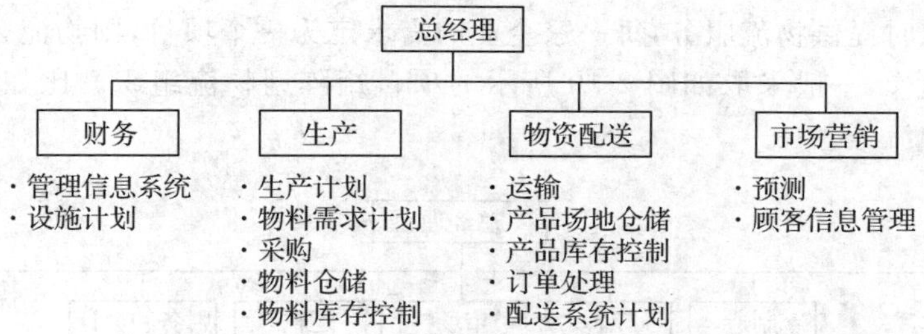

图 2-7　职能型物流组织

3. 顾问型物流组织

随着物流职能作用增大以及物流职能的专业化分工，出现了顾问型物流组织，如图 2-8 所示。这种物流组织可能存在于大型生产企业或商贸企业中（比如钢厂内部的物流、海尔物流等），也可能以第三方物流的形式独立存在（比如大连集龙物流、大连港集团公司等）。

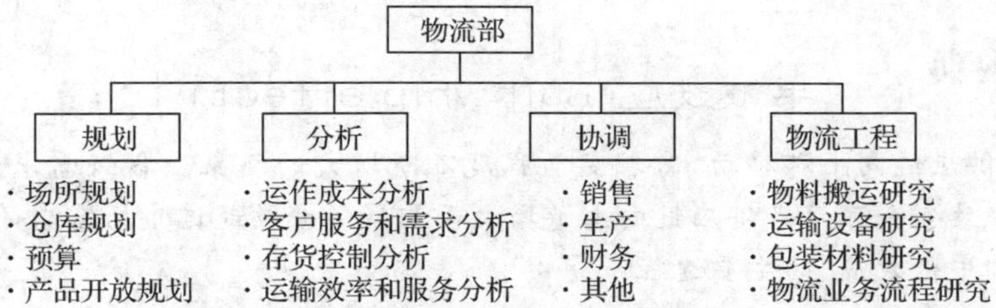

图 2-8　顾问型物流组织

4. 直线顾问型物流组织

随着物流职能的进一步深化发展，物流组织则进一步复杂化。除了基本的物流职能部门之外，又出现了一些中间层用以规划全局、统筹系统职能、协调部门间关系等，如图 2-9 所示。现实中比如京东仓储物流、中国远洋海洋运输总公司等。

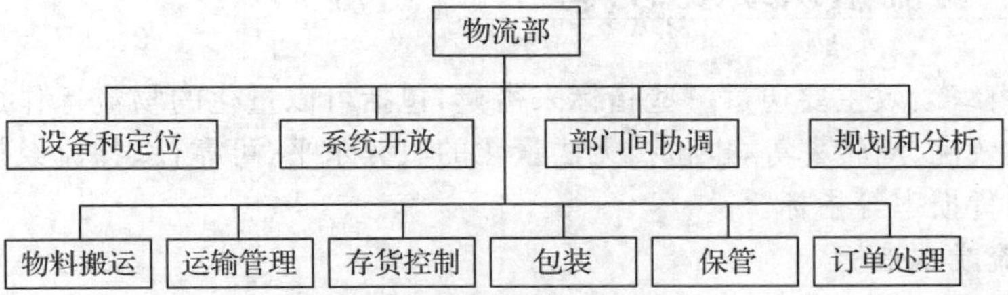

图 2-9　直线顾问型物流组织

5. 项目矩阵型物流组织

一些大型第三方物流公司不仅为一家企业提供物流服务，它们通常为众多的企业客户同时提供物流服务，每一家企业的需求定为一个项目，则物流公司有几个项目同时运作，一般采取如图 2-10 所示的项目矩阵型物流组织。比如宝供物流、大连环东物流等。

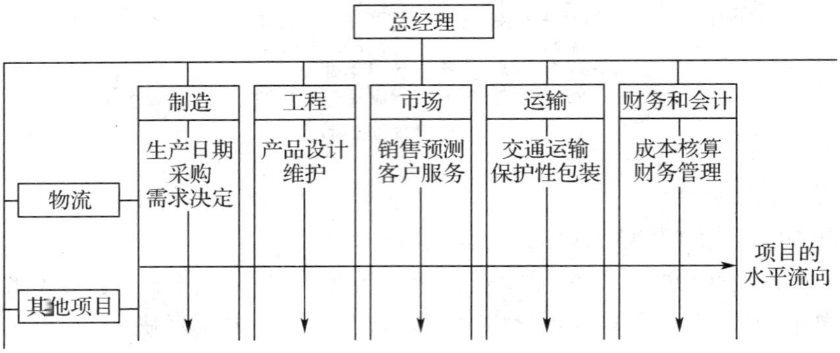

图 2-10　项目矩阵型物流组织

📖 **小词典**

牛鞭效应(Bull-whip effect)

沿着供应链向上游移动，需求变动程度不断增大的现象。各级需求波动的不断放大，导致安全库存沿供应链向上游增大而积累了大量超过市场需求的库存。

解决"牛鞭效应"的主要途径：

- 利用信息技术将市场需求信息提供给供应链的各级，而不是用上一级的订单来估计需求变化。
- 削短供应链的级数，使得"牛鞭"很短，以至于"牛鞭效应"不明显。
- 采用 VMI。

2.5.3 物流组织绩效的衡量

物流组织绩效主要通过一些指标来衡量，包括可以量化的物流运作成本、投出产出比、时效性、周转率等，也包括无法量化的服务水平、可靠性、物流经理能力、客户投诉率、货损率等指标。

1. 物流成本指标

物流成本指标可以分为物流总成本指标和单项职能物流成本指标。

$$物流总成本指标=\frac{物流总成本}{销售总收入}$$

$$单项职能物流成本指标=\frac{单项职能的物流成本}{单项职能的销售收入}$$

物流成本指标可以通过内部部门之间的比较来衡量各部门某一物流职能的运作效率，也可以通过外部同行业内不同企业之间的比较来衡量本企业某一物流职能的运作效率。

2. 绩效指标

绩效指标主要通过预算/计划管理指标、劳动生产率、投入产出比、提供的服务水平、时效性、可靠性、物流经理能力、客户投诉率、货损率等，来衡量物流组织的绩效水平。

实践了解

物流经理应具备的能力

物流经理作为物流组织中的重要一员，其能力对于物流组织的运作效率影响非同一般，其需要具备以下方面的能力，方能胜任：

1. 运用开发、监督、甄选的能力，构建并维护物流组织；
2. 运用培训技能和资源开发管理人员，运作和管理物流系统；
3. 运用决策技能管理复杂多变的物流过程；
4. 制定目标和确定计划的进度；
5. 信息收集和处理分析的能力；
6. 运用专业物流知识进行运营过程中的决策；
7. 战略规划和设计能力。

物流经理的能力主要从直线管理能力、解决问题的能力、项目管理能力三方面进行考核。其中，直线管理能力主要从日常作业管理、实现绩效目标的能力两方面进行考核；解决问题的能力主要从诊断作业中的问题、寻求解决方案两方面进行考核。

物流经理做些什么？物流经理的职责可分为两部分：一部分是操作层面的管理，另一部分是经营层面的决策。

在操作层面上，物流经理不必事必躬亲，他的职责是组织、领导、指挥，使物流部门的全体员工形成一个团队，协同工作，完成物流管理的基本目标。

经营层面的决策包括两项主要工作：第一，物流经理需要与其他部门保持密切联系，协调各部门的计划衔接；第二，物流经理要参与企业战略性决策。企业经营方向的决策、扩展市场的决策等都离不开物流的支持。

物流经理的物流业务管理内容主要包括以下九个方面：

1. 编制各种物流计划；
2. 预测物流量；
3. 分析、设计和改进物流系统；
4. 研究顾客服务水平；
5. 编制物流预算方案；
6. 进行物流绩效评估和分析；
7. 控制和调整实际物流活动；
8. 物流人才的培养和管理等；
9. 物流系统协调。

案例分析

企业物流外包的意义

随着经济的发展和分工细化，生产和流通企业把物流部门外包给第三方物流的趋势越来越明显，同时第三方物流企业间横向合作也比较多，产生下包制。那么，这些企业把全部或部分物流外包的意义何在？这可以从发包方和承包方两方面来考察。

一、发包方方面的意义

经过调查可知，作为发包方的企业至少可以实现以下五个方面的优势：

(一)集中精力发展核心业务；

(二)资源外向配置，分担风险，将不变成本转化为可变成本；

(三)加速企业重组，实现规模效益；

(四)纵向一体化向以虚拟企业或动态联盟为基础的敏捷制造模式转化；

(五)企业间变你死我活的竞争关系为 Win-Win 双赢关系。

二、承包方方面的意义

而同时作为承包方的第三方物流企业，由于是为多个企业提供运输、仓储等物流服务，也可以实现以下几方面的优势：

(一)物流总需求大于单个企业，因此可以实现集运、集中仓储的物流运作，降低空载、半载、空仓等情况的概率；

(二)多个物流需求企业分享物流服务、分担物流成本，使得物流服务的平均成本低、物流服务质量较第一、二方物流更高；

(三)由于第三方物流是专业做物流服务的企业，可以实现专业化分工经济，无论在企业内部的物流设施设备、人员专业化能力、流程设计方面，还是在与企业外部的企业、政府相关物流管辖部门等之间的协同运作方面，均具有更高的运作效率。

本章小结

本章分别介绍了物流战略管理的目标和物流战略规划、物流战略概念及其主要特征、物流战略类型、物流战略制定的基本步骤、有效物流组织的建立及物流组织结构的多种形式。学生需要重点掌握物流战略的类型，熟悉物流组织结构的类型，善于使用多种物流战略的管理方法。

延伸阅读

第三方物流组织结构

第三方物流(Third－party logistics)源于管理学的外包(outsourcing)，由供方和需方以外的物流企业提供物流服务的业务模式，一般采用事业部制组织结构，每个事业部制相当于一个物流职能部门。

根据UPS提供物流资料显示，1997年对世界最大500家制造企业的调查显示，就已经有54%的企业选择使用第三方物流服务。经过20年的发展，到2017年，全球已经约有80～90%的企业选择使用第三方物流或第四方物流服务。

中国仓储协会1999年3月对我国家电、电子、日化、食品等450家大中型生产企业的典型调查表明，企业自己承担物流管理的占26%，全部委托第三方的仅占5.2%，自理与委托相结合的占68.8%。在被调查的企业中，45.3%的企业正在寻求新的物流代理，其中又有75%的企业选择新型物流公司，21.9%的企业选择纯运输公司，3.1%的企业选择仓储企业，64.3%的企业希望新的物流商提供综合物流服务，28.6%的企业希望提供干线物流服务，7.2%的企业希望提供分销服务，所有这些状况都表明，在积极发展协同物流时应充分关注第三方物流的作用。

中国物流经过将近20年的发展，目前约有80～90%生产企业或商贸企业选择第三方物流服务，包括运输、仓储、流通加工、配送、装卸搬运、包装等职能，都愿意外包给专业的第三方物流企业来做，这样的局面有利于实现集装、集运等物流规模经济，也有利于物流专业职能技术的提升，这也在很大程度上也促进了中国物流企业的发展，物流与经济发展在很大程度上实现了良性循环发展。当然中国当前的物流战略制定、物流技术等方面的水平还依然有待提高。

第三方物流企业的类型也较多，下面针对经营不同物流职能的物流企业，举例介绍。

1. 基于运输服务的第三方物流公司，主要有Ryder公司、Schneider物流公司、FedEx、UPS、DHL、TNT、中铁快运、邮政等公司。

2.基于仓储、配送服务的第三方物流公司，主要有DSC物流公司、USCO公司、EXEL公司。

3.基于货运代理服务的第三方物流公司，主要有AEI公司、Kuehne&Nagle公司、Fritz公司。

4.基于港口/铁路终端服务的第三方物流公司，主要有PSA公司、CWT公司、中国沿海各大港口企业等。

5.基于信息与系统集成的第三方物流公司，主要有Transplace公司、Nistevo公司、通用信息服务公司等。

第三方物流与第四方物流的区别主要有以下三方面：

1.在通常情况下，第三方物流供货商不可能向客户提供整个供应链的物流服务，譬如企业信息整合，客户动态事件管理，客户协同综合管理等；

2.第四方物流企业偏重于通过对整个供应链的优化和集成来降低企业的运行成本，而3PL则是偏重于通过对物流运作和物流资产的外部化来降低企业的投资和成本。

3.第四方物流的概念是首先由安盛Accenture(原Anderson Consulting)咨询管理顾问公司提出的，其主要定义为“一个供应链集成商”，这一集成商既能调配和管理组织自身，又能给客户提供物流增值及互补性服务，利用资源、能力与技术，为客户提供全面的供应链解决方案。另外，第四方物流也可以理解为是在第三方物流的基础上对管理和技术等物流资源做进一步的整合，并为用户提供全面供应链物流的解决方案的集成商。

修改说明，加入了当前数据与之前的数据做对比分析。

本章思考题

一、选择题

1.下面哪项工作不属于物流战略层面的内容？(　　)

A.设施的数量、规模和位置　　B.选择运输方式

C.物流网络布局及仓库地点选择　　D.确定补货数量和时间表

2.下面哪个不属于物流战略的基本构成要素？(　　)

A.经营范围　　B.集运集储　　C.竞争优势　　D.资源配置

3.结构性战略包括(　　)和物流系统网络分析。

A.运输管理　　B.组织系统管理

C.供应链渠道设计　　D.仓储与配送

二、判断题

1. 横向联盟物流战略主要是为了获得“范围经济”，纵向联盟物流战略主要是为了获得“规模经济”。（　　）

2. 利润最大化是物流管理的最终目标，是全局性的战略目标。（　　）

三、名词解释

1. 精益物流战略　2. 敏捷物流战略　3. 延迟战略

4. 多样化分拨战略　5. 集运战略

四、论述题

1. 物流战略的类型有哪些？分别有何特征？

2. 物流战略的框架和层次是什么？

3. 物流组织的类型有哪些？

4. 物流战略的基本构成要素有哪些？

五、实训题

调查当地一家物流企业，结合企业内部资源和外部环境，分析企业目前的物流战略需要做出哪些调整，并对当期企业内部部门机构、外部合作的组织进行梳理，提出重组建议。

运输管理

第3章

【学习目标】

- 掌握五种主要运输方式的特点、适用条件、方法
- 了解运输管理的主要内容、合理运输的概念、组成要素、主要形式
- 熟悉集装箱运输的方式、作业流程

引导案例

三管齐下,长沙人吃上新鲜水产品

曾让人觉得颇为高端的海鲜水产品,如今在长沙市民心中已不再高不可攀。海鲜成为长沙人的日常美食,长沙海鲜批发市场形成“东有海吉星,西有大河西,南有红星,北有湘粮和水渡河,中有马王堆”的局面。这离不开长沙日益便捷的水产品运输系统。无论是从国内其他省份还是从国外运来的海鲜水产,都可以在24小时内运抵长沙,这无疑让城市居民吃得更新鲜、更方便了。

海鲜市场的业主们介绍,从广东过来的海鲜,一般是通过陆运过来的。有的是从海里打捞的,有的是养殖的,捞起来就马上装在泡沫箱里,表面覆盖冰块,再把箱子装到货车上,一般24小时之内就能运到。长沙海鲜量大且渠道透明,所以到货新鲜、价格便宜。长沙市民吃到的海鲜,价格比大部分城市都要便宜。

根据市场的统计,长沙海鲜分为国内和进口两种,国内海鲜主要来自辽宁、山东、江苏、浙江、福建、广东、广西等,品种以多宝鱼、扇贝、小型虾蟹为主;进口的海鲜主要来自越南、缅甸、泰国等东南亚国家以及南非开普敦、澳洲等地。

海鲜从外地或者国外运往长沙主要有海陆空三种运输方式,其中陆运占50%

以上。国外进口的海鲜主要通过空运到长沙。“海鲜从东南亚国家空运到长沙只需要3到6个小时,非常便捷。”马王堆海鲜水产市场的一位老板透露,东南亚国家的海鲜来中国是免税的,所以价格也很实惠。

2017年3月,国家质检总局公布全国第二批进境食用水生动物指定口岸名单,正式批准黄花机场航空口岸为进境食用水生动物指定口岸,这也是湖南首个进境食用水生动物指定口岸。

湖南市场对进口水生动物需求量比较大,进口的食用水生动物类别多为鱼类、甲壳类、软体类、贝类等,来源主要是东南亚国家。在此之前,湖南的进口水产品大多从其他口岸中转运输到长沙,存在来源渠道窄、品种少、流通环节多、时间长、存货率低等问题。现在,从黄花机场货站直接进口食用水生动物,可大大缩短运输时间,由以前的三四天缩短至一天,既可以达到拓宽进口渠道、减少流通环节、保证产品“鲜活”度的目的,还可降低企业10%至20%左右的成本。

(资料来源:水陆空三种运输方式结合,长沙人吃海鲜水产品24小时内运到 华声在线)

分析

水陆空三种运输方式各有分工,互相协作,根据各自的技术经济特征和适用性,将其应用在不同的运输对象中,实现了运输的合理化,保证了人民生活对水产品运输的需求。

3.1 基本运输方式

3.1.1 公路运输

1.公路运输概述

公路运输与铁路运输是构成陆上运输的两种基本运输方式。

公路运输是指以公路为运输线,利用汽车等陆路运输工具,做跨地区或跨国的移动,以完成货物位移的运输方式。

公路运输是19世纪末伴随着现代汽车工业而产生的。初期公路运输主要承担短途运输业务。第一次世界大战以后,基于汽车工业的迅猛发展和各国公路里程的快速增加,公路运输进入实质发展的阶段,不仅成为短途运输的主力,并且进入到了长途运输的领域。第二次世界大战后,一些欧洲发达国家和美、日等国建成了比较发达的公路网，汽车工业又提供了雄厚的物质基础，促使公路运输在运输业中跃至主导地位。

公路运输的特点主要体现在以下几个方面：

(1)机动灵活，适应性强

公路运输网密度大、分布广，延伸广泛，运输车辆可以“无处不到、无时不有”。公路运输对天气、路况等运输环境要求比较低，在时间方面的机动性也比较大，货物装卸比较迅速，各环节之间的衔接时间较短，在组织运营时可以根据货物数量合理安排车辆规格或车队规模，提高运输作业的效率和经济效益。

(2)作为其他运输方式的补充，可实现“门到门”运输

由于汽车体积较小，中途一般也不需要换装，还可离开路网深入到工厂企业、农村田间、城市居民住宅等地，可以把货物从始发地工厂或仓库直接运送到目的地工厂或仓库，实现“门到门”直达运输。因此，公路运输通常作为其他运输方式的补充，为其提供集、疏、运的服务。

(3)在中、短途运输中，运输速度较快

在中、短途运输中，与其他运输方式相比，由于公路运输可以实现“门到门”直达运输，中途不需要倒运、转乘，因此，其客、货在途时间较短，运送速度较快，效率较高。

(4)初始投资少，进出行业容易，资金周转快

公路运输所使用的各等级公路一般都是由国家投资建设，企业使用成本较低，与其他运输方式相比，所需货运站等固定设施相对简单，车辆购置费用一般也比较低，因此，投资兴办和退出容易，投资回收期短。另外，汽车驾驶技术比较容易掌握，人员成本较低。

(5)运量较小，运输成本较高

目前，货运汽车的载重量一般在几吨到几十吨之间，由于汽车载重量小，行驶阻力比铁路大 9～14 倍，所消耗的燃料又是价格较高的液体汽油或柴油，因此，公路运输成本相对铁路和水运等较高。

(6)安全性较低，对环境的污染较严重

据统计，每年死于公路交通事故的人数占社会非正常死亡人数的第一位，大约是 70%。交通事故已经成为危害人民生命安全的重要因素。一旦发生交通事故，对于车上的货物也会造成严重的损坏。汽车运输所消耗的液体燃料是一种不可再生的能源，其所排出的尾气和引起的噪声也是最大污染源之一。虽然国家现在不断提高燃油的环保等级标准，大力发展和提倡新能源汽车，但短期内，汽车运输所造成的空气污染仍是城市环境的巨大威胁。

公路运输一般适用于以下几种情况：

(1)近距离、小批量的货物运输

公路运输的经济运营里程是在500千米以内,适合的货运量在几十吨以内,在这一范围内,公路运输基本能在一天内到达目的地,发挥它快速灵活的特点。

(2)水路、铁路运输难以到达地区的长途、大批量货运

现在有一些生鲜食品和抢险救灾等重要物资,由于运输条件所限或者运输时限等特殊要求,在路程较远或运量较大的运输业务中,公路运输也承担了相当一部分任务。另外,承运一些超重超大超高超长的货物时,公路运输也成了唯一的选择。

(3)“门到门”运输

公路运输机动灵活的特点,使其能够为铁路、水运、航空运输提供集、疏、运服务,当需要在港口、机场、火车站和工厂仓库之间进行货物运输时,公路运输成了唯一选择。

2. 公路运输设施与设备

公路运输的设施设备主要包括公路、货运站场、货运车辆。

公路是指连接城市之间、城乡之间、乡村与乡村之间和工矿基地之间按照国家技术标准修建的,由公路主管部门验收认可的道路,但不包括田间或农村自然形成的小道。其主要供汽车行驶并具备一定技术标准和设施。各种类型和等级的公路构成了公路运输网络中的“线”。

我国的公路有两种划分标准,分别是按照技术等级划分和按照行政划分。

按照技术等级划分,依据交通量和行车速度两个指标。交通量是指每小时或每昼夜通过两地间某公路断面处来往的实际车辆数目。行车速度即公路的设计计算行车速度,是在保证行车安全的条件下,公路受限制部分所允许汽车达到的最高行驶速度。我国公路分为五个技术等级。

小提示

高速公路,能适应年平均昼夜汽车交通量25000辆以上。具有特别重要的政治、经济意义,专供汽车分道高速、连续行驶,全部设置立体交叉和控制出入,并以长途运输为主的公路。

一级公路能够适应年平均昼夜汽车交通量5000～25000辆,连接重要政治、经济中心,通往重要工矿区、可供汽车分道快速行驶、部分控制出入和部分设置立体交叉的公路。

二级公路能适应按各种车辆折算成中型载重汽车的年平均昼夜交通量2000～5000辆,连接政治、经济中心或大型工矿区以及运输繁重的城郊公路。

三级公路能适应按各种车辆折算成中型载重汽车的年平均昼夜交通量2000辆以下，沟通县与县或县与城市的一般干线公路。

四级公路能适应按各种车辆折算成中型载重汽车的年平均昼夜交通量200辆以下，沟通县与乡、镇之间的支线公路。

公路按行政等级可分为：国家公路、省公路、县公路、乡公路、村公路（简称为国、省、县、乡、村道）以及专用公路六个等级。一般把国道和省道称为干线，县道和乡道称为支线。

小提示

国道是指具有全国性政治、经济意义的主要干线公路，包括重要的国际公路，国防公路连接首都与各省、自治区、直辖市首府的公路，连接各大经济中心、港站枢纽、商品生产基地和战略要地的公路。

省道是指具有全省（自治区、直辖市）政治、经济意义，并由省（自治区、直辖市）公路主管部门负责修建、养护和管理的公路干线。

县道是指具有全县（县级市）政治、经济意义，连接县城和县内主要乡（镇）、主要商品生产和集散地的公路，以及不属于国道、省道的县际公路。县道由县、市公路主管部门负责修建、养护和管理。

乡道是指主要为乡（镇）村经济、文化、行政服务的公路，以及不属于县道以上公路的乡与乡之间及乡与外部联络的公路。乡道由人民政府负责修建、养护和管理。

村道是指直接为农村生产、生活服务，不属于乡道及以上公路的建制村之间和建制村与乡镇联络的公路。乡（镇）人民政府对乡道、村道建设和养护的具体职责，由县级人民政府确定。

专用公路是指专供或主要供厂矿、林区、农场、油田、旅游区、军事要地等与外部联系的公路。专用公路由专用单位负责修建、养护和管理，也可委托当地公路部门修建、养护和管理。

汽车货运站场是指用于运营组织汽车运输并为承托双方提供相关服务的场所。汽车货运站场构成了公路运输网络中的“结点”。汽车货运站场应具备运输组织、中转和装卸储运、中介代理、通信信息、辅助服务等功能。

汽车货运站的主要设施有：

(1)生产设施：业务办公设施、库（棚）设施、场地设施、道路设施；

(2)生产辅助设施:维修维护设施、动力设施、供水供热设施、环保设施;

(3)生活辅助设施:食宿设施、其他服务设施。

我国汽车货运站的设立和运营由交通运输管理部门负责管理,实行分级制度,共设四个等级。分类标准如下:

一级:年换算货物吞吐量 600×10^3 t 及以上;

二级:年换算货物吞吐量 300×10^3 t～600×10^3 t;

三级:年换算货物吞吐量 150×10^3 t～300×10^3 t;

四级:年换算货物吞吐量不足 150×10^3 t。

货运汽车是指运送货物的汽车,大都有独立的驾驶室和适应所运货物要求的货箱(小型货车的驾驶室与货箱常合为一体),简称货车。

货车有长头型、平头型和短头型三种型式。长头型货车便于检修,较安全,驾驶室设在发动机罩之后。平头型货车的驾驶室设在发动机罩之上,与长头型相比,在相同的总长度下车厢的装载长度较长;在相同的车厢长度下,总长和轴距较短,转向半径较小,视野较好。因此,平头型货车日益增多,又由于采用了前翻式驾驶室,发动机的检修已无困难。货车的座椅、内饰和仪表装备等已趋近轿车水平。长途行驶的货车驾驶室内还常设有卧铺。

货车的发展方向是:轻型化和重型化;改善驾驶员的舒适性和操作轻便性;提高燃料经济性;提高可靠性、延长使用寿命和方便维修。

3. 公路运输组织与管理

公路运输的组织方式有:

(1)集装箱汽车运输:指采用集装箱为容器,使用汽车运输的。

(2)整批货物运输:指托运人一次托运货物计费重量 3 吨以上或不足 3 吨,但其性质、体积、形状需要一辆汽车运输的。

(3)大型特型笨重物件运输:因货物的体积、重量的要求,需要大型或专用汽车运输的。

(4)快件货物运输:指在规定的距离和时间内将货物运达目的地的;应托运人的要求,采取即托即运的,为特快件货物运输。

(5)出租汽车货运:采用装有出租营业标志的小型货运汽车,供货主临时雇用,并按时间、里程和规定费率收取运输费用的。

(6)搬家货物运输:为个人或单位搬迁提供运输和搬运装卸服务,并按规定收取费用的。

(7)危险货物汽车运输:指承运《危险货物品名表》列名的易燃、易爆、有毒、有腐蚀性、有放射性等危险货物和虽未列入《危险货物品名表》但具有危险货物性质的新产品。

为了提高公路运输效率和降低运输成本，公路运输的组织形式和方法不断有新的发展。拖挂运输是以汽车列车取代普通载货汽车运输货物，它可以增大车辆的载重量。汽车列车是由牵引车或汽车与挂车组成，两者间能摘能挂，既可按需要灵活调配车辆，又可实行甩挂运输。甩挂运输是在一点装货和一点卸货或一点装货和多点卸货或多点装货和一点卸货的固定线路上，配备数量多于汽车或牵引车的挂车，以便到达装卸货点时，甩下挂车装卸货，而汽车或牵引车可挂走已装卸货的挂车，进行穿梭式的往复运输。集中运输是由一个汽车运输单位把货物从一个发货点（车站、码头、仓库等）运往许多收货点，或从许多货物点运往一个收货点，收、发货单位不必派人取送货物，节省了人力；合理调度车辆，减少车辆空驶，提高运输效率；为使用汽车列车、专用运输汽车和装卸机械创造了有利的条件。

3.1.2 铁路运输

1. 铁路运输概述

铁路运输是利用机车、车辆等技术设备沿铺设轨道运行，运送旅客和货物的一种运输方式。1825年，英格兰的斯托克顿与达灵顿之间的铁路成为第一条建成通车的蒸汽火车铁路。后来的利物浦与曼彻斯特铁路更显示了铁路的巨大发展潜力。第二次世界大战后，以柴油和电力驱动的列车逐渐取代蒸汽推动的列车。货运铁路也连接至港口，并与水运合作，以集装箱运送大量货物以大大减低成本。铁路是世界上载客量最高的交通工具，拥有无法被取代的地位。中国第一条铁路吴淞铁路建于上海，由英国人兴建，后被清朝地方官员买回并拆毁，而正式使用的第一条铁路和蒸汽机车则由李鸿章兴办的开滦公司煤矿所建。

铁路运输的特点表现在：

(1)运输能力大，运行速度快。铁路一列货物列车一般能运送3000～5000t货物，远远高于航空运输和汽车运输。一般货车运行速度可达100km/h左右，远远高于海上运输。

(2)能耗低、运输成本低。铁路运输费用仅为汽车运输费用的几分之一到十几分之一；运输耗油约是汽车运输的二十分之一。

(3)运输经常性、连续性好，受自然环境影响小。

(4)通用性好；机动性差。铁路运输适合的货物种类比较多，通用性好，但只能沿着铺设的轨道运行，机动性较差。

(5)投资大，建设周期长。铁路运输需要铺设轨道，建造桥梁和隧道，建路工程艰巨复杂；需要消耗大量钢材、木材；占用土地，其初期投资大大超过其他运输方式。

铁路运输适用于大批量货物运输和中长距离货物运输。

2. 铁路运输设施与设备

铁路等级是铁路的基本标准。我国《铁路线路设计规范》规定，铁路等级应根据在铁路网中的作用、性质和近期的客货运量确定。我国的铁路等级一般分为四个等级。

表 3-1　铁路等级(普通版)

等级	在铁路网中的作用	近期年客货运量
Ⅰ级铁路	骨干	大于或等于 20 Mt
Ⅱ级铁路	联络、辅助	小于 20 Mt 且大于或等于 10 Mt
Ⅲ级铁路	为某一地区或企业服务	小于 10 Mt 且大于或等于 5 Mt
Ⅳ级铁路	为某一地区或企业服务	小于 5 Mt

注：年客货运量为重车方向的货运量与由客车对数折算的货运量之和。1 对/d 旅客列车按 1.0 Mt 年货运量折算。

铁路车站是铁路部门办理客、货运输业务和列车技术作业的场所，俗称火车站。按作业性质，一般可分为客运站、货运站和客货运站。按技术作业分为编组站、区段站和中间站。一般车站以一项业务和一项作业为主，兼办其他业务和作业。有的车站同时办理几项主要业务和作业。

客运站主要办理售票、行李包裹运送、随身携带品寄存、旅客上下车等客运业务，以及旅客列车终到、始发、技术检查等行车工作和客车整备等作业。货运站主要办理货物承运、交付、装卸以及货物列车到发、车辆取送等作业。客货运站同时办理客、货运业务。

根据列车作业的性质可分为编组站、区段站、中间站、越行站和会让站 5 种。此外，还有为工矿企业服务的专业化的车站。

进行技术作业的编组站专门从事列车的编组和解体，以及车辆与列车的其他技术性作业。配备有机务段和车辆段、到发线、调车线、牵出线和驼峰等设施。区段站则是设于牵引区段分界处的车站，主要从事列车技术检查、机车的换挂、区段零担摘挂列车和小运转列车的改编等作业，配备有机车段、车辆段，以及到发线、调车线和牵出线等设施。中间站主要从事单线铁路列车的会让和双线铁路的越行作业，配备有到发线、货物线和牵出线等主要设施。铁路车站发展趋势是作业集中化，设备、设施现代化和操作自动化。

为衡量车站客货运量和技术作业量大小，以及在政治、经济和铁路网上的地位所划分的不同等级，称为车站等级。车站划分为特、一、二、三、四、五等站。

3. 铁路运输组织与管理

(1)运输计划

运输计划具体规定了国家赋予铁路的运输任务，分为长远、年度和月度运输计划(运输生产计划)。它是编制相应时期铁路其他工作计划的依据。在一定时期内,需由某一发站运往某一到站的货运量,即有流向的货物吨数,称为货流。货物装车以后,就转化为车流。有了运输计划,就可以确定货流及车流的数量和方向,它是组织铁路货物运输工作的基础。

(2)货物列车编组计划

货物在发站装车以后,如何将这些车流编成各种列车输送到目的地,需要有一个经济合理的组织方法。列车编组计划就是规定如何将车流组织成为各种专门的列车,从发生地向目的地运送的制度,是全路的车流组织计划。通过列车编组计划,可以合理地组织车流输送,加速货物送达,充分利用铁路通过能力,以及合理地分配全路各技术站的调车工作任务。

(3)列车运行图

由于在铁路线上运行的列车很多,而且各种客货列车的速度和要求也不尽相同,为了使列车的运行能彼此配合,确保行车安全,以及合理利用铁路通过能力,铁路必须编制列车运行图,规定各次列车按一定的时刻在区间内运行及在车站到、发或通过。列车运行图实质上就是列车运行时刻表的图解。列车运行图是铁路行车组织的基础。

(4)技术计划

为了完成运输生产计划中的月度货物运输计划,需要有一定的机车车辆加以保证。运输生产技术计划作为运输生产计划的组成部分,它规定了机车车辆运用的数量指标和质量指标,是机车车辆的保证计划。

(5)运输方案

铁路运输生产需要路内外各有关部门紧密配合。运输方案就是按照运输生产计划所确定的任务和列车编组计划、列车运行图、站段技术作业过程等技术文件的规定,对一月或一旬的货运工作、列车工作和机车工作等进行综合部署,使运输部门和有关部门密切协调配合,共同完成运输任务。

(6)日常工作计划和运输调查

由于在实际工作中受到各种因素的影响,每天或一天中各个阶段的情况是不相同的,因此,应针对当时形成的运输情况,通过编制日常工作计划,规定一日(24h)、一班(12h)内的具体运输工作任务,采取相应的运输调整措施,以保证完成运输生产计划。

(7)车站列车工作细则

车站是完成铁路运输任务的基层生产单位。为了加强车站的作业组织和技术管理工作,每个车站都要制定《车站行车工作细则》。它主要规定:车站技术设备的合理使用与管理；接发列车和调车工作组织；作业计划的编制和执行制度；车站技术作业过程；车站通过能力和改编能力等，用以指导车站日常工作。

3.1.3 水路运输

1. 水路运输概述

水路运输是以船舶为主要运输工具、以港口或港站为运输基地、以水域包括海洋、河流和湖泊为运输活动范围的一种运输方式。

人类还在石器时代时，就以木作舟在水上航行，后来才有了独木舟和船。帆船出现于公元前4000年。15～19世纪是帆船的鼎盛时期。中国是世界上水路运输发展较早的国家之一。公元前2500年已经制造舟楫，商代有了帆船。公元前500年前后中国开始开凿运河。唐代对外运输丝绸及其他货物的船舶直达波斯湾和红海之滨，其航线被誉为“海上丝绸之路”。明代航海家郑和率领巨大船队七下西洋，历经亚洲、非洲的30多个国家和地区。1807年，美国人富尔顿把蒸汽机装在“克莱蒙特号”船上，航行在纽约至奥尔巴尼之间，航速达每小时6.4千米，成为第一艘机动船。19世纪蒸汽机驱动的船舶出现后，水路运输工具产生了飞跃。当代世界上水路运输发达，世界上许多国家拥有自己的商船队。现代商船队中已有种类繁多的各种现代化运输船舶。中国当前已基本形成一个具有相当规模的水运体系。在相当长的历史时期内，中国水路运输对经济、文化发展和对外贸易交流起着十分重要的作用。

水路运输与其他运输方式相比，具有如下特点：

(1)水路运输运载能力大、成本低、能耗少、投资省。例如，一条密西西比河相当于10条铁路，一条莱茵河抵得上20条铁路。此外，修筑1千米铁路或公路约占地3公顷，而水路运输利用海洋或天然河道，占地很少。在我国的货运总量中，水运所占的比重仅次于铁路和公路。

(2)受自然条件的限制与影响大。即受海洋与河流的地理分布及其地质、地貌、水文与气象等条件和因素的明显制约与影响；水运航线无法在广大陆地上任意延伸，所以水运要与铁路、公路和管道运输配合，并实行联运。

(3)开发利用涉及面较广。如天然河流涉及通航、灌溉、防洪排涝、水力发电、水产养殖以及生产与生活用水的来源等；海岸带与海湾涉及建港、农业围垦、海产养殖、临海工业和海洋捕捞等。

根据航行水运性质，水运分海运和河运两种。它们分别是以海洋和河流作为交通线的。

海运即海洋运输，是使用船舶等水运工具，经海上航道运送货物和旅客的一种运输方式。它具有运量大、成本低等优点，但运输速度慢，且受自然条件影响。河运即内河运输，用船舶和其他水运工具，在国内的江、河、湖泊、水库等天然或人工水道运送货物和旅客的一种运输方式。

小提示

水路运输有以下四种形式：

(1)沿海运输。这是使用船舶通过大陆附近沿海航道运送客货的一种方式，一般使用中、小型船舶。

(2)近海运输。这是使用船舶通过大陆邻近国家海上航道运送客货的一种运输形式，视航程可使用中型船舶，也可使用小型船舶。

(3)远洋运输。这是使用船舶跨大洋的长途运输形式，主要依靠运量大的大型船舶。

(4)内河运输。这是使用船舶在陆地内的江、河、湖、运河等水道进行运输的一种方式，主要使用中、小型船舶。

水路运输适用于承担大批量货物，特别是集装箱的运输任务；承担原料半成品等货物运输；承担国际贸易运输，即远距离、运量大，不要求快速抵达国外目的港的客货运输。

2. 水路运输设施与设备

港口是水运生产的一个重要环节。船舶的装卸、补给、修理工作和船员的修整等都要在港口进行。因此，港口是水运工作的关键所在。不论河港或海港，其最基本的功能就是为船舶进行装卸搬运工作。港口是位于江、河、湖、海沿岸，具有一定设施和条件，供船舶靠泊、旅客上下、货物装卸、生活物料供应等作业的地方。港口按所在地理位置分，有海港、河口港、河港、湖港、水库港等；按性质和用途分，有商港、军港、工业港、渔港、避风港等。

港口的范围包括水域和陆域两部分。

港口水域主要包括港池、航道与锚地。港池一般指码头附近的水域，它需要有足够深度与宽度的水域，供船舶停靠驶离时使用。航道是指船舶进出港的通道，为保证安全通航，必须有足够的水深与宽度，弯曲度不能过大。为了避免搁浅而造成船舶和生命财产损失与环境污染，船舶航行时必须在龙骨基线以下保持足够的水深。锚地是供船舶抛锚候潮、等待泊位、避风、办理进出口手续、接受船舶检查或过驳装卸等停泊的水域。锚地要求有足够的水深，使抛锚船舶即使由于较大风浪引起升沉与摇摆时仍有足够的富余水深。锚地的底质一般为平坦的沙土或亚泥土，使锚具有较大的抓力，而且远离礁石、浅滩等危险区。锚地离进出口航道要有一定距离，以不影响船舶进出为准，但又不能离进出口航道太远，以便于船舶进出港操作。

港口陆域是指港界线以内的陆域面积。一般包括装箱作业地带和辅助作业地带两部分，并包括一定的预留发展地。港口陆域主要包括码头、泊位、港内交通和配套设施等。码头是供船舶停靠、装卸货物和上下游客的水工建筑物。广义地说还包括同它配套的仓库、堆场、装卸设备和铁路、道路等。码头是港口的主要组成部分。码头按用途可分为货运码头和客运码头两类。货运码头分为普通件杂货码头和专业码头。普通件杂货码头供装卸各种件杂货用，配备的装卸机械有较大的通用性。专业码头配备有高效能的专用机械设备，装卸运量大、流量稳定的散货，例如石油码头、煤码头、矿石码头等。随水路集装箱运输的发展而建造的集装箱码头也是一种专用码头。集装箱码头配备有岸边集装箱起重机和其他专用机械，有宽广的堆场和拆箱、装箱库。泊位是指一艘设计标准船型停靠码头所占用的岸线长度。泊位长度一般包括船舶的长度和船与船之间的必要安全间隔。泊位的用途是专门进行装卸货。泊位的数量与大小是衡量一个港口或码头规模的重要标志。一座码头可能由一个或几个泊位组成，视其布置形式和位置而定。港区道路是供流动机械运行，并与城市道路和疏港道路相连接的港内通行道路。港内道路一般布置成环形，以便运输车辆通行，并尽可能减少与铁路线交叉或干扰装卸生产作业。港内铁路是铺设在港区内部的铁路运输线，包括线路、机车、通信、信号以及其他与铁路运输有关的各种建筑物、设备等。港口铁路是许多港口集疏转运的主要方式。完善的港口铁路系统，一般设有港口车站、分区车站、码头和库场装卸线，以及将这些部分连成整体的港口铁路区间正线、联络线和连接线等。

船舶是水路运输的运输工具，主要包括杂货船(General Cargo Vessel)、散装货船(Bulk Carrier)、多用途船(Multi-Purpose Vessel)、油轮(Oil Tanker)、集装箱船(Container Vessel)、滚装船(Roll on / Roll off Vessel, Ro/Ro)、车辆运输船(Truck and / or Car Carrier)、重大件货物运输船(Heavy-Cargo Carrier)、载驳船(Lighter Aboard Ship, LASH)、液化天然气船(Liquefied Natural Gas Carrier, LNC)、液化石油气船(Liquefied Petroleum Gas Carrier, LPC)等。

3. 水路运输组织与管理

水路运输的组织方式主要有班轮运输和租船运输两种。

(1)班轮运输

班轮运输，是航运公司提供的一种服务，货船定期在预定的装卸港之间营运。运费按照该公司运价表的费率计算。具有“四固定”的特点，即固定航线、固定港口、固定船期和相对固定的费率。班轮运输适合于货流稳定、货种多、批量小的杂货运输。航运公司在所经营的班轮航线的各挂靠港口及货源腹地通过自己的营业机构或船舶代理人与货主建立业务关系;通过报纸、杂志刊登船期表;通过与货主、无船承运人或货运代理人等签订货物运输服务合同或揽货协议来争取货源。承运人和货主之间不签订租船合同,仅按船公司签发的提单,处理运输中有关问题;通常要求托运人送货至承运人指定的码头仓库交货,收货人在承运人指定的码头仓库提货;班轮承运人负责包括装、卸货物及理舱在内的作业,并负责全部费用。

班轮公司运输货物所收取的运输费用,是按照班轮运价表的规定计收的。不同的班轮公司或班轮公会各有不同的班轮运价表。班轮运价表一般包括说明及有关规定、货物分级表、航线费率表、附加费表、冷藏货及活牲畜费率表等。我国班轮运输公司普遍使用的"等级运价表",将承运的货物分成若干等级,每个等级的货物有一个基本费率。

班轮运费包括基本运费和附加费两部分,前者是指货物从装运港到卸货港所应收取的基本运费,它是构成全程运费的主要部分;后者是指对一些需要特殊处理货物,或者突然事件的发生或客观情况变化等原因而需另外加收的费用。

班轮运输中所用到的主要单证包括:托运单(SHIPPING NOTE,B/N)、装货单(SHIPPING ORDER,S/O)、收货单(MATES RECEIPT,M/R)、装货清单(LOADING LIST)、提货单(DELIVERY ORDER,D/O)、海运提单(BILL OF LADING,B/L)等。

(2)租船运输

租船运输指根据协议租船人向船舶所有人租赁船舶用于货物运输,并按商定运价,向船舶所有人支付租金的运输方式。

租船运输以运输货值较低的大宗货物为主;无固定航线、固定的装卸港口和固定的船期;无固定的运价。

租船运输包括:

定期租船(Time Charter),又称期租船,是指按一定期限租赁船舶的方式,即由船东(船舶出租人)将船舶出租给租船人在规定期限内使用,在此期限内由租船人自行调度和经营管理。租期可长可短,短则数月,长则数年。这种租船方式不以完成航次数为依据,而以约定使用的一段时间为限。

定期租船的特点是:在租赁期间,船舶交由租船人管理、调动和使用。货物的装卸、配载、理货等一系列工作都由租船人负责,由此而产生的燃料费、港口费、装卸费、垫舱物料费等都由租船人负担。租金是按月(30天或日历月)以每一夏季载重线时的载重吨为计算单位计收。租金一经约定即固定不变。船方负担船员薪金、伙食等费用,并负责保持船舶在租赁期间的适航状态(Seaworthy)以及因此而产生的费月和船舶保险费用。所谓适航状态,一般是指使船舶能够正常运转,具有航海安全能力,能够适用接受和保管货物。

定程租船(Voyage Charter,Tip Charter),又称程租船或航次租船,它是根据船舶完成一定航程(航次)来租赁的,是租船市场上最活跃,且对运费水平的波动最为敏感的一种租船方式。一般可按单航次、来回航次、连续单航次和连续来回航次等方式。在国际现货市场上,成交的绝大多数货物(主要包括液体散货和干散货两大类)都是通过航次租船方式运输的。程租船的"租期"取决于航次运输任务是否完成,由于航次租船并不规定完成一个航次或几个航次所需的时间,因此船舶所有人对完成一个航次所需的时间是最为关心的,他特别希望缩短船舶在港停泊时间。而承租人与船舶所有人对船舶的装卸速度又是对立的,所以在签订租船合同时,承租双方还需约定船舶的装卸速度以及装卸时间的计算办法,并相应地规定延滞费和速遣费率的标准和计算方法。

定程租船的特点是:无固定航线、固定装卸港口和固定航行船期,而是根据租船人(货主)的需要,经过与船东的协商,在程租船合同中规定;程租船合同需规定装卸率和滞期费、速遣费条款;运价受租船市场供需情况的影响较大,租船人和船东双方的其他权利、义务一并在程租船合同中规定。定程租船以运输货值较低的粮食、煤炭、木材、矿石等大宗货物为主,由船舶所有人负责提供一艘船舶在指定的港口之间进行一个航次或几个航次运输指定货物的租船;船舶的营运调度由船舶所有人负责,船舶的燃料费、物料费、修理费、港口费、淡水费等营运费用也由船舶所有人负担;船舶所有人负责配备船员,负担船员的工资、伙食费。航次租船的"租金"通常称为运费,运费按货物的数量及双方商定的费率计收。规定计算运费的方法有三种:按装货吨数计算;按卸货吨数计算;按包干运费、包价支付。

光船租船(Bareboat Charter),又称船壳租船。这种租船不具有承揽运输性质,它只相当于一种财产租赁。光船租船是指船舶所有人将船舶出租给承租人使用一定期限,但船舶所有人提供的是空船,承租人要自己任命船长,配备船员,负责船员的给养和船舶经营管理所需的一切费用。也就是说,船舶所有人在租期内除了收取租金外,不再承担任何责任和费用。因此,一些不愿经营船舶运输业务,或者缺乏经营管理船舶经验的船的所有人也可将自己的船舶以光船租船的方式出租,虽然这样的利润不高,但船舶所有人可以取得固定的租金收入。

光船租购合同是光船租赁合同的一种特殊形式,是指船舶出租人向承租人提供不配备船员的船舶。在约定的期间内,由承租人占有和使用,并在约定期间届满时将船舶所有权转移给承租人,而由承租人支付租购费的合同。光船租购实际上相当于分期付款购买船舶,船东在收到全部付款前对船舶拥有正式的所有权,租船人支付每期租金相当于分期付款,租期结束船款全部付清,船舶就属于租船人所有。当然,光船租购的租金率要比光船租赁的租金率高,这是因为光船租购下,租期届满时承租人无须将船舶交还船东,船东要在租期内收回船舶的成本和利润。

由此，光船租购合同所要达到的目的是买卖船舶，光船租购是实现船舶买卖的途径，因此光船租购具有船舶融资租赁的性质，在多数情况下，光船租购与传统的贷款购买船舶相比，是更为经济的一种融资方式。光船租购一般租期相对较长，承租人负担租赁物的维修、保养、保险及纳税费用，出租人拥有租赁物的所有权，承租人拥有使用权，原则上不得中途解约，租期届满时承租人有购买、续租的优先权。

包运租船(Contract of Affreightment)，又称为运量合同。包运租船是指船舶所有人以一定的运力，在确定的港口之间，按事先约定的时间、航次周期、每航次以较均等的运量，完成全部货运量的租船方式。

包运租船的特点是：第一，包运租船合同中不确定船舶的船名及国籍，仅规定船舶的船级、船龄和船舶的技术规范等，船舶所有人只需比照这些要求提供能够完成合同规定每航次货运最小的运力即可，这对船舶所有人在调度和安排船舶方面是十分灵活、方便的。第二，租期的长短取决于货物的总量及船舶航次周期所需的时间。第三，船舶所承运的货物主要是运量特别大的干散货或液体散装货物，承租人往往是业务大和实力强的综合性工矿企业、贸易机构、生产加工集团或大石油公司。第四，船舶航次中所产生的时间延误的损失风险由船舶所有人承担，而对于船舶在港装、卸货物期间所产生的延误，则通过合同中订有的“延滞条款”的办法来处理，通常是由承租人承担船舶在港的时间损失。第五，运费按船舶实际装运货物的数量及商定的费率计收，通常按航次结算。

航次期租船(Trip Charter on Time Basis)，是一种以完成一个航次运输为目的，但租金以航次所需的时间(天)为计算标准的租船方式。这种方式不计滞期、速遣费用，船方不负责货物运输的经营管理。在装货港和卸货港的条件较差，或者航线的航行条件较差，难于掌握一个航次所需时间的情况下，这种租船方式对船舶所有人比较有利。因为采用这种租船方式可以使船舶所有人避免难以预测的情况而使航次时间延长所造成的船期损失。

3.1.4 航空运输

1.航空运输概述

航空输运(Air Transportation)是使用飞机、直升机及其他航空器运送人员、货物、邮件的一种运输方式，具有快速、机动的特点，是现代旅客运输，尤其是远程旅客运输的重要方式，同时也是国际贸易中的贵重物品、鲜活货物和精密仪器等的主要运输方式。

航空运输始于1871年。当时普法战争中的法国人用气球把政府官员和物资、邮件等运出被普军围困的巴黎。1918年5月5日，飞机运输首次出现，航线为纽约—华盛顿—芝加哥。同年6月8日，伦敦与巴黎之间开始进行定期邮政航班飞行。20世纪30年代有了民用运输机，各种技术性能不断改进，航空工业的发展促进了航空运输的发展。第二次世界大战结束后，在世界范围内逐渐建立了航线网，以各国主要城市为起讫点的世界航线网遍及各大洲。航空物流作为商贸活动中最省时、最快捷的物流和货运方式，是符合时代发展潮流的，因此具有强大的生命力和庞大的发展空间。

航空运输的主要优点是速度非常快，缺点是运输费用相当高。投资额度和运输成本都比较高，固定成本方面包括开拓航线、修建机场和机场维护需要大量资金；可变成本也比较高，主要是由于燃料、飞行员薪水、飞机的维护保养等方面的支出很大。

航空运输适用于价值昂贵、容易损坏的货物运输（例如文物、艺术品、电子产品等）；市场销售周期特别短，对时间要求高的货物运输（例如鲜花、海鲜、时尚服装、国际快件等）。航空运输速度快的优势在短途运输中难以发挥。

2. 航空运输设施与设备

航空港又称机场和航空站，是航空线的枢纽，它供执行客货运业务和保养维修飞机、起飞、降落使用。

机场一般分为军用和民用两大类。按机场规模和旅客流量可将机场分为三种类型：枢纽国际机场、区域干线机场和支线机场。按照设备情况可分为基本航空港和中途航空港。

机场设施主要包括：

（1）跑道：供航空器起降。跑道体系由结构道面、道肩、防吹坪和跑道安全地带组成。结构道面在结构荷载、运转、控制、稳定性等方面支承飞机；道肩抵御喷气气流的吹蚀，并承载维护和应急设备；防吹坪防止紧邻跑道端的表面地区受各种喷气气流吹蚀；跑道安全地带支撑应急和维护设备以及可能发生转向滑出的飞机。

（2）滑行道：滑行道是航空器在跑道与停机坪之间出入的通道，提供从跑道到航站区和维修库的通道。

（3）停机坪：供飞机停留的场所，也可称为试车坪或预热机坪，设置于邻近跑道端部的位置。

（4）机场地面交通：包括出入机场交通和机场内交通两部分。

3. 航空运输组织与管理

航空货物运输方式主要有三种：

（1）班机运输（Scheduled Airline）

班机运输是指在固定航线上定期航行的航班。它的主要特点是航线和出发地、目的地都是固定的，对于紧缺货物、鲜活易腐货物运输比较有利，一般都采用客货混合搭载的方式。

(2)包机运输(Chartered Carrier)

包机运输是指航空公司按照约定的条件和费率,将整架飞机租给一个或若干个包机人,从一个或几个航空站装运货物至指定目的地。包机运输方式可分为整包机和部分包机两类。

(3)集中运输(Centralized Transportation)

集中运输是指航空货运代理公司,将若干批单独发运的货物,集中成一批向航空公司办理托运,填写一份总运单送至同一目的地,然后由其委托当地的代理人,负责分发给各个实际收货人。这种托运方式,可以降低运费,是航空货运代理的主要业务之一。

3.1.5 管道运输

1. 管道运输概述

管道运输(Pipeline Transport)是用管道作为运输工具的一种长距离输送液体、气体和固态浆状物的运输方式,是一种专门由生产地向市场输送石油、煤和化学产品的运输方式,是统一运输网中干线运输的特殊组成部分。大部分管道都是被其所有者用来运输自有产品。

现代管道运输始于19世纪中叶,1865年美国宾夕法尼亚州建成第一条原油输送管道。20世纪60年代开始,输油管道的发展趋向大管径、长距离,并逐渐建成成品油输送的管网系统。同时,开始了用管道输送煤浆的尝试。全球的管道运输承担着很大比例的能源物资运输,包括原油、成品油、天然气、油田伴生气、煤浆等。管道运输也被进一步研究用于解决散状物料、成件货物、集装物料的运输,以及发展容器式管道输送系统。

在五大运输方式中,管道运输有着独特的优势。在建设上,与铁路、公路、航空相比,投资要省得多。对于具有易燃特性的石油运输来说,管道运输更有着安全、密闭等特点。在油气运输上,管道运输有其独特的优势,它平稳、不间断、安全、保质、经济、污染少、运输量大、劳动生产率高、建设周期短、投资少、占地少、运输损耗少、自动化程度高。

管道运输不如其他运输方式灵活,除承运的货物比较单一外,它也不容随便扩展管线。对一般用户来说,管道运输常常要与铁路运输或汽车运输、水路运输配合才能完成全程输送。管道运输的运输对象受到限制,承运的货物比较单一。只适合运输诸如石油、天然气、化学品、碎煤浆等气体和液体货物。管道运输属于专用运输,其生产与运销混为一体,不提供给其他发货人使用。

按照输送对象不同，管道可以分为输油管道、输气管道和固体料浆管道；按照用途不同，可以分为集疏管道、输油(汽)管道和配油(汽)管道。

2. 管道运输设施与设备

(1)管道

管道是管道运输系统中最主要的部分，它的制造材料可以是金属、混凝土或塑胶，完全依靠输送的货物种类及输送过程中所要承受的压力大小而决定。

(2)储存库

由于管道运输的过程是连续进行的，因此管道两端必须建造足够容纳其所承载货物的储存库。

(3)压力站、泵站

压力站是管道运输动力的来源，靠压力推动货物经由管道从甲地输送到乙地。一般管道运输压力的来源可有气压式、水压式、重力式及最新的超导体磁力式。通常气体的输送动力来源靠压缩机来提供，液体的输送动力来源则是靠泵提供。

(4)控制中心

管道运输虽具有高度自动化的特点，但它仍需要有良好的控制中心，并配合最现代的监测器及熟练的管理与维护人员随时检测、监视管道运输设备的运转情况，以防止意外事故发生时所造成的漏损及危害。

3. 管道运输组织与管理

管道运输管理是指管道运行过程中利用技术手段对管道运输实行统一指挥和调度，以保证管道在最优化状态下长期安全而平稳地运行，从而获得最佳经济效益的生产管理工作。

管道运输生产管理包括：管道运输计划管理、管道运输技术管理、管道运输设备管理、管道线路管理等四个方面。

(1)管道运输计划管理

根据管道所承担的运输任务和管道设备状况编制合理的运行计划，以便有计划地进行生产。管道运输计划管理首先是编制管道运输的年度计划，根据年度计划安排管道运输的月计划、批次计划、周期计划等，编制管道站、库的输入和输出计划以及分输和配气计划。其次，根据运输任务和管道设备状况编制设备维护检修计划和辅助系统作业计划。

(2)管道运输技术管理

管道运输技术管理的内容包括随时监测管道运行状况参数；分析运输条件的变化，采取各种适当的控制和调节措施调整运行参数，以充分发挥运输设备的效能；尽可能地减少能耗；对运输过程中出现的技术问题，要随时予以解决或提出来研究。

(3)管道运输设备管理

对管道站、库的设备进行维护和修理,以保证管道的正常运行。管理的内容主要包括对设备状况进行分级,并进行登记;记录各种设备的运行状况;制定设备日常维修和大修计划;改造和更新陈旧、低效能的设备;保养在线设备。

(4)管道线路管理

对管道线路进行管理,以防止线路受到自然灾害或其他因素的破坏。主要内容包括:日常的巡线检查;线路构筑物和穿越,跨越工程设施的维修;管道防腐层的检漏和维修;管道的渗漏检查和维修;清管作业和管道沿线放气、排液作业;管道线路设备的改造和更换;管道线路的抗震管理;管道紧急抢修工程的组织等。

3.2 运输管理与合理运输

3.2.1 运输管理

运输管理是指按照运输的规律和规则,对产品从生产者手中到中间商手中再至消费者手中的运送过程进行管理。它包括运输方式选择、时间与路线的确定及费用的节约。其实质是对公路、铁路、水运、空运、管道等五种运输方式的运行、发展和变化,进行有目的、有意识的控制与协调,实现运输目标的过程。

运输管理的基本原则就是"及时、准确、经济、安全"。

1. 及时

就是按照产、供、运、销情况,及时把货物从产地运到销地,尽量缩短货物在途时间,及时供应工农业生产和人民生活的需要。

2. 准确

就是在货物运输过程中,切实防止各种差错事故,做到不错不乱,准确无误地完成运输任务。

3. 经济

就是采取最经济、最合理的运输方案,有效地利用各种运输工具和运输设施,节约人力、物力和动力,提高运输经济效益,降低货物运输费用。

4. 安全

就是货物在运输过程中,不发生霉烂、残损、丢失、燃烧、爆炸等事故,保证货物安全地运达目的地。

这四个方面是辩证统一的,必须进行综合考虑,忽视或片面强调任何一方面都是不行的。

3.2.2 不合理运输

在物流运输的生产实践中，往往会出现一些不合理的现象，在现有条件下可以达到的运输水平而未达到，从而造成了运力浪费、运输时间增加、运费超支等问题，这种情况我们把它叫作不合理运输。不合理运输的表现形式可以归纳为以下几个方面。

1. 返程或起程空驶

空车无货载行驶，可以说是不合理运输的最严重的一种形式。在实际运输组织中，有时候必须调运空车，从管理上不能将其看成不合理运输。但是，因调运不当、货源计划不周、不采用运输社会化以及车辆功能过于单一、过分专用而形成的空驶，就可以看作是不合理运输的表现。

2. 对流运输

对流运输也叫“相向运输”“交错运输”，指同一种货物，或彼此间可以相互替代而又不影响管理、技术及效益的货物，在同一线路上或平行线路上做相对方向的运送，而与对方运程的全部或一部分发生重叠交错的运输称为对流运输。已经制定了合理流向图的产品，一般必须按合理流向运输，如果与合理流向图指定的方向相反，也属对流运输。有的对流运输是不太明显的隐蔽对流，例如不同时间的相向运输，从发生运输的那个时间看，并无出现对流，所以要特别注意。

3. 迂回运输

舍近取远的一种运输，可以选取短距离进行运输，却选择路程较长路线进行运输。迂回运输有一定复杂性，不能简单处之，只有当计划不周、地理情况不熟、组织不当而发生的迂回，才属于不合理运输。如果最短距离有交通阻塞、道路情况不好或有对噪音、排气等特殊限制而不能使用时发生的迂回运输也是合理的。

4. 重复运输

本来可以直接将货物运到目的地，但是在未达目的地之处，或目的地之外的其他场所将货卸下，再重复装运送达目的地，这是重复运输的一种形式。另一种形式是，同品种货物在同一地点一面运进，同时又向外运出。重复运输的最大问题是增加了非必要的中间环节，例如重复装卸包装等，这就延缓了流通速度，增加了费用，增大了货损的可能性。

5. 倒流运输

货物从销地或中转地向产地或起运地回流的一种运输现象。其不合理程度要甚于对流运输，其原因在于，往返两程的运输都是不必要的，形成了双程的浪费。倒流运输也可以看成是隐蔽对流的一种特殊形式。

6. 过远运输

调运物资舍近求远，近处有资源不调而从远处调，这就造成可采取近程运输而未采取，拉长了货物运距的浪费现象。过远运输占用运力时间长、运输工具周转慢、物资占压资金时间长，远距离自然条件相差大，又易出现货损，增加了费用支出。

7. 运力选择不当

未根据各种运输方式或工具的特点、优势和适用范围而不正确地利用运输工具所进行的运输，常见有以下形式：

(1)弃水走陆。在同时可以利用水运及陆运时，不利用成本较低的水运或水陆联运，而选择成本较高的铁路运输或汽车运输，使水运优势不能发挥。

(2)铁路、大型船舶的过近运输。不是铁路及大型船舶的经济运行里程却利用这些运力进行运输的不合理做法。火车及大型船舶起运及到达目的地的准备、装卸时间长，且机动灵活性不足，在过近距离中利用，发挥不了运速快的优势。相反，由于装卸时间长，反而会延长运输时间。另外，和小型运输设备比较，火车及大型船舶装卸难度大，费用也较高。

(3)运输工具承载能力选择不当。不根据承运货物数量及重量选择，而盲目决定运输工具，造成过分超载、损坏车辆及货物不满载、浪费运力的现象。尤其是“大马拉小车”现象发生较多。由于装货量小，单位货物运输成本必然增加。

8. 托运方式选择不当

对于货主而言，在可以选择最好托运方式而未选择，造成运力浪费及费用支出加大。例如，应选择整车运输未选择，反而采取零担托运，应当直达运输而选择了中转运输，应当中转运输而选择了直达运输等都属于这一类型。

9. 无效运输

凡装运的物资中含有无使用价值的杂质(如煤炭中的矸石、原油中的水分、矿石中的泥土和沙石)含量过多或含量超过规定的标准的运输。这种运输浪费了很多运输能力而未产生经济价值。

各种不合理运输形式都是在特定条件下表现出来，在进行判断时必须注意其不合理的前提条件，否则就容易出现判断的失误。例如，如果同一种产品，商标不同，价格不同，所发生的对流，不能绝对看成不合理，因为其中存在着市场机制引导的竞争，优胜劣汰，如果强调因为表面的对流而不允许运输，就会起到保护落后、阻碍竞争甚至助长地区封锁的作用。类似的例子，在各种不合理运输形式中都可以举出一些。

以上对不合理运输的描述，主要就形式本身而言，是主要从微观观察得出的结论。在实践中，必须将其放在物流系统中做综合判断，在不做系统分析和综合判断时，很可能出现“效益背反”现象。单从一种情况来看，避免了不合理，做到了合理，但它的合理却使其他部分出现不合理。只有从系统角度综合进行判断，才能有效避免“效益背反”现象，从而优化全系统。

3.2.3 运输合理化

这里介绍一些对不合理运输进行判断和改善的思路和途径，在工作中可以借鉴。

1. 合理选择运输方式和运输工具

各种运输方式有着各自的适用范围和技术特征，选择时必须进行比较和综合分析，首先要考虑运输成本的高低和运行速度的快慢，此外，还要考虑商品的性质、数量的大小、运输距离的远近、市场需要的缓急、风险的程度、国际政治经济形势的变化等。在选择运输工具上，同一运输方式，如铁路、公路运输，可根据不同商品选择不同类型的车辆，海运可选择班轮或不定期船，内河运输可选择轮船、帆船等或开展多式联合运输，充分利用运输工具是组织合理运输的有效措施。

2. 正确选择运输路线和装卸中转港口

运输路线的选择，一般来说，应尽量安排直达运输，以减少运输装卸转运环节，缩短运输时间，节省运输费用。出口商品就地收购、就地加工、就地包装、就地检验、直接出口的“四就一直”工作法，就是组织合理运输的重要措施。必须中转的进出口货物，也应选择适当的中转港、中转站。进出口货物的装卸港，一般应尽量选择班轮航线经常停靠、自然条件装卸设备较好、费用较低的港口。进口货物的卸货港，还应根据货物流向和大宗货物用货部门所在地来考虑。出口货物的装货港，则还应考虑靠近出口货物产地或供应地点的原则，以减少国内运输里程，减少交货风险，节约运力。

3. 提高包装质量，改进包装方法

进出口货物运输线路长，装卸操作次数多，必须根据不同的运输方式、运输距离和商品性质来合理地选择包装物料，以提高包装质量，保护商品安全，开展合理运输。在大力发展集装箱运输的今天，对于包装标准化提出了更高的要求。包装方法也要大力改进，轻泡货物用机器打包，较用人力打包可缩小体积；石油改桶装为大油轮散装，可提高自动化水平。

4. 提高装载技术

采取零担货拼整车发运的办法，减少运输费用，节约动力。主要有零担货物拼整车直达运输、零担货物拼整车接力直达或中转分运、整车分卸（两三站分卸）、整装零担等四种具体做法。一方面最大限度地利用车船载重吨位，另一方面充分使用车船装载容积，以提高装载量，充分利用运力，降低费用。主要做法有三种：一是组织轻重配装，即把重泡货物和轻泡货物组装在一起；二是实行解体运输，即对一些体大笨重、不易装卸又容易碰撞致损的货物，将其拆卸装车，分别包装；三是改进堆码方法，即根据车船的货位情况和不同货物的包装形状，采取各种有效的堆码方法，如平装、套装、顺装、立装、叠装、骑装、跨装、扣装、架装和补装等。

3.3 集装箱运输与多式联运

3.3.1 集装箱运输

1. 集装箱运输概述

集装箱运输(Container freight transport)，是指以集装箱这种大型容器为载体，将货物集合组装成集装单元，以便在现代流通领域内运用大型装卸机械和大型载运车辆进行装卸、搬运作业和完成运输任务，从而更好地实现货物“门到门”运输的一种新型、高效率和高效益的运输方式。

集装箱运输能够简化包装，节约包装费用；减少倒装倒载次数，减少货损货差，提高货运质量；简化物流作业流程，减少营运费用，降低运输成本；提高装卸效率；便于在不同运输方式之间转换，实现协作化运作，便于组织多式联运。这些特点使集装箱运输目前被世界各国普遍使用并大力推广，已经成为国际贸易中重要的一种运输方式。

中华人民共和国国家标准《集装箱术语》(GB/T 1992—2006)中有关集装箱的定义如下：

集装箱是一种运输设备，应具备以下条件：

(1)具有足够的强度和刚度，可长期反复使用；

(2)便于商品运送而专门设计的，在一种或多种运输方式中运输时无须中途换装；适于一种或多种运输方式载运，在途中转运时，箱内货物不需换装；

(3)具有便于快速装卸和搬运的装置，特别是从一种运输方式转移到另一种运输方式；

(4)便于货物的装满和卸空；

(5)具有 $1m^3$ 及以上的容积；

(6)是一种按照确保安全的要求进行设计，并具有防御无关人员轻易进入的货运工具。

2. 集装箱运输

集装箱运输是指以集装箱这种大型容器为载体，将货物集合组装成集装单元，以便在现代流通领域内运用大型装卸机械和大型载运车辆进行装卸、搬运作业和完成运输任务，从而更好地实现货物“门到门”运输的一种新型、高效率和高效益的运输方式。

集装箱运输具有以下特点：

(1)保证货物运输安全。集装箱运输大大减少了传统运输方式中人力装卸、搬运的次数，这就可以避免人为和自然因素造成的货物破损、湿损、丢失等货运事故，减少经济损失。

(2)节省货物包装材料。使用集装箱运输，可以简化或不用运输包装，节省包装材料和费用，降低商品的成本。

(3)简化货运作业手续。货物采用集装箱运输后，以箱作为货物的运输单元，减少了繁杂的作业环节，简化了货运作业手续。

(4)提高装卸效率。由于集装箱的装卸作业适于机械化，其装卸作业效率得到了大幅度的提高。同时，大大缩短了集装箱的站(港)的停留时间，加速了车船的周转和货物的送达。

(5)减少运营费用，降低运输成本。货损、货差大为减少，货物保险费也随之下降；开展“门到门”运输业务后，可大量节省仓库的建造费用和仓库作业费用等。

(6)便于自动化管理。集装箱是一种规格化货物运输单元，为自动化管理创造了条件。

集装箱运输中对于货物的交接主要有两种不同的形态：

整箱货(FULL CONTAINER CARGO LOAD，FCL)指货批量能装满一个集装箱以上的货物。装箱工作原则上由发货人进行，发货人自行装箱，负责填写装箱单、场站收据，并由海关加铅封的货。

拼箱货(LESS THAN CONTAINER CARGO，LCL)指货批量不能满载一个集装箱的零星货物。通常由集装箱货运站负责装箱，由货运站代表承运人把不同货主但达到同一目的地的货物混装在一个集装箱内，并负责填写装箱单，并由海关加铅封的货。

集装箱货物的交接方式有九种：

(1)门到门交接(DOOR TO DOOR)

在由承运人负责内陆运输时，则在发货人的工厂或仓库验收后，承运人负责将货物运至收货人的仓库或工厂交货，门到门交接的货物为整箱货。

(2)门到场交接(DOOR TO CY)

在发货人的工厂或仓库接收货物，并负责运至卸船港集装箱码头堆场交货的交接方式。门到场货物交接方式有时发生在承运人不负责目的地内陆运输的情况下。

(3)门到站交接(DOOR TO CFS)

从发货人的工厂或仓库至目的地集装箱货运站的交接方式。即通常是整箱接收,拆箱交付,也可理解为一个发货人,几个收货人。

(4)场到门交接(CY TO DOOR)

在起运地装船港的集装箱码头堆场接收货物,并将其运至收货人工厂或仓库交货的交接方式,常发生在承运人不负责起运地发货人工厂或仓库至集装箱码头堆场之间的内陆运输。

(5)场到场交接(CY TO CY)

从装船港的集装箱码头堆场至目的港集装箱码头堆场的交接方式,通常是整箱货。

(6)场到站交接(CY TO CFS)

从装船港的集装箱码头堆场至目的地集装箱货运站的交接方式,也可理解为一个发货人,几个收货人。

(7)站到门交接(CFS TO DOOR)

从起运地集装箱货运站至目的地收货人的工厂或仓库的交接方式,经常发生在拼箱接收,整箱交付的情况下。

(8)站到场交接(CFS TO CY)

从起运地的集装箱货运站至目的地集装箱码头堆场的交接方式,也可理解为几个发货人,一个收货人。

(9)站到站交接(CFS TO CFS)

从起运地的集装箱货运站至目的地集装箱货运站的交接方式,通常是拼箱货交付,拼箱货接收。

3.3.2 国际集装箱多式联运

国际货物多式联运是在集装箱运输基础上发展起来的,以实现货物整体运输的最优化效益为目的的一种国际货物运输组织形式。集装箱运输的飞速发展,使多式联运成为国际货物运输业的主要方式之一。它打破了过去海、陆、空等单一运输方式互不连贯的传统做法,而将海、铁、公、空等单一运输方式有机结合起来,联为一体,构成一种跨国(地区)的连贯运输方式,被喻为运输业的一次革命。

多式联运适用于水路、公路、铁路和航空等运输方式,由于在国际贸易中,85%左右的货物是通过海运来完成的,所以海运在国际多式联运中占主导地位。多式联运中必须由一个多式联运经营人承担或组织完成全程联运任务,对全程运输负总责，由于海运在国际多式联运中占主导地位，多式联运经营人也多为有船承运人或无船承运人。多式联运采用一次托运、一次付费、一单到底、统一理赔、全程负责的运输业务方法。这可以提高运输管理水平，可以最大限度地发挥现有设备的作用，选择最佳运输路线组织合理化运输。

案例分析

潍坊国际多式联运大通道开通

2016年12月22日上午，随着一声嘹亮悠长的汽笛声，满载着国际集装箱的列车徐徐启动，从潍坊联运铁路集装箱货运站驶出奔向青岛港，这标志着“一带一路”潍坊国际多式联运大通道正式开通。

物流货运业务是潍坊联运有限责任公司的主营业务之一，有昌潍、南方、万方、西北四个物流园区和集装箱货场，该货场是原铁道部确定的“全国六大路外集装箱货场”之一，总占地面积350多亩，有铁路专用线3条2200多米，门吊、正面吊等大型设施十多台。货场年吞吐货物能力达450万吨、集装箱20万TEU，是潍坊市区唯一的铁路集装箱中转站。自2015年以来，市交通运输局与潍坊联运有限责任公司推动“公、铁、海国际多式联运”业务，在济南铁路局、青岛港集团及中国远洋海运集团等单位的支持下，2016年10月初班列开始试运营。

货物由潍坊联运铁路集装箱货场经青岛港中转，沿“海上丝绸之路”至华南各省和东盟、南亚、中亚、欧洲各国，实现了与潍坊港错位发展的铁路货运定点、定时发车的客运化运行模式，形成了“一带一路”潍坊国际多式联运大通道。

潍坊国际多式联运大通道的开通，对于加快潍坊国际物流业发展，推进构建开放型经济具有重要的推动作用。同时，通道通过利用铁路班列替代公路运输，能够大幅度降低物流运输成本和燃油排放，有效提高潍坊市工矿及农贸产品的国际竞争力，有力地促进潍坊外向型经济发展。该通道下一步将推行外贸“一站式”通关服务，全面打造以远洋外贸物流为主、与“海上丝绸之路”一体联动的“内陆港站”，实现与潍坊港南北呼应，差异定位，优势互补格局。

资料来源：潍坊国际多式联运大通道开通 齐鲁壹点

分析

潍坊借助优越的地理位置和国家发出的“一带一路”倡议的大好时机，合理定位，发展国际多式联运，不仅促进了物流业的发展，也为当地经济发展奠定了坚实的基础。

本章小结

本章介绍了物流运输系统中的五种基本运输方式、运输管理的基本内容以及集装箱运输的基本概念，要求学生掌握公路、铁路、水运、航空、管道这五种运输方式的含义、主要设施设备及运输运营的组织管理的基本理论；掌握不合理运输的主要表现形式以及运输合理化的途径；了解集装箱运输和多式联运的发展趋势，掌握集装箱运输的主要形式。

延伸阅读

中国远洋海运集团重组凸显整合效应　提质升级参与全球竞争

2016 年 2 月 18 日，中远集团、中海集团实施重组，成立中国远洋海运集团有限公司。中远中海重组整合是中央企业改革发展历史刻度上具有重要意义的新标记，在中国航运界乃至全球航运界具有深远影响。

“4 个世界第一”和“6 个世界前列”

金融危机以来，航运市场仍然没有走出史上持续时间最久、程度最深的低谷。航运企业业绩恶化、资产缩水、负债增加。船厂订单稀少，很多全球主要港口集装箱吞吐量同比连续出现负增长。

“航运市场的变化已经不是仅仅停留在表象层面，也不是可以简单用周期来解释的。”时任中远海运集团董事长许立荣说。

改革重组后，2016 年，中远海运集团成为全球运力规模最大的综合航运公司，规模优势和综合实力得到显著提升，迅速实现了“4 个世界第一”和“6 个世界前列”。船队综合运力、干散货自有船队运力、油轮运力、杂货特种船队运力均位居世界第一。集装箱总吞吐量排名世界第二；全球船舶燃料销量排名世界第二；集装箱租赁规模居世界第三；集装箱船队规模居世界第四；海洋工程装备制造接单规模以及船舶代理业务稳居世界前列。

新集团改革重组工作庞杂繁复，两集团总资产 6100 亿元，员工近 12 万人。2016 年 1 至 6 月，新集团实现营业总收入 910 亿元，利润 91.74 亿元，初步体现了改革重组以后的整合效应。

“航运＋金融”模式实现战略转型

2016 年 9 月 8 日，作为中远海运集团金融上市平台，原中海集运正式更名为中远海运发展股份有限公司，中远海运集团金融产业集群正式组建完成。加上 2016 年 6 月 2 日在香港正式挂牌成立的中远海运金融控股有限公司，中远海运集团全控平台总资产合计1300亿元。

"新的业务结构,使得重组不仅是规模上的合并,还是深层次的优化业务布局,对新集团未来抵御航运市场的周期性波动风险将起到积极作用。"许立荣表示,新集团依照"规模化、国际化、盈利性和抗周期"四个发展维度,确定了包括航运、物流、航运金融、装备制造、航运服务、社会化服务以及互联网+在内的"6+1"产业集群,并将优先发展全球集装箱运输、码头业务、航运金融和全球综合物流。

许立荣介绍,本次重组整合,打破过去把航运主业作为不可逾越更改的一条线,打造了一个金融控股的上市平台,从根本上提高了抗周期能力。

根据新的战略布局,新集团将融合原中远、中海两大集团旗下优质金融资产,打造以"航运+金融"的业务发展模式,依托航运主业,发展多元化租赁业务的综合性金融服务平台,实现战略转型。

航运产业集群将作为新集团核心产业集群,重点在经营规模增长、盈利能力建设和全球化水平提升等方面着力发展。按照新集团的产业集群发展战略,将码头和集装箱运输划入一个事业群,并明确"以码头为点,以航线为线,以集运和物流为面,共同打造全球服务网络"。集运、码头以及物流等板块将相互融合、相互促进、协同发展。

提质升级参与全球竞争

中远中海重组整合是国家骨干航运企业提质升级、参与全球竞争的重大机遇。2016年6月26日,举世瞩目的巴拿马运河新船闸开通启用仪式隆重举行,中远海运集团旗下的"中远海运巴拿马"轮成为第一艘通过新建船闸的新巴拿马型船舶,被载入国际航运史册。

在新的发展蓝图指引下,中远海运集团积极响应国家"一带一路"的倡议,重点布局"海上丝绸之路"的新兴市场和战略要地,新集团在国际航运业的行业地位及话语权已逐步增强。

在集装箱航运方面,中远海运集运与法国达飞、东方海外、长荣集团组成新的集装箱运输联盟"海洋联盟",成为全球集装箱航运三大联盟之一,与由马士基、地中海航运组成的2M联盟形成抗衡。

2016年3月28日,新集团与新加坡国际港务集团合作,将原来在新加坡港合资经营的两个旧泊位,置换成该港区第三、第四期码头的3个至4个新泊位,成立合资公司经营,集团占49%股份,扩大了双方合作规模。同时,新集团先后在海外购买了土耳其、荷兰鹿特丹、阿联酋哈里发和意大利瓦多集装箱码头的股权,还正在与全球众多港口与码头洽谈,新集团码头业务的海外布局正在加快。

2016年2月20日,新集团启动了海外网络整合。经过重组,中远海运集团在境外设有欧洲、北美、南美、东南亚、非洲等十大区域公司,在50多个国家和地区拥有 315 家控股企业。

新集团将以海外公司为载体，进一步推动集团全面参与全球产业分工，努力成为全球航运物流市场的有力主导者。

资料来源：中国远洋海运集团有限公司官网. 中国远洋海运集团重组凸显整合效应，提质升级参与全球竞争

本章思考题

一、选择题

1. 速度最快的运输方式是(　　)。

A. 公路运输　　B. 水路运输　　C. 航空运输　　D. 管道运输

2. 铁路运输适合于(　　)。

A. 中长距离运输　　B. 小批量货物运输

C. 紧急物资的运输　　D. 超高超重货物运输

二、判断题

1. 五种基本的运输方式之间是竞争的关系。　　(　　)

2. 集装箱运输是一种现代化的集装单元化运输。　　(　　)

三、名词解释

1. 集装箱　　2. 班轮运输

四、简答题

1. 水路运输的特点是什么？它适合哪些货物的运输？

2. 不合理运输有哪些形式？怎样将其合理化？

3. 集装箱货物的形态和交接地点是什么？

五、实训题

1. 通过上网或同学之间交流，了解我国交通运输基础设施建设所取得的成果，指出我国交通运输基础设施分布的区域特征和主要的运输线路。

2. 通过上网了解全球主要的班轮公司的概况。

仓储管理

第4章

【学习目标】

- 掌握仓储管理的概念、物流中心的类型、仓储活动的类型
- 掌握影响仓库选址的因素、仓库选址决策、仓库内部布局
- 了解条形码、复合码、自动化仓库的运行、分类和条件

引导案例

从仓库到现代物流中心的蝉变
——解读中储发展股份有限公司西安分公司“又好又快”发展现象

中储发展股份有限公司西安分公司全面落实科学发展观，积极拓宽经营思路，坚持全方位发展，注重多种经营并举，不断走出一条自我发展之路。

2002 年后公司已由原来一个普通的仓储企业发展成一个集仓储、运输、货运代理、现货市场、信息服务、流通加工、物流质押(金融)等于一体的综合性大型现代化物流中心，同时带动了周边地区小型物流运输、连锁经营、餐饮服务等相关产业的发展，成为推动陕西区域经济发展繁荣的起动机和助推器，引领着陕西乃至西北地区现代物流企业的快速健康发展。

中储发展股份有限公司西安分公司(原西安中储物流中心)隶属国资委所属国有企业集团之一中国诚通集团下属的中国物资储运总公司。经过多年的市场洗礼，企业已发展成为集仓储、运输、货运代理、流通加工、物流质押(金融)、经销、信息服务、现货市场等于一体的第三方综合性大型物流企业。公司占地面积 40 万平方米，拥有 4 条铁路专用线，库房 30 多栋 10 万平方米，货场 15 万平方米，各种

起重、装卸、运输设备100多台(辆),物资吞吐量每年在240万吨以上。

仓储不是物流,它仅是物流的一个环节。物流具有系统化特征,只有对仓储、保管、运输、配送、分拣、包装、加工、装卸、信息服务等环节系统地加以考虑,才能使物流活动达到效率化、快速化和整体最优。

多年来,公司凭借15万平方米货场和10万平方米库房、4条铁路专用线和完善的起重运输设施,以及中储在全国物流组织网络的优势,紧密联系我国国情,结合地区实际,坚持“本土化”经营。同时借鉴国内外先进物流企业经验,奋力开拓市场,积极寻求发展机遇。在拓展配送业务过程中,重点开展家电产品销售的物流服务。根据客户商品特点,先后购置十多辆箱式货车充实运力,满足配送需要。现在,格力、春兰、荣事达、新飞、志高、雪花啤酒等近20家家电客户及生活资料客户已与公司进行深层次物流配送合作,配送规模也由单一配送转向共同配送,运输成本大大降低。配送形式以B to B为主,负责向陕西地区各大超市和商店及西北五省运送。

(资料来源:蔡改成.仓储与库存管理实务.武汉:武汉理工大学出版社,2007:1-3)

现代物流从供应商开始到最终客户整个流通阶段所发生的商品运动是作为一个整体来看待的,因此这对物流管理活动本身提出了相当高的要求。具体来说,伴随着商品实体的运动,必然会出现“场所移动”和“时间推移"这两种物理现象,其中“时间推移”在当今产销紧密联系、流通整体化、网络化的过程中,已成为一种重要的经营资源。仓储在“时间推移”过程中的作用不可或缺,现代仓储管理活动决定着物流时间效率化的水准。

4.1 仓储管理概述

4.1.1 仓储管理的概念和作用

1. 仓储的概念

根据《中华人民共和国标准物流术语》(GB/T 18354—2006),对仓储的解释是:利用仓库及相关设施设备进行物品的入库、存贮、出库的作业。仓储的形成是社会产品出现剩余和产品流通的需要,当产品不能被即时消耗掉,需要专门的场所存放时,就产生了静态的仓储。而将物品存入仓库以及对存放在仓库里的物品进行保管、控制、提供使用等的管理,便形成了动态仓储。

一般来说，仓储管理是对货物储存的经营管理。从广义上看，仓储管理是对物流过程中货物的储存、中转过程以及由此带来的商品装卸、包装、分拣、流通加工等一系列活动的经营管理。

2. 仓储管理的作用

仓储具有调节功能、保管检验功能、集散功能、防范风险功能、客户服务功能及物流中心的功能。仓储管理的作用主要体现在以下几点：

(1)现代仓储管理在经济建设中的作用

①现代仓储是保证社会再生产顺利进行的必要条件。现代仓储活动的意义正是由于生产与消费在空间、时间以及品种、数量等方面存在着矛盾而引起的。尤其在现代化大生产的条件下，专业化程度不断提高，社会分工越来越细，随着生产的发展，这些矛盾势必会进一步扩大。在仓储活动中，不能采取简单地把商品生产和消费直接联系起来的办法，而需要对复杂的仓储活动进行精心组织，拓展各部门、各生产单位之间相互交换商品的深度和广度，使社会简单再生产和扩大再生产能建立在一定的商品资源的基础上，保证社会再生产的顺利进行。

②现代仓储是国家满足急需、特需的保障。国家储备是一种有目的的社会储存，主要用于应付自然灾害、战争等人力不可抗拒的突发事变对物资的急需、特需，保障国家的安全和社会的稳定。仓储活动是物质产品在社会再生产过程中必然出现的一种形态，这对整个社会再生产，对国民经济各部门、各行业的生产经营活动的顺利进行，都有着巨大的作用。然而，在仓储活动中，为了保证物资的使用价值在时空上的顺利转移，必然要消耗一定的物化劳动和活劳动，尽管这些合理费用的支出是必要的，但由于它不能创造使用价值，因而，在保证物资使用价值得到有效保护，有利于社会再生产顺利进行的前提下，费用支出越少越好。那么，做好物资的仓储管理，就可以加速物资的流通和资金的周转，从而节省费用支出，降低物流成本，开拓“第三利润源泉”，提高社会与企业的经济效益。

(2)现代仓储管理在流通领域中的作用

①储存是平衡市场供求关系、稳定物价的重要条件。在社会再生产过程中，可能有些部门发展得快些，而有些部门发展得慢些，这种发展的不平衡性会引起市场供求矛盾和价格的波动。流通储存可在供过于求时吸纳商品，增加储存，供不应求时吐放商品，以有效地调节供求关系，缓解矛盾。这样既可保证生产的稳定性，又可防止物价的大起大落，避免生产供应的恶性循环。

②仓储是物资供销管理工作的重要组成部分。仓储活动直接影响到物资管理工作的质量，也直接关系到物资从实物形态上一直到确定分配供销的经济关系的实现。

③现代仓储是保持原有使用价值的重要手段。任何一种物资，当它生产出来

以后至消费之前，由于其本身的性质、所处的条件以及自然的、社会的、经济的及技术的因素，都可能使物资使用价值在数量上有所减少，质量降低，如果不创造必要的条件，就不可避免地对物资造成损害。因此，必须进行科学管理，加强对物资的养护，搞好仓储活动，以保护好处于暂时停滞状态的物资的使用价值；同时，在物资仓储过程中，努力做到流向合理，加快物资流转速度，注意物资的合理分配，合理供料，不断提高工作效率，使有限的物资能及时发挥最大的效用。

(3)现代仓储管理在企业经营中的作用

社会再生产过程是连续生产和流通的统一。生产企业中的生产储存是物资作为生产过程的准备条件，只有拥有一定量的生产性储存，才能保证不间断地均衡生产。

仓储存在于企业经营过程的各个环节，也就是说，在采购、生产及销售的不断循环过程中，库存使各个环节相对独立的经济活动成为可能。同时，仓储可以调节各个环节之间由于供求品种及数量的不一致而发生的变化，使采购、生产和销售等企业经营的各个环节连接起来，起到润滑剂的作用。高的顾客满意度和低的库存投资似乎是一对相冲突的目标，过去认为这对目标不可能同时实现。现在，通过应用创新的现代物流管理技术，同时伴随改进企业内部管理和强化部门协调，企业可同时实现这一目标。

储存是物资的一种停滞状态，在某种意义上是价值的一种“损失”，但作为一切社会再生产中必然的经济现象和物流业务的主要活动，对于促进国民经济的发展和物流的顺利进行具有重要的作用，这种“付出的代价”不仅是必要的，而且具有重要的意义。

小提示

仓储创造时间效用，是“第三利润源泉”的重要源泉之一。

仓储可以创造“时间效用”。时间效用的含义是，同种“物”由于时间状态不同，其使用价值的实现程度可能有所不同，其效益的实现也就会不同。由于改变了时间而最大限度地发挥了使用价值，最大限度地提高了产出投入比，就称之为“时间效用”。仓储使“物”在效用最高的时间发挥作用，充分发挥“物”的潜力，实现时间上的优化配置。具体表现在以下几方面：仓储可免除加班赶工，省去了增大成本的加班赶工费；仓储可以减少或无须紧急采购、不致加重成本使利润减少；仓储能保证在有利时机进行销售，或者在有利时机购进，这当然增加了销售利润，或者减少了购入成本。因此，仓储被认为是“第三利润源泉”的重要源泉之一。

4.1.2 仓库的分类

仓库按不同的标准可进行不同的分类。按用途、结构、保管方式、仓库功能及仓库选址等方面的情况,可将仓库分类如下。

1. 按使用范围划分

(1)自有仓库。自有仓库是指各企业为了保管本公司的物品(原料、半成品和产成品)而建设的仓库。仓库的建设、保管物品的管理以及出入库等业务均处于本公司管理责任范围内。所保管物品确定后,企业可选择适合这些物品的仓库结构和装卸设备。

(2)营业仓库。按照仓库业管理条例取得营业许可,保管他人物品的仓库称为营业仓库。营业仓库是社会化的一种仓库,面向社会,以经营为手段、以盈利为目的。与自有仓库相比,营业仓库的使用效率要高。

(3)公共仓库。国家或公共团体为了公共利益而建设的仓库称为公共仓库,即与公共事业配套服务的仓库。公共仓库最大的客户是连锁商店,因为这些连锁店的货流量很大,并且它们还将仓储同其他一些诸如采购和分销的职能联系起来。

(4)保税仓库及保税货场。根据有关法律和进出口贸易的规定取得许可,专门保管国外进口而未纳税的进出口商品的仓库,称为保税仓库。在一些特殊情况下,货物可能进口后再出口而没有进入“商流”。这时,如果仓库以契约形式存储这些货物,商家就能避免交关税了。

2. 按保管的物品划分

(1)原料、产品仓库。原料、产品仓库是企业为了保证生产和销售的连续性,专门用于存储原材料、半成品或成品的仓库。

(2)商品、物资综合仓库。商品、物资综合仓库是商业、物资、外贸部门为了保证市场供应,解决季节时差,用于存储各种商品、物资的综合性仓库。

(3)农副产品仓库。农副产品仓库是经营农副产品的企业,专门用于存储农副产品的仓库,或经过短暂存储进行加工后再运出的中转仓库。

(4)战略物资储备仓库。战略物资储备仓库是由国家或一个主管部门修建的,用于储备各种战略物资,以防止各种自然灾害和意外事件的发生。

3. 按仓库功能划分

(1)采购供应仓库。主要用于集中储存从生产部门收购的和供国际进出口的商品。这类库场一般设在商品生产比较集中的大、中城市,或商品运输枢纽的所在地。采购供应库场一般规模较大,如我国商业系统的一级和二级采购供应站的库场属于这类。其中，一级供应站面向全国；二级供应站面向省、自治区或经济区。随着市场经济的逐步确立，这种供应站的职能划分已被打破。

(2)批发仓库。主要用于收储从采购供应库场调进或在当地收购的商品。这类仓库贴近商品销售市场，是销地的批发性仓库，它既从事批发供货，也从事拆零供货业务。

(3)零售仓库。主要用于商业零售业短期储货，以供商店销售。在零售仓库中存储的商品周转速度较快，而库场规模较小，一般附属于零售企业。

(4)储备仓库。这类仓库一般由国家设置，以保管国家应急的储备物资和战备物资。货物在这类仓库中储存的时间往往较长，并且为保证储存物资的质量需定期更新储存的物资。

(5)中转仓库。中转仓库处于货物运输系统的中间环节，存放那些待转运的货物。这类仓库一般设在铁路、公路的场站和水路运输的港口码头附近。

(6)加工仓库。在这种仓库内，除商品储存外，还兼营某些商品的挑选、整理、分级、包装等简单的加工业务，以便于商品适应消费商场的需要。目前，兼有加工功能的仓库是物流企业仓储服务发展的趋势。

4. 按建筑结构划分

(1)平房仓库。一般构造简单，建筑费用低，适于人工操作。

(2)楼房仓库。楼房仓库是指二层楼以上的仓库，它可以减少占用面积，出入库作业多采用机械化或半机械化作业。

(3)货架仓库。它采用钢结构货架储存货物，通过各种输送机、水平搬运车辆、叉车、堆垛机进行机械化作业。按货架的层数又可分为低层货架仓库(货物堆放层数不大于 10 层)和高层货架仓库(货物堆放层数为 10 层以上)。高层货架仓库一般采用计算机管理和控制。

5. 按仓储物的处理方式划分

(1)普通仓库。用于存放一般性物资，对仓库没有特殊要求，如一般的金属材料仓库、机电产品仓库等。

(2)保温仓库。用于储存对温度等有特殊要求的仓库。包括恒温、恒湿及冷藏库等，如粮食、水果、肉类等的储存。这类仓库在建筑结构上要有隔热、防寒、密封等功能，并配备专门的设备，如空调、制冷机等。

(3)特种仓库。指用来储存危险品的仓库，如石油库、化工危险品仓库等。

6. 按库内形态划分

(1)地面型仓库。一般指单层地面库，多使用非货架型的保管设备。

(2)货架型仓库。指采用多层货架保管的仓库。在货架上放存货物和托盘，货物和托盘可在货架上滑动。货架分固定货架和移动货架。

(3)自动化立体仓库。指出、入库用运送机械存放、取出,用堆垛机等设备进行机械化、自动化作业的高层货架仓库。

自动化立体仓库也叫自动化高层货架仓库,是当代货架储存系统发展的最高阶段,是采用高层货架存放货物,以巷道堆垛起重机为主,结合入库出库周边设备来进行作业,并将计算机与信息管理的设备控制集成起来,按照控制指令,自动完成货物的存取作业及对库存货物进行管理。

自动化立体仓库大致可按仓库的高度和货架结构进行分类。

(1)按照立体仓库的高度

低层立体仓库:高度在5m以下,主要是在原来老仓库的基础上进行改进的,是提高原有仓库技术水平的手段。

中层立体仓库:高度在5~15m,由于中层立体仓库对建筑以及仓储机械设备的要求不高,造价合理,是目前应用最多的一种仓库。

高层立体仓库:高度在15m以上,由于对建筑以及仓储机械设备的要求太高,安装难度大,应用较少。

(2)按照货架结构进行分类

货格式立体仓库:应用较普遍的立体仓库,它的特点是每一层货架都由同一规格的货格组成,货格开口面向货架之间的通道,堆垛机械在货架之间的通道内行驶,以完成货物的存取。

贯通式立体仓库:又称为流动式货架仓库,这种仓库的货架之间没有间隔,不设通道,货架组合成一个整体。它的特点是通道具有一定的坡度,在每一层货架底部安装滑道、辊道等装置,使货物在自重的作用下,沿着滑道或辊道从高处向低处运动。

自动化柜式立体仓库:是小型的、可以移动的封闭立体仓库,其主要特点是封闭性强、小型化和智能化,有很强的保密性。

条形货架仓库:是专门用于存放条形和筒形货物的立体仓库。

7.按仓库功能分类

现代物流力求进货和发货同期化,使仓库从静态管理转向动态管理,仓库功能也随之变化,这些新型仓库据点有了新的称谓:

(1)集货中心。将零星货物集中成成批货物,称为“集货”。集货中心可设在生产点数量很多,每个生产点产量有限的地区;只要这一地区某些产品的总产量达到一定水平,就可以设置这种有“集货”作用的物流据点。

(2)分货中心。将大批量运到的货物分成批量较小的货物称为“分货”,分货中心是主要从事分货工作的物流据点。企业可以采用大规模包装、集装货散装的方式将货物运到分货中心，然后按企业生产或销售的需要进行分装。利用分货中心可以降低运输费用。

(3)转运中心。转运中心的主要工作是承担货物在不同运输方式间的转运。转运中心可以进行两种运输方式的转运，也可进行多种运输方式的转运，在名称上有的称为卡车转运中心，有的称为火车转运中心，还有的称为综合转运中心。

(4)加工中心。加工中心的主要工作是进行流通加工。设置在供应地的加工中心主要进行以物流为主要目的的加工，设置在消费地的加工中心主要进行实现销售、强化服务为主要目的的加工。

(5)储调中心。储调中心以储备为主要工作内容，其功能与传统仓库基本一致。

(6)配送中心。这是从事配送业务且具有完善信息网络的场所或组织，它基本符合下列要求：①主要为特定的用户或末端客户服务；②配送功能健全；③辐射范围小；④多品种、小批量。

(7)物流中心。这是从事物流活动且具有完善信息网络的场所或组织，应基本符合下列要求：①主要面向社会提供公共物流服务；②物流功能健全；③集聚辐射范围大；④存储、吞吐能力强；⑤对下游配送中心客户提供物流服务。

4.1.3 物流中心的类型

物流中心根据不同的标准可以划分为不同的类型，具体讲，有以下几种划分方式：

1. 根据机能划分

作为物流中心，其主要的机能有周转、分拣、保管、在库管理和流通加工等，根据其侧重点不同，可以分为不同类型的物流中心。具体讲主要有 TC、DC、SC、PC 等四种类型，各种类型的特点如下：

(1)TC(Transfer Center)——不具有商品保管、在库管理等机能，而是单纯从事商品周转、分拣作用的物流中心。

(2)DC(Distribution Center)——具有商品保管、在库管理等管理型机能，同时又进行商品周转、分拣业务的物流中心。

(3)SC(Stock Center)——单一从事商品保管机能的物流中心。

(4)PC(Process Center)——具有流通加工机能的物流中心。

以上各种类型的区别反映在物质流动上，则体现出物流中心的作业内容和服务范围的差异。从现代物流发展的趋势看，为了加速商品的运动，更好地使物流系统顺应用户需求的特点，物流中心逐渐从 TC 转向 DC，目前在发达国家，DC 的比例一般要占到所有物流中心的 70％以上。另外，PC 的发展也非常迅速。

2. 根据流通的不同阶段划分

商品的流动是从生产地经流通渠道到消费地的过程，亦即整个商品流通渠道的流动过程。根据物流中心在这种流通渠道中所处的地位和作用来划分，可以有多种物流中心形式。具体地讲，有位于生产地附近，属于制造商的物资调达或产品存放的物流中心；有处于生产地与消费地之间，属于广域厂商或批发商的流通中心；有位于消费地附近，属于批发商或零售商的旨在为零售店铺服务的商品中心；也有面向不特定多数消费者，从事商品配送功能的配送中心。

3. 根据不同的运营主体划分

一般而言，根据不同的管理运营主体，物流中心可以分为厂商运营的物流中心、批发商运营的物流中心和零售商运营的物流中心。在这类物流中心内，物流业务是由厂商、批发商或零售商直接从事的，即他们在负责商品生产、流通或销售的同时，也全权负责商品物质流动或管理的事务，而且物流中心的基础建设（如土地购买、设施建设等）和相关的投资都是由他们独资进行。显然，这种形式的物流中心在利益上表现为厂商、批发商或零售商能对商品流动、经营的全过程进行控制和管理，但问题是相应的成本较高，这不仅表现在建设成本高昂，而且也反映在管理费用居高不下。为了避免上述问题，出现了由第三方运营的物流中心，即厂商、批发商或零售商租赁专业物流业者的物流中心，并委托他们来从事商品物质运动的管理。

例如，美国通用汽车公司在美国的 13 个州中，原来大约有 400 个供应商负责把各自的产品送到 30 个装配工厂进行组装，由于卡车满载率低，使得库存和配送成本急剧上升。为了降低成本，改进内部物流管理，提高信息处理能力，通用汽车公司委托专业物流公司 Penske 为它提供第三方物流管理和服务。在调查了解半成品的配送路线之后，Penske 建议通用汽车公司在 Cleveland 使用一家有战略意义的配送中心。该配送中心负责接受、处理、组配半成品，由 Penske 派员工管理，同时 Penske 也提供 60 辆卡车和 72 辆拖车。除此之外，Penske 还通过 EDI 系统帮助通用汽车公司调度供应商的运输车辆，以便实现即时送货。为此，Penske 设计了一套最优送货路线，增加供应商的送货频率，减少库存水平，改进外部物流活动，并运用全球卫星定位技术，使供应商能随时了解行驶中的送货车辆的方位。同时，Penske 通过在配送中心组配半成品，对装配工厂实施共同配送的方式，既降低卡车空载率，也减少通用汽车公司的运输车辆，只保留了一些对 Penske 所提供的车队有必要补充作用的车辆，从而减少了通用汽车公司的运输单据处理费用。

4.2 仓储活动的类型

4.2.1 自有仓库仓储与公共仓库仓储

1. 自有仓库仓储

(1)自有仓库仓储的优势

①更大程度地控制仓储。由于企业对自有仓库拥有所有权,所以企业作为货主能够对仓储实施更大程度的控制。这种控制使企业易于将仓储的功能与企业的整个分销系统进行协调。

②自有仓储更具灵活性。企业可以按照自己要求和产品的特点对仓库进行设计与布局。高度专业化的产品往往需要专业的保管和搬运技术,而公共仓储难以满足这种要求。

③长期仓储时,自有仓储的成本低于公共仓储。如果自有仓库得到长期的、大规模充分的利用,货物的仓储成本会降低,这也是一种规模效益的表现。

(2)自有仓库仓储的缺陷

①局限性。自有仓库固定的容量和成本使得企业的一部分资金被长期占用,无论企业对仓储空间的需求如何,自有仓库的容量是固定的,不会随着需求的增加或减少而扩大或减小。当企业对仓储空间的需求减少时,仍需承担自有仓库中未利用部分的成本;而当企业对仓储空间有额外需求时,自有仓库却无法满足。此外,自有仓库还存在位置和结构上的局限性,如果企业只能使用自有仓库,则会由于市场的大小、市场的位置和客户的偏好经常变化,企业适应这种变化能力较差,因而失去许多商业机会。

②投资风险大。由于自有仓库的成本高,所以许多企业因资金问题而难以修建自有仓库。自有仓库是一项长期、有风险的投资,并且因其专业性而难以出售。

2. 公共仓库仓储

企业通常可以租赁公共仓库进行物资的储存。

(1)公共仓库进行仓储活动的优势

①企业不需要资本投资。公共仓储不要求企业对其设施和设备做任何投资,企业只需支付相对较少的租金即可得到仓储服务。利用公共仓储,企业可以避免资本投资和财务风险。

②满足企业在不同情况下对仓储空间的需求。大多数企业由于产品的季节性、促销活动或其他原因而导致存货水平变化,利用公共仓储,则没有仓库容量的

限制,从而能够满足企业在不同时期对仓储空间的需求,尤其是库存高峰时大量额外的库存需求。同时,使用公共仓储的成本将直接随着储存货物数量的变化而变动,从而便于管理者掌握成本。

③使用公共仓储可以避免管理上的困难。仓库管理既需要有一批管理经验的工作人员,还需要一系列管理手段和技术的运用,尤其是对于特殊产品的储存要求更高。使用公共仓储则可以避免管理上的困难。

④公共仓储的规模效益可以使货主降低仓储成本。公共仓储会产生自有仓储难以达到的规模效益。由于公共仓储为众多企业保管大量库存,因此,与自有仓储相比,提高了仓库的利用率,降低了存货的单位储存成本;另外,公共仓储能够采用更加有效的物料搬运设备,从而提供更好的服务。公共仓储的规模效益还体现在仓库能组织大批量运输、降低运输成本上。

⑤使用公共仓储时,企业的经营活动更加灵活。如果自己拥有仓库,那么当库存的位置需要发生变化时,原来的仓库就变成了企业的负担。而使用公共仓库仓储,当市场、运输方式、产品销售或企业财务状况发生变化时,企业能灵活地改变委托仓库方。

(2)使用公共仓库进行仓储活动的缺陷

①企业对公共仓库中的库存难以控制。在控制库存方面,使用公共仓库将比使用自有仓库难以控制而承担更大的风险。

②增加包装成本。公共仓库中存储了各种不同种类的货物,而各种不同性质的货物有可能互相影响。因此,企业使用公共仓储时必须对货物进行保护性包装,从而增加包装成本。

4.2.2 第三方仓储

在物流发达的国家,越来越多的企业转向利用第三方仓储(Third Party Warehousing)。第三方仓储是指企业将仓储管理等物流活动转包给外部公司,由外部公司为企业提供综合物流服务。

第三方仓储不同于一般的租赁仓库仓储,它能够提供专业化的高效、经济和准确的分销服务。企业若想得到高水平的质量与服务,则可利用第三方仓储,因为这些仓库的设计水平更高,并且符合特殊商品的高标准、专业化的搬运要求。如果企业只需要一般水平的搬运服务,则应选择租赁仓库仓储。从本质上看,第三方仓储是生产企业和专业仓储企业之间建立的伙伴关系。正是由于这种伙伴关系,第三方仓储公司与传统仓储公司相比,能为货主提供特殊要求的空间、人力、设备和特殊服务。

合同仓储公司可以为货主提供储存、卸货、拼箱、订货分类、现货库存、在途混合、存货控制、运输安排、信息和货主要求的其他专门物流服务。由此可见，合同仓储不仅仅只是提供储存服务，而且还可为货主提供一整套物流服务。

与自建仓库仓储和租赁公共仓库仓储相比较，第三方仓储具有以下特点：

(1)有利于企业有效利用资源。利用第三方仓储比企业自建仓库仓储更能有效处理季节性产业普遍存在的产品的淡、旺季存储问题，能够有效地利用设备与空间。另外，由于第三方仓储公司的管理具有专业性，管理专家拥有更具创新性的分销理念和降低成本的方法，因此有利于物流系统发挥功能、提高效率。

(2)有利于企业扩大市场。由于第三方仓储企业具有战略性选址的设施与服务，因此货主在不同位置的仓库得到的仓储管理和一系列物流服务都是相同的。许多企业将其自有仓库数量减少到有限几个，而将各地区的物流转包给合同仓储公司。通过这种自有仓储和合同仓储相结合的网络，企业在保持对集中仓储设施直接控制的同时，能利用合同仓储来降低直接人力成本、扩大市场的地理范围。

(3)有利于企业进行新市场的测试。货主企业在促销现有产品或推出新产品时，可以利用短期第三方仓储来考察产品的市场需求。当企业试图进入一个新的市场区域时，要花很长时间建立一套分销设施；然而，通过合同仓储网络，企业可利用这一地区的现有设施为客户服务。

(4)有利于企业降低运输成本。由于第三方仓储公司处理不同货主的大量产品，因此经过拼箱作业后可大规模运输，这样大大降低了运输成本。

尽管合同仓储具有以上优势，但也存在一些不利因素，其中对物流活动失去直接控制是企业最担心的问题。由于企业对合同仓库的运作过程和雇用员工等控制较少。因此这一因素成为产品价值较高的企业利用合同仓储的最大障碍。

自建仓库仓储、租赁公共仓库仓储和第三方仓储各有优势，企业决策的最重要的依据之一是物流的总成本最低。

1. 自建仓库仓储与租赁公共仓库仓储的成本比较

租赁仓库仓储和第三方仓储的成本只包含可变成本，随着存储总量的增加，租赁的空间就会增加，由于营业型仓库一般按企业库存所占用的空间来收费，这样成本就与总周转量成正比，其成本函数是线性的。而自建仓库仓储的成本结构中存在固定成本。同时，由于营业型仓库的经营具有营利性质，因此自建仓库仓储的可变成本的增长速率通常低于租赁仓库仓储和利用第三方仓储的仓储成本的增长速率。当总周转量达到一定规模时，两条成本线相交，即成本相等。这表明在周转量较低时，选择租赁仓库仓储或第三方仓储较好，随着周转量的增加，由于可以把固定成本均摊到大量存货中，因此自建仓库更经济。

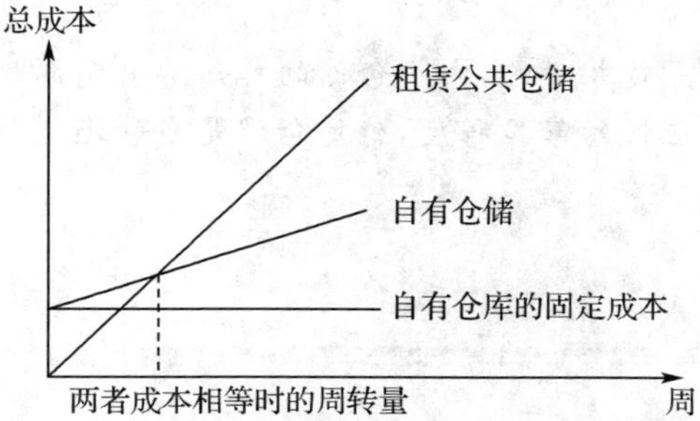

图 4-1　自建仓库仓储与租赁公共仓库仓储的成本比较

2. 仓储管理模式的适用条件

一个企业是自建仓库仓储、租赁仓库仓储还是采用第三方仓储的仓储管理模式，主要由货物周转总量、需求稳定性、市场密度三大因素决定，见表 4-1。

表 4-1　　仓储模式的适用条件

仓储模式	周转总量		需求稳定性		市场密度	
	大	小	是	否	集中	分散
自建仓库仓储	√	×	√	×	√	×
租赁公共仓库仓储	√	√	√	√	√	√
第三方仓储	√	√	√	√	√	√

由于自建仓库的固定成本相对较高，而且与使用程度无关，因此必须有大量存货来分摊这些成本，使自建仓储的平均成本低于公共仓储的平均成本。因此，如果存货周转量较高，自建仓库仓储更经济。相反，当周转量相对较低时，选择租赁仓库仓储或利用第三方仓储更为明智。

需求稳定性是自建仓库的一个关键因素。许多厂商具有多种产品线，使仓库具有稳定的周转量，因此自有仓储的运作更为经济。反之，采用租赁仓库仓储和利用第三方仓储会使生产和经营更具灵活性。

当市场密度较大或许多供应商相对集中时，自建仓库将提高企业对供应链稳定性和成本的控制能力；相反，当供应商和用户较为分散而使市场密度较低时，则在不同地方使用几个公共仓库要比一个自有仓库服务一个很大的地区更经济。

从上表可以看到，自建仓库仓储的要求较高，租赁仓库仓储和第三方仓储具有更大的灵活性，而且符合物流社会化的发展趋势。在许多时候，仓库可以根据各个区域市场的具体情况，分别采用不同的仓储管理模式。

小提示

企业实现“零库存”是相对的，由于仓储的作用具有两面性，各个企业要根据自己的实际情况和对供应链的掌控程度，确定仓储是自营还是外包。

4.3 存储技术

4.3.1 影响仓库选址的因素

1. 仓库选址的含义

流通仓库作为物流服务的据点，在流通过程中发挥着重要的作用，它将不再以储存保管为主要目的。流通仓库包括拣选、配货、检验、分类等作业并具有多品种小批量、多批次小批量等收货配送功能以及附加标签、重新包装等流通加工功能。

配送中心(流通中心)仓库的确定不仅要考虑物流效率，还应考虑方便顾客、市场竞争、库存能力，是设在大都市还是设在地方性城市，以及交货时间、交货单位等交易条件，应该把仓库设在能够维持服务水平的地方。

仓库位置的选择将显著影响企业营运的效率与成本，以及日后仓储规模的扩充与发展。因此，企业在决定仓库设置的位置方案时，必须谨慎参考相关因素，并按适当步骤进行。通常，在选择过程中，如果已经有预定地点或区位方案，应于制订系统规划方案前先行提出，并成为规划过程的限制因素；如果没有预定的地点，则可于系统规划方案成形后，进行位置方案的选择，必要时要修正系统规划方案，以配合实际土地及区块面积的限制。

仓库选址的决策包括两个方面的含义：地理区域的选择和具体地址的选择。仓库的选址首先要选择合适的地理区域：对各地理区域进行审慎评估，选择一个适当范围为考虑的区域，如华南地区、华北地区等，同时配合仓库物品特性、服务范围及企业的运营策略而定。仓库的地理区域确定后，还需确定具体的建设地点：如果是制造商的仓库，应以接近上游生产厂或进口港为宜；如果是日常消费品的销售仓库，则宜接近居民生活社区。一般应根据进货与出货产品类型特征及交通运输的复杂度，来选择接近上游点或下游点的选址策略。

2. 影响仓库选址的因素

(1)根据环境因素划分。影响仓库选址的因素包括外部因素和内部因素两大类，其相应的规划要点分别如表 4-2、表 4-3 所示。其中有许多计划项目的处理，应当根据企业自身情况来考虑和安排。

表 4-2 影响仓库选址的外部因素

外部因素	规划要点
国土开发计划	考虑在国土开发计划中，有什么规定影响选址，对仓库是否有利
城市规划	了解城市的规划以及城市未来的发展，以便确定仓库有利的位置
道路与铁路规划	了解有关国家、省、市、县、镇、村道路以及高速路和铁路等发展规划，了解道路的宽度、桥梁的负荷能力、高速公路的出口位置等
其他公共设施规划	调查电力、煤气、医院、学校等公共设施的规划作为参考
气候、水土	这个问题对仓库非常重要，针对仓库存放的物料必须特别留意
温度、湿度	了解四季最高与最低温度、湿度
运费及交通设施	对运输线路、运输时间、交通状况等的调查
水路、河流	了解航道宽度、深度及河流日常水量、上游的情况、过去的洪水情况、水质、堤防以及维护状况等。根据情况利用水路或河流对仓库是有利的
港湾	调查港湾状况及利用效果等，了解海流、潮水涨落时的状况、潮流速度、涨落潮差等。调查港湾的风向、台风的情况等
用地及地形	了解仓库用地的地势、地形等
给水、排水	要切实调查给水、排水是否方便等资料
电力、燃料等	了解供电电力容量和城市煤气供气的状态
劳动力	判断和调查劳动力是否容易获得
公害	了解仓库附近有无污染环境的企业
废弃物处理	仓库所产生的废弃物和垃圾的处理状况
市场情况	市场需求的时间、数量、地点

表 4-3 影响仓库选址的内部因素

内部因素	规划要点
经营政策和方针	根据政策去选定仓库的位置、性质以及建设的状态
预测未来	预测仓库的未来需求
仓库技术	从确定技术水平的高低及其未来的理想状态方面进行研究
仓库的经费和核算	根据客观条件和企业的具体状况，分解仓库建设的成本
物料的装卸、堆放	仓库作业的工艺流程
卡车等车辆的周转	卡车进出库的等待时间及行驶路线，是否存在障碍的情况
废弃物的处理	废物处理的渠道和场所

(2)根据成本因素划分，影响仓库选址的因素划分为成本因素和非成本因素。成本因素即是指与成本直接有关的、可以用货币单位度量的因素，非成本因素主要

是指与成本无直接的关系，但能够影响成本和第三方物流企业未来发展的因素。

①成本因素

a. 运输成本。对大多数制造业厂商和从事物流配送的第三方企业来讲，运输成本在总的物流费用中占有较大的比重。运输距离的远近、运输环节的多少和运输手段的不同对运输成本都有比较直接的影响。因此，合理选址可使运输距离最短以及减少运输过程中的中间环节(如装卸次数)。例如在靠近码头、铁路等交通网络比较发达的地方选址，可以使运输成本最低，服务最好。

b. 原材料供应。企业对原材料供应的要求一般比较严格，将仓库地址定位在原材料附近，不仅能够保证原材料的安全供应，而且能够降低运输费用、减少时间延迟，获得较低的采购价格。虽然科学技术的进步和信息网络的利用使得运输条件得到了明显的改善，从一定程度上减弱了对原材料供应地的要求，但尽管如此，企业仍然希望将仓库选在接近原材料的产地。

c. 劳工成本。不管劳动密集型的仓库作业，还是技术密集型的仓库作业都需要一定素质的人才。一方面，在不同的国家和地区，劳动力的供应数量和供应质量是不同的，劳动力的生产效率也是不一样的。另一方面，不同地区的劳工工资水平可能不尽相同。这些都是仓库选址决策者所需要考虑的问题。

d. 建筑成本和土地成本。不同的仓库选址方案，在对土地的征用、建筑要求等方面的要求是不相同的，从而可能导致不同的成本开支，而且各个国家和地区对仓库征用地点的选择有着不同的规定。一般说来，在仓库选址过程中，应当尽量避免占用农业用地和环保用地。

②非成本因素

a. 社区环境。仓库选址应当考虑市场营销的要求，对于从事物流服务的企业来讲，更应该注重仓库周围的社区环境、周边地区的顾客流量、人们的购买力水平、公用设施条件和交通运输状况，这些因素都将直接影响到仓库的选址问题。

b. 气候和地理条件。有些行业受地理气候的影响较大，在地震断裂层地带、下沉性地带、地下有淤泥或流沙、已开采过的矿坑上或者地下有重大工程的区域应慎重选址口，另外，气温对仓库存储和作业人员均会产生一定的影响，气温过冷或过热都将增加仓库气温调节费用，潮湿多雨的地方则不大适合棉纺、木质材料等物品的存储。

c. 当地政府政策法规。有些地区的政府采取比较积极的政策，鼓励在经济开发区进行仓库、配送中心或厂房的建设或出租，并在税收、资本等方面提供比较优惠的策略，同时这些地区的交通、通信、能源等方面的基础设施建设也比较便利。因而，在进行选址决策时，要充分考虑当地政府的政策法规等因素。

4.3.2 仓库选址决策

仓库选址的决策方法多种多样，我们主要从宏观来进行评价，宏观方面主要是考虑仓库的选址是否与第三方物流企业的战略利益相符合，能否满足企业对市场营销的要求，提高对顾客的服务水平和降低总体的成本费用。

在仓库选址过程中，被认为比较好的方法就是由美国选址理论专家 Edgar M. Hoover 所概括的三种选址评价方法，即以市场营销定位的仓库选址、以生产制造定位的仓库选址和以快速配送定位的仓库选址。

1. 以市场营销定位的仓库选址

该方法就是以充分满足市场营销为前提，在最靠近顾客的地方选择仓库地址，追求顾客服务水平的最大化，缩短将产品配送给顾客的时间，以及方便客户存储货物的需要。同时，这可以在一定程度上获得仓库运输方面的规模经济。采用这种方法，还应考虑将产品从仓库运输到配送中心或最终市场的影响因素，即产品运输成本、顾客需求时间、本地化运输的可行性和顾客服务水平等。

2. 以生产制造定位的仓库选址

该方法就是选择最靠近原材料产地或生产加工地点的位置建造仓库，这种选址决策是专门为客户提供方便的原材料运输和集结以及产成品加工设定的，它能够给客户带来生产制造方面的便利。对于那些靠近原材料产地或生产加工地点的第三方物流企业来说，存储经济主要得益于规模经济，运输经济主要得益于从原材料产地到产成品以及到最终消费市场流通过程中所带来的整合装运优势。在这种方式下，影响仓库选址的因素主要有原材料的可获性、周边工厂制造企业的数量、顾客订单的分发配送情况以及运输整合的效率等。

3. 以快速配送定位的仓库选址

该方法主要强调快速的配送，在最终顾客和生产厂商之间进行适当的权衡，从而来进行仓库选址。一般来讲，它综合以上两种方法的优点，快速的配送运输使得最终顾客的服务水平大大提高，为客户增强了原材料的及时供给能力和产成品的及时配送分销能力，缩短了产品投入市场的周期。它主要考虑运输能力和运输成本、运输路线的选择以及运输配送数量的合理分配等方面的因素。

4.3.3 商品的入库与出库管理

1. 商品的入库管理

(1)商品入库前的准备

要迅速、准确地接收每批入库商品，必须事先做好充分准备。商品入库前的具体准备工作，一般有以下几个方面：

①加强日常业务联系

仓库根据储存情况，经常向存货单位、仓库主管部门、生产厂或运输部门联系，了解来库商品情况，掌握入库商品的品种、类别、数量和到库时间，据以精确安排入库的准备事项。一般来说，商品入库，存货单位或仓库主管部门要提前（至少一天）通知仓库，以便仓库做好接货的各项准备工作。

②要妥善安排仓容

当接到入库单后，在确认为有效无误时，则根据入库商品的性能、数量、类别，结合分区分类保管的要求，核算所需的货位面积（仓容）大小，确定存放位置，以及必要的验收场地。对于新商品或不熟悉的商品入库，要事先向存货单位详细了解商品的性质、特点、保管方法和有关注意事项，以便商品入库后做好保管养护工作。

③组织人力

根据商品进出库的数量和时间，做好收货人员和搬运、堆码人员等劳动力的安排工作。采用机械操作的要定人、定机，事先安排作业序列，做好准备。

④准备验收和装卸搬运的机具

为保证入库作业的顺利进行，根据入库商品验收内容和方法，以及商品的包装体积、重量，准备齐全各种点验商品数量、质量、包装和装卸、堆码所需的点数、称量、测试机具等所有用具。要做到事先检查，保证准确有效。

⑤准备苫垫、劳保用品

根据入库商品的性能、数量和储存场所的条件，核算所需苫垫用品的数量，据以备足必需的数量。尤其对于底层仓库和露天场地存放商品，更应注意苫垫物品的选择和准备。同时，根据需要准备好劳动保护用品。

（2）商品入库的程序

商品入库，必须经过接货、搬运装卸、分唛（分标记）、验收入库（场）、堆码、办理交接手续、登账等一系列操作过程，这些统称为进仓（入库）作业。

入库作业要在一定时间内迅速、准确地完成。商品入库通常有以下几个程序。

①大数验收

仓库收货人员与运输人员或运输部门进行商品交接后，进行大数验收是商品入库的第一工序。商品由车站、码头、生产厂或其他仓库移转至仓库时，收货人员要到现场监卸。对于品种多、数量大、规格复杂的入库商品，卸货时要分品种、分规格、分货号码放，以便清点验收。点收商品要依据正式入库凭证，先将大件（整件）数量点收清楚。大数点收，一般采用逐件点数计总以及集中堆码点数两种方法。逐件点数，靠人工点记费力易错，可采用简易的计算器，计算累计以得总数。对于品种单一、包装一致、数量大或体积大的商品，适宜于用集中堆码点数法，即把入库的商品，码成固定的垛形（或置于固定容量的货垛），排列整齐，每层、每行件数一致，一批商品进库完毕，货位每层（横列）的件数与堆高（纵列）的件数相乘，即得总数。

②检查商品包装和标志

在点数验收的同时，还需对每件商品的包装和标志进行仔细检查。收货人员应注意识别商品包装是否完整、牢固，有无破损、受潮、水湿、油污等异状。对液体商品要检查包装有无渗漏痕迹。认真核对所有商品包装上的标志是否与入库通知单所列的相符。对于包装有问题的商品要及时进行处理，以免发生商品质量变质。

③办理交接手续

入库商品经上述两个工序之后，即可与送货人员办理交接手续，由仓库收货人员在送货单上签收，此后的工作将由仓库管理部门负责，商品出现问题时也是由仓库方承担。

铁路专用线或水运专用码头的仓库，由铁路或航运部门运输的商品入库时，仓库人员从专用线或专用码头上接货，直接与交通运输部门办理交接货手续。

④商品验收

商品入库后，要根据有关业务部门的要求，以及本库必须抽验入库的规定，进行开箱，拆包点验。商品验收的具体方法将在下文中进行介绍。

⑤办理商品入库手续

商品验收后，由保管员或验收人员根据验收结果写在商品入库凭证上，以便记账、查货和发货。经过复核，仓库留下保管员存查及仓库商品账登录所需的入库联单外，其余入库凭证各联退送业务部门，作为正式收货的凭证。

商品入库手续办理完毕后，仓库账务人员根据保管员（或验收员）签收的商品入库凭证，将仓储有关项目登入商品保管账。仓库的保管账必须正确反映商品进、出和结存数。在库商品的货位编号，应在账上注明，以便核对账货和发货时查考。

(3)商品验收

仓库管理部门在办完大数点收手续后，必须对接收的物品做全面的、认真细致的验收，包括开箱、拆包、检验物品的质量和细数。物品验收应注意以下问题：

①细数不符。在进行数量验收时，一般要求全验。在开箱、拆包核点物品细数时，如发现有多余情况，应在入库通知单上按实签收，并通知供应商，不能做溢余处理，如发现数量减少，也应按实际数量签收，同时联系供应商，不能以其他规格的多余物品作抵充数，或以其他批次余额抵补。

②质量问题。在质量验收时，当批量小、规格复杂、包装不整齐或要求严格验收时，可以采用全验。全验需要大量的人力、物力和时间，但是可以保证验收的质量。当批量大、规格和包装整齐、存货单位的信誉较高或验收条件有限的情况下，

通常采用抽验的方式。商品质量和储运管理水平的提高以及数理统计方法的发展，为抽验方式提供了物质条件和理论依据。

拆包验收而发现商品有残损、变质情况，仓库管理人员应将残损物品另列，好坏分开。签收的单据则根据货主的规定办理，可同时在一份物品入库单上分完好物品、残损物品签收，也可另设残损物品入库单。残损物品签收后，也应及时通知供应商，并分开堆存，保持原状（如玻璃制品的破损原件等），以便供应商检查和处理。

③查询处理。这是仓库管理部门将物品验收中的具体问题，用书面形式通知供应商要求查明情况、进行处理的一种方式。一般分别按溢余、短少、残损、变质等情况，用不同表式填报货主并抄送发货方。

有时仓库管理部门只提供验收中存在问题的记录材料，由供应商填送表单。一般采用的表单有："来货残损、变质商品查询处理表"和"收货清点溢余、短少表"两种，其联数多少视业务需要而定。查询单不可作入库原始凭证用于登记物品账。

2. 商品的出库管理

商品出库管理是指仓库管理员根据提货清单，在保证物品原先的质量和价值的情况下，组织商品出库一系列工作的总称。出库货物准备在通常情况下，仓库调度在商品出库的前一天，接到从外运公司送来或从其他方面送来的提货单后，应按去向、运输方式等，分理和复审提货单，及时正确地编制好有关组的出库任务单、配车吨位、机械设备单以及提货单等，分别送给工班长、机械长和保管员、收货员、发货员或理货员，以便做好出仓准备工作。

(1)商品出库的程序

物资出库的一般程序包括：催提、出库前的准备、核对出库凭证、备料出库、复核包装、出库交接、销账存档等。

①催提

催提是直接向已知的提货人发出提货通知，当不知道确切提货人时，可以向存货人催提。对于将要到期的仓储物，要做好催提工作，以免接受了新的委托但没有仓容，不能接受仓储物。催提应在到期日的前一段时间进行，在合同约定期通知，如原合同订有续期条款的，在续期日前通知，合同没有约定通知期的，仓库应在合理的提前时间内催提，以便提货人有足够的时间准备。

另外，对于在仓储期间发生损害、变质的仓储物，质量保存期就要到期的商品，或者剩余的少量残货、地脚货，也应进行催提，以免堆积占用仓库仓容，同时减小或避免存货人的损失。

(2)出库前的准备

②计划工作

根据需求方提出的出库计划或要求，事先做好物资出库的安排，包括货场货位、机械搬运设备、工具和作业人员等的计划、组织。同时仓库接到提货通知时，应及时进行备货工作，以保证提货人可以按时完整提取货物。备货时要认真核对货物资料，核实货物，避免出错。在部分货物出库时，应按照先进先出、易坏先出、不利保管先出的原则，安排出货。对易损害的货物应动员提货人先行提货，然后根据与提货人达成的协商安排出货，没有协商安排的，暂不出货。

③做好出库物资的包装和涂写标志工作

出库的商品，应按要求进行包装，包装要符合运输部门的规定及适合商品的特点、大小、形状，结实牢固，便于搬运装卸。对原包装不适应运输要求的，仓库应事先进行整理、加固或改换包装，对经常需要拆件发零的商品，应事先备好一定数量和不同品种的物品，货物发出后要及时补充，避免临时再拆整取零，延缓发货，拼箱物品一般事先要做好挑选、分类、整理等准备工作。

如属于配送性质的货物，则应在发货前根据物品的性质和运输部门的要求，给每一件货包口贴上"贴头"。所谓"贴头"即写好的包装标志、收货地址和收货人的注意事项等标签。

(3)核对出库凭证

物资出库凭证，不论是领(发)料单或调拨单，均应由主管分配的业务部门审核签章。审核商品出库凭证，主要是按提货单所写的入库凭证号码，核对好储存凭证(保管员账)，以储存凭证上所列的货位、货号，寻找到该批商品所在货位。然后将提货单与存储凭证、商品号进行核对，确认正确无误后，要做好出仓标记，以确保单、货相符。

核对无误后，在料账上填写预拨数后，将出库凭证移交给仓库保管人员。保管员复核料卡无误后，即可做物资出库的准备工作，包括准备随货出库的物资技术证件、合格证、使用说明书、质量检验证书等。凡在证件核对中，有物资名称、规格型号不对的，印签不齐全，数量有涂改，手续不符合要求的，均不能发料出库。

(4)备料出库

仓库接到提货式发货通知时，应及时进行备货工作，以保证提货式收货人可以按时完整地提取或收到货物。备货时要认真核对货物资料，核实货物，避免出错，然后进入复核包装环节。

(5)复核包装

货物备好后，为了避免和防止备料过程中可能出现的差错，应再做一次全面的复核查对。核查的具体内容是：

①品种、数量、规格是否正确。

②是否便于装卸搬运作业。

③怕震怕潮等物资，衬垫是否稳妥，密封是否严密。

④收货人、到站、箱号、危险品或防震防潮等标志是否正确、明显。

⑤每件包装是否有装箱单,装箱单上所列各项目是否和实物、凭证等相符合。

如经反复核对确实不符时,应立即调换,并将原错备物品上刷的标记除掉,退回原库房;复核结余物品数量或重量是否与保管账目、商品保管卡片结余数相符,发现不符应立即查明原因。

(6)出库交接

备料出库物资,经过全面复核查对无误之后,即可办理清点交接手续。如果是用户自提方式,即将物资和证件向提货人当面点清,办理交接手续。如果是代运方式,则应办理内部交接手续。即由物资保管人员向运输人员或包装部门的人员点清交接,由接收人签章,以划清责任。

运输人员根据物资的性质、重量、包装、收货人地址和其他情况选择运输方式后,应将箱件清点,做好标记,整理好发货凭证、装箱单等运输资料,向承运单位办理委托代运手续。对于超高、超长、超宽和超重的物资,必须在委托前说明,以便承运部门计划安排。

承运单位同意承运后,运输人员应及时组织力量,将物资从仓库安全无误地点交给承运单位,并办理结算手续。运输人员应向承运部门提供发货凭证样本、装箱单,以便和运单一起交收货人。运单总体应由运输人员交财务部门作物资结算资料。

如果是专用线装车,运输人员应于装车后检查装车质量,并向车站监装人员做交接手续。

(7)销账存档

物资点交清楚,出库发运之后,该物资的仓库保管业务即告结束,物资仓库保管人员应做好清理工作,及时注销账目、料卡,调整货位上的吊牌,以保持物资的账、卡、物一致,将已空出的货位标注在货位图上,及时准确地反映物资的进出、存取的动态。

4.3.4 商品的保管与储存

1.保管与储存的基本业务

(1)物资储存。物资的储存有可能是长期的储存,也可能只是短时间的周转储存。进行物资储存既是仓储活动的表征,也是仓储的最基本任务。

(2)流通调控。其任务就是对物资是仓储还是流通做出安排,确定储存时机、计划存放时间,当然还包括储存地点的选择。

(3)数量管理。仓储的数量管理包括两个方面:一方面,存货人交付保管的仓储物的数量和提取仓储物的数量必须一致;另一方面,保管人可以按照存货人的要求分批收货和分批出货，对储存的货物进行数量控制，配合物流管理的有效实施，同时向存货人提供存货数量的信息服务，以便客户控制存货。

（4）质量管理。为了保证仓储物的质量不发生变化，保管人需要采取先进的技术、合理的保管措施，妥善和勤勉地保管仓储物。

2. 保管与储存的新业务

（1）交易中介。仓储经营人利用大量存放在仓库的有形资产，利用与物资使用部门广泛的业务联系，开展现货交易中介具有较为便利的条件，开展后既可从中获利，同时也有利于加速仓储物的周转和吸引仓储。

（2）流通加工。加工本是生产的环节，但是随着满足消费多样化、个性化及变化快的产品生产的发展，又为了严格控制物流成本的需要，生产企业将产品的定型、分装、组装、装潢等工序留到最接近销售的仓储环节进行，使得仓储成为流通加工的重要环节。

4.4 现代仓储管理系统与现代生产

4.4.1 现代仓储管理系统

1. 仓储管理系统

现代仓储管理系统（Warehouse Management System，WMS）是以条形码技术、数据库技术、无线通信技术、自动识别技术为基础，实现仓储管理中货物的进货、出货、库存控制、点仓等管理功能，并可依托互联网进行客户订单和查询管理的系统。

WMS的特点是：

（1）及时性，它能为物流企业提供及时的仓储信息。

（2）反馈性，WMS不仅能及时提供信息，还能对仓储信息做出迅速反应。

（3）仓储信息传输网络化、现代化。

物流企业的这些信息管理技术贯穿于整个物流作业活动的全过程，成为衡量现代物流企业竞争力的标志之一。

2. 条形码技术

（1）条形码

条形码（Bar Code）是由一组规则排列的条、空以及对应的字符组成的标记。“条”指对光线反射率较低的部分，“空”指对光线反射率较高的部分。这些条和空组成的数据表达一定的信息，并能够用特定的设备识读，转换成与计算机兼容的二

进制和十进制信息。条形码条是ID代码的一种符号，是对ID代码进行自动识别且将数据自动输入计算机的方法和手段，

条形码技术的应用，解决了数据录入与数据采集的“瓶颈”，为管理库存提供了有力支持。

条形码按使用方式分为直接印刷在商品包装上的条形码和印刷在商品标签上的条形码，按使用目的分为商品条形码和物流条形码。

商品条形码是以直接向消费者销售的商品为对象、以单个商品为单位使用的条形码。它由13位数字组成，最前面的两个数字表示国家或地区的代码，中国的代码是69，接着的5个数字表示生产厂家的代码，其后的5个数字表示商品品种的代码，最后的1个数字为校验码，用来防止机器发生误读错误。如图4-2(a)所示。

物流条形码是物流过程中以商品为对象、以集合包装商品为单位使用的条形码。标准物流条形码由14位数字组成，除了第1位数字代表物流包装状态之外，其余13位数字代表的意思与商品条形码相同。第1位数字为0时，代表不同产品组合的配送包装；为1～8时，代表相同产品但数量不同的包装。

(2)复合码

复合码是由一维条码和二维条码迭加在一起而构成的一种新的码制，能够在读取商品的单品识别信息时，获取更多描述商品物流特征的信息，如图4-2(b)所示。目前，复合码的应用主要集中在标识散装商品(随机称重商品)、蔬菜水果、医疗保健品及非零售的小件物品以及商品的运输与物流管理上。

6 903846 190275

(a) (b)

图4-2 商品条形码与复合码

3. 射频识别技术

射频识别技术(Radio Frequency Identification)是无线电技术在自动识别领域中的应用。它利用射频方式进行非接触式双向通信交换数据以达到识别目的，提供不直接接触采集物品信息的手段，可远距离识别动态或静态的对象。

射频识别技术是自动识别技术中的一种，它是条形码的升级技术。其特点是：

(1)非接触识读，识读距离灵活，可识读十厘米到几十米远的对象。

(2)具有穿透性，它可穿透多种材料，且不需要光源。

(3)可以远距离识别动态或者静态的对象，可识别高速移动物体，并能同时识别多个对象。

(4)标签内容可以动态改变,数据容量大。

(5)数据存取具有密码保护,安全性高。

(6)唯一地标识每个产品,可以进行跟踪定位。

4. 电子数据交换技术

电子数据交换(Electronic Date Interchange,EDI)技术,是指将事务处理按照一个公认的标准,形成结构化的事务处理或报文数据格式,从计算机到计算机的电子传输方法。其特点是:

(1)物流信息交换和处理的网络化、智能化、自动化。

(2)实现了数据交换、数据资源共享,它将远程通信、计算机及数据库三者有机地结合在一起。

(3)数据传输速度快,可提高物流作业效率。

5. 智能交通系统技术

智能交通系统(Intelligent Transport System)是以传统的交通工程理论与实践为基础。以提高交通系统运行效率为目的,将各种先进的技术有效地集成运用于整个地面运输管理中的系统。智能交通系统的特点是:

(1)提供运输车辆区域性的实时信息。

(2)提供运输车辆路线选择的信息。

(3)提供车辆位置的信息。

(4)提供多通道型车载服务信息。

(5)可靠、安全、经济、准时、高效。

4.4.2 仓储管理与现代生产

储存和运输解决了商品生产与消费之间的时间矛盾和空间矛盾。有了这种储存和运输,再生产所需的原材料、半成品才能源源不断地得到供应,因此它是社会再生产顺利进行的一个必要条件,其性质自然属于生产性。正如马克思所指出的:"它们可以产生于生产过程,这种生产过程只是在流通中继续进行,因此,它的生产性质只是被流通的形式掩盖起来了。"(《马克思恩格斯全集》第24卷第154页)

商品被仓储后,虽不能增加其使用价值,但却能使其原有价值得以保持,其次通过养护手段,可以部分恢复商品由于时空转移所受到的某些残损。例如清除霉污、锈蚀及修理可以修复好的残损器件等,这都增加了商品的价值。而仓储管理的目的是实现商品价值和使用价值,是社会必要劳动,因而作用在商品上追加价值的劳动也是属于生产性的。

仓储管理同一般生产管理一样,同样要具备生产三要素。库房、场地、运输、装卸及堆码所使用的机械设备，计量及盛放用物等都是仓储管理的劳动手段；使用这些劳动手段，就需要有相应的劳动者；而劳动对象就是库存的各种商品。整个仓储过程，就是具有一定技能的劳动者借助各种劳动手段，作用于库存商品的过程，这种过程与工业生产过程完全相符。

案例分析

哈雷·戴维森摩托车公司走进了公共仓库

计划、建造并运营一个新的配送中心对任何企业和组织来讲，都意味着一项巨额投资。许多公司都把经营公共仓库当作取得专业化管理技能、提高运行效率的一个可行的选择，这是因为公共仓库可以通过以下几个方面为企业提供竞争优势：①降低企业的管理费用，这样企业节约的资金就可以投资到其他领域；②允许企业把精力集中在它们真正的核心优势方面；③利用美国的公共仓库，可使刚刚起步运行的国外公司和生产商轻松地进入美国市场；④进一步巩固企业的运作底线，达到最优的物流运作效率。

例如：早在19世纪80年代，哈雷·戴维森摩托车公司就认为公共仓库是一个很好的物流选择，并开始利用它提高其设施的生产率。运作环节的进一步理顺、生产时间的减少、即时制的库存控制大大提高了哈雷·戴维森公司的竞争地位。2012年，这个公司已经控制了重型摩托车（850cm^3或更大排量）市场60%的份额——这对于1982年的市场份额仅仅为20%的哈雷·戴维森公司来说，确实是一个巨大的飞跃。销售量的大幅提升使得公司开始考虑把存放在宾夕法尼亚州约克市工厂中的预售的库存产品转移到其他地区，以此来提高公司的整体生产能力水平。以哈雷·戴维森公司为例，预售的库存产品（即已经卖给客户或经销商的产品，但是还没送出或客户还没提取）存储时间可以长达几个月。这种库存通常有500～1000辆摩托车。每辆摩托车都是根据客户的特殊需要进行设计的，并且要有标有详细的客户要求和递送要求的识别标签。公共仓库有责任确保把优质的摩托车产品准确地送到客户手里。这就意味着对于每辆摩托车的储存都要有系统地管理，使得这辆摩托车和它的识别标签很容易就可以获得。

哈雷·戴维森公司的总经理汤姆说："我们把预售的库存转移到了公共仓库，进一步拥有了我们所需要的额外的能力，最重要的是拥有了我们所需要的对专业化的库存进行管理的能力。"把库存转移到公共仓库也有利于哈雷·戴维森公司对劳动成本保持更为严格的控制。汤姆说："即使在销售减缓的时期，自有仓库仍然需要保留作业人员，以应付销售高峰再次来临时突发的大量工作。公共仓库的优点是其本身固有的，你完全可以在你的公司需要的时候，只支付你所需要的、实际使用的空间的费用。”

（资料来源：张佺举，张洪. 物流管理. 北京：北京大学出版社，2014：131）

分析

哈雷·戴维森摩托车公司选择公共仓库的原因是什么？你认为哈雷·戴维森摩托车公司在选择公共仓库时存在哪些潜在的隐患？

本章小结

本章介绍了仓储管理的概念及仓储活动的类型；全面介绍了物流中心的类型和活动；详细梳理了仓储活动的选择；总结了仓库的作业流程。

延伸阅读

Lenox仓储系统优化探究

对Lenox有限公司（一家陶瓷和厨房设备的制造商）而言，即使建造更多的仓库也没有办法应对所面临的挑战。因此，该公司的配送中心通过优化现有的设施、设备、系统和作业流程，使其业务处理能力水平提高了17%，而且工作人员缩减了5%，尤其在直接面向客户的运输业务流程再造方面效果显著，其效率提高超过23%。

1. 仓储问题与仓库本身无关

Lenox公司快速增长的业务量，使企业无法处理即将到来的假期消费旺潮。为了解决此类问题，Lenox向Sedlak公司寻求咨询帮助，期望能够得到解决。他们和Sedlak公司通力合作并购买其解决方案，进而在其指导帮助下，大大提升了自身的业务能力水平。在以前的人工工作环境下，Lenox采用分离式的、相互之间没有联系的捡货区来服务不同的输货通道，每天的单通道作业处理量只有2100SKU。以前，Lenox在进行一些复杂的操作时，不得不事先进行人工拼单和交叉作业。而在作业高峰时刻，需要两个班组才能处理每天大约28000件包裹的业务量。现在，所有的输货通道均具单通道4500SKU的业务处理能力，一个班组的日处理能力就达35000件包裹。究其原因，是因为Lenox公司新的作业方式，它利用了一套仓储管理系统、一套高效的自动化搬运设备，全程机械化地处理订单。Lenox通过扫描条形码并把相应的信息发送给自动传输系统，使之能够自动地将订单传输到指定区域，甚至包括特殊的如礼品的包装区域。

在Lenox内部，50%的仓储活动是捡货、包装、发货。周转速度快的物品主要利用6英里(1英里=1609.344米)外的离站设备进行补货。现在利用高层立体货架、窄道式存储和离站设备,仓储成本较之以前大大降低了。尽管效果显著,Lenox仍然将支持业务增长作为最优先考虑的因素。如果不提高作业效率,即使是未来75%的日处理订单量,依照目前的情况也很难完成。现在,即使是在高峰季节,Lenox的日处理订单量也达到了95%~99%。

分析客户的需要和喜好是最基本的出发点。Lenox内部将整个工作进行了分解,企业需要在现有的设施、设备的业务处理能力和所面对的业务总量之间做出权衡。例如,当需要处理10000件包裹,但现有的设施设备却只有7000件的业务量时,企业就需要转变观念了。如何才能达到所需要的处理能力,减轻高峰阶段设备的作业压力将成为企业需要仔细思考的问题。在寻找这一类问题的解决方案时,需要从整个交易的过程来考查,因为任何一个环节的改变都会影响到其他环节。为此,Lencx将重点放在了货源、仓库网络布局、仓储管理、运输、仓库操作流程和客户服务等方面。所有的这些因素都是互动的,每一个因素都能影响仓储的能力。

在很多案例中,满仓问题大多归咎于操作人员,与仓库本身并没有太大的关系。很少有人知道他们的仓库容量什么时候会饱和。在大多数情况下,人们通过确定的公式来推算仓库空间的占用情况。因此,Lenox使用一套体积和重量评估系统来换算物品所占用的空间,如Quantronix公司的Cubiscan系统。在扣除了仓库的不可存储空间(包括通道、运输区和其他空闲空间)的换算面积后,达到仓库体积的31%后就可以认为仓库已经饱和。

2. 仓储管理系统优化方法

减少存货:释放仓储空间的一个有效方法是减少存货数量或提高设施、设备的利用率。要计算好收货时间,使其尽量接近物品的使用时间。另外,假设购买6个月的存货,需要一定倍乘的库存面积。6个月的存货,不管是从自己的工厂灵活进货,还是采取小批量、多频次订货,在总成本上并没有显著差异,另一方面,存货的价值越低,经济运输方式显得就越重要。

选择性库存:由于库存会影响仓库的储存能力,可以通过提高中心仓库的库存水平来提高区域仓库的服务能力。库存能力和其所服务的地域范围也是息息相关的,较少的仓库数目意味着单一仓库内只有有限的可用空间。因此,可以通过减小所服务的地域范围来变相地提升仓库的供货能力。

提高技术水平:仓储操作是否依靠机械化处理方式和储位的利用?在同样的时间内,可以借助技术手段来提高生产力水平。例如声音识别技术,该技术可以帮助人工来捡货和移动物品,提高效率及准确性。

增加仓储投资:如果在增加了工作时间后所达到的产能还是达不到客户所要求的服务水平,那么就需要更多的仓库,从而可以使更多的物品通过仓库进行中转，相对于投资主要的设施设备，投资仓储是一个相对低廉的办法。因为7天的工作周期增加了管理压力，特别是周期性的贸易，迫使人们不得不长年超负荷工作，所以，增加工作日的方式已经渐渐不被人们所采用。

外包：使用第三方物流服务对于一个物流解决方案来说，是值得慎重考虑的因素。然而，企业需要注意不要外包那些不懂的环节，通过分析，企业能够清晰地明了需要，同时还要对服务供应商提供有关工作技巧和系统协调等方面的文字式的培训。

（资料来源：周兴建，张北平．现代仓储管理与实务．北京：北京大学出版社，2012：358）

本章思考题

一、选择题

1. 当物流周转量较小时，不适合选择的仓储方式是（　　）。

A. 自建仓库仓储　　B. 第三方仓储

C. 租赁公共仓库仓储　　D. 新型仓库

2. 条形码分为（　　）。

A. 商品条形码　B. 物流条形码　C. 复合码　D. 射频码

二、判断题

1. 配送中心和物流中心是新型仓库的两种类型。（　　）

2. 仓储管理系统是衡量现代仓储现代化水平的重要因素。（　　）

三、名词解释

1. 仓储　2. 物流中心

四、简答题

1. 配送都有哪些类型？

2. 我国发展物流配送的设想都有哪些？

3. 简述现代仓储管理技术。

五、实训题

1. 调研当地仓储企业，并了解仓储的具体运作和管理技术，提出改造或改善的措施和意见。

2. 结合当地某仓储企业的实际经营情况，分析自建仓储和适用公共仓储、外包仓储，哪种形式是最适合该企业的？

流通加工

第5章

【学习目标】

- 掌握流通加工的概念、形式和分类
- 了解生产资料流通加工的主要形式

引导案例

时装 RSD 服务

RSD(Receive Sort Distribution)服务是时装的接收、分类和配送服务。RSD是TNT澳大利亚公司下属的一家分公司开展的物流服务业务,它可以为顾客提供从任何地方来到任何地方去的时装流通加工、运输、分送的需要。

时装RSD服务建立在时装仓库的基础上。时装仓库最大的特点是,具有悬挂时装的多层仓库导轨系统。一般有2～3层导轨悬挂的时装,可以直接传输到运送时装的集装箱中,形成时装取货、分类、库存、分送的仓储、流通加工、配送等的集成系统。在这个基础上,无论是平装还是悬挂的时装,都可以以最优越的时装运输条件,进行"门到门"的运输服务。在先进的时装运输服务基础上,公司开展RSD服务项目,其实质是一种流通加工业务。RSD服务满足了时装制造厂家、进口商、代理商或零售商的需要,依据顾客及市场的情况对时装的取货、分类、分送(供销)全部过程负责。

时装RSD服务可以完成制衣过程的质量检验等工作,并在时装仓库中完成进入市场前的一切准备工作。

(1)取货。直接到制衣厂上门取时装。

(2)分类。根据时装颜色、式样进行分类。

(3)检查。检查时装颜色、脱线等质量问题。

(4)装袋。贴标签后装袋、装箱。

(5)配送。按销售计划,直接送达经销商或用户。

(6)信息服务与管理。提供相应的时装信息服务和计算机化管理。

许多属于生产过程的工作程序和作业,可以在仓储过程中完成,这是运输业务的前向和后向延伸,是社会化分工协作的又一具体体现。这样,服装生产厂家,可以用最小的空间(生产场地)、最少的时间、最低的成本来实现自己的销售计划,从而使物流企业有了相对稳定的业务量。

(资料来源:周在青.物流业务管理.上海:上海财经大学出版社,2003)

5.1 流通加工概述

5.1.1 流通加工的概念

流通加工是指某些原料或产成品从供应领域向生产领域,或从生产领域向消费领域流动过程中,即在物品从生产者向消费者流动的过程中,为了有效利用资源、方便用户、提高物流效率、促进销售和维护产品质量,在流通领域对产品进行的初级或简单再加工。简言之,在流通过程中辅助性的加工活动称为流通加工。流通加工是物品在从生产地到使用地的过程中,根据需要施加包装分割、计量、分拣、组装、价格贴付和商品检验等简单作业的总称。

流通与加工的概念属于不同的范畴。加工是指改变物质的形状或性质,形成一定产品的活动;流通则是改变物质的空间状态与时间状态的过程。流通加工属于加工的范畴,它是生产加工在流通领域中的延伸,也可以看作流通领域为了更好地服务,在职能方面的延伸。流通加工的目的是为了适应当前多样化的客户需求和大量生产的需要,通过流通加工调整物流的时间效应和空间效应,实现流通合理化。

5.1.2 流通加工与生产加工的区别

流通加工和一般生产加工相比较,在加工方法、加工组织、生产管理方面无显著区别,但在加工对象、加工内容等方面差别较大。

流通加工与生产加工的差别主要表现在以下几个方面。

1. 加工对象不同

流通加工的对象是进入流通过程的商品，具有商品的属性；生产加工对象不是最终产品，而是原材料、零配件及半成品。

2. 加工内容不同

流通加工大多是简单加工，主要是解包分包、裁剪分割、组配集合、废物再生利用等；而生产加工一般是复杂加工。流通加工对生产加工是一种辅助及补充。特别需要指出的是，流通加工绝不是对生产加工的取消或代替。

3. 加工目的不同

生产加工的目的在于创造物资的价值和使用价值，使它们能成为人们所需要的商品；流通加工的目的则在于完善其使用价值，主要是为了方便流通、方便运输、方便储存、方便销售、方便用户和物资充分利用。生产加工以交换和消费为目的，流通加工有时候以自身流通为目的。

4. 所处领域及实施加工的主体不同

流通加工处在流通领域，由商业或物流企业完成；生产加工处在生产领域，由生产企业完成。

表 5-1　　流通加工和生产加工的区别

	生产加工	流通加工
加工对象	原材料、零配件、半成品	进入流通过程的商品
所处环节	生产过程	流通过程
加工程度	复杂的、完成大部分加工	简单的、辅助性的、补充加工
附加价值	创造价值和使用价值	完善其使用价值并提高价值
加工单位	生产企业	流通企业
加工目的	交换、消费	消费、流通

5.1.3　流通加工的地位

1. 流通加工在物流中的地位

(1)流通加工方便了用户

在流通加工未产生之前，物资满足生产或消费需要的加工活动一般由使用单位承担，这给使用部门带来不便。因为使用者不得不安排一定的人力、设备、场所等来完成这些加工活动。因此，不仅会延长下一个生产过程的时间，而且会由于设备的利用率低、设备投资大、加工质量低等因素而影响企业的经济效益。把这种加工活动从生产和使用环节剥离出来，由流通环节来完成，为物资的使用单位提供了极大的方便。流通部门可以根据使用部门的要求，将物资加工成可直接投入消费者使用的形式。这不仅缩短了使用部门与物资之间的距离，而且由流通部门统一进行，正好符合消费者的心理。

(2)流通加工有效地完善了流通，为流通部门增加了收益

流通加工在实现时间价值与空间价值这两个重要功能方面及其普遍性方面，都不及运输和保管，因而可以说，流通加工不是物流的主要功能要素，也不是对所有物流都是必需的。但这绝不是说流通加工不重要，实际上它是不可轻视的，它具有补充、完善、提高与增强的作用，能起到运输、保管等其他功能要素无法起到的作用。

从事流通活动的部门所获得的利润一般只能从生产部门的利润中转移过来，它自身不可能创造出高于物质生产部门创造的产品价值总和的任何价值。流通部门为了获得更多的收益进行流通加工，流通加工是一项极为理想的创造价值的劳动。这样，流通部门不仅能够获得从生产领域转移过来的一部分价值，而且能创造新的价值，从而获得更大的利润。

(3)流通加工是物流业的重要利润来源

流通加工是一种低投入、高产出的加工方式，往往以小加工解决大问题。实践中，有的流通加工通过改变商品包装，使商品档次升级而充分实现其价值；有的流通加工可将产品利用率大幅度提高30%，甚至更多。这些都是采取一般方法以期提高生产率所难以做到的。实践证明，在流通企业中，由流通加工提供的利润并不亚于从运输和保管中挖掘的利润，因此，流通加工是物流业的重要利润来源。

(4)流通加工为配送创造了条件，是物资配送的先导环节

物资配送是流通加工、整理、检选、分类、配货、末端运输等一系列活动的集合。物资配送活动的开展，依赖于流通加工，流通加工表现为配送的前沿。从开展配送活动的配送中心看，它们把加工设备的种类、加工能力看作对物资配送影响最大的因素。随着我国物资配送工作的广泛开展，流通加工也必然会得到深入的发展。

2. 流通加工在市场上的地位

商流是物流的前提，物流是商流的保证。在商流与物流的联系中，流通加工表现得最为直接(除不经任何加工即可消费的产品外)。流通加工最根本的目的是市场销售。其中，与之相联系的运输方式、储存手段、配送形式等只能看作流通加工多样化的目的。

在物流的构成功能的研究中，人们无一例外地把物流分解为包装、储存、运输、装卸、配送、流通加工和情报等功能。但是，应该看到对上述基本功能的排列中，包装、储存、运输、装卸等都是从“产业”的高度给予重视，而配送和流通加工则仅处于附属地位。流通加工在重视配送的今天，被仅看作配送的一个作业环节，使其应有

的地位没有得到社会的高度重视，这也是流通加工没有像其他物流环节得到广泛、深入发展的重要原因。

流通加工在社会再生产中处于生产和消费之间，与其他流通环节共同构成了生产和消费的桥梁和纽带。但是以其自身具有的生产特征和特殊地位，与其他流通环节存在明显差别。

(1)流通加工与商流的采购、销售相比，具有明显的生产特征。

(2)流通加工与物流的包装、储存、运输等环节相比，它改变着流通客体的物理形态，甚至化学性能。

(3)流通加工的目的和结果是以消费者为导向的，它比其他物流功能更接近消费领域和生产企业，这在生产与消费之间个性化的矛盾日益突出的今天，意义尤其突出。

(4)流逭加工的不断发展和在不同领域的深化，引发和催化了"流通加工产业"的形成。

5.1.4 流通加工的作用

流通加工之所以会出现并得到发展，是因为生产环节的加工活动往往不能完全满足消费的需要。从生产方面，要想保持生产的高效率，产品的规模就不能太复杂；从消费方面，则要求产品是多样化的，因此，需要对生产出来的定型产品再做进一步的加工。这种加工过去往往是由用户来进行的，有很多缺点，如设备的投资大、利用率低、物资利用率不高、加工质量差等。当这种加工从生产者和用户环节中剥离出来，设置于流通环节，流通加工就诞生了。流通加工的作用主要有以下几个方面。

1. 弥补了生产领域的加工不足

流通加工实际是生产的延续，是生产加工的深化，对弥补生产领域加工不足具有重要意义。有许多产品在生产领域的加工只能到一定程度，这是由于存在许多限制因素，限制了生产领域不能完全实现终极的加工。例如，钢铁厂的大规模生产只能按标准规定的规格生产，以使产品有较强的通用性，使生产有较高的效率和效益；木材如果在产地完成成材，制成木制品的话，就会造成运输的极大困难，所以原生产领域只能加工到圆木、板方材这个程度。进一步的下料、切裁、处理等加工则由流通加工来完成。

2. 节约材料，降低物流成本

节约材料是流通加工十分重要的特点。由于流通加工属于深加工性质，直接面对终端用户，综合多方需求，集中下料，合理套裁，充分利用边角材料，减少废钢、角铁和碎块的浪费，最大限度地做到“物尽其用”，节约了大量的原材料。另外，流通加工一般都在干线运输和支线运输的节点进行，这样就能使大量运输合理分散，有效地缓解长距离、大批量、少品种的物流与短距离、少批量、多品种物流的矛盾，实现物流的合理流向和物流网络的最佳配置，从而避免了不合理的重复、交叉及迂回运输，大幅度节约运输、装卸搬运和保管等费用，降低了物流总成本。

3. 提高原材料利用率

利用流通加工环节进行集中下料，将生产厂商直接运来的简单规格产品，按用户的要求进行下料。例如，将钢板进行剪板、切裁；木材加工成各种长度及大小的板材等。集中下料可以优材优用、小材大用、合理套裁，有很好的技术经济效果。

4. 满足客户多样化需求

随着生产的规模化、效率化和消费者需求的个性化发展，批量生产的产品很难满足个性化需求。这就需要在流通领域进一步加工，以满足不同客户群体的需要，如在流通领域中大包装拆改小包装等。目前，这一作用引起了我国一些生产企业的重视，也纷纷成立流通加工公司。例如，2003 年年初，首钢公司成立了物流公司，主要负责钢材的流通加工和运输。建筑公司直接将图样交给该物流公司，公司按建筑工地的要求提供个性化的加工，然后按照客户的时间要求直接运送到建筑工地。

5. 创造产品附加值，提高用户服务水平

生产商品的目的是创造价值，流通加工是在此基础上完善、增加商品的价值。

5.2 流通加工形式

5.2.1 流通加工形式的分类

流通加工的形式很多，按照加工的目的可将其分为以下几种类型。

1. 为弥补生产领域加工不足的流通加工

许多产品在生产领域只能加工到一定程度，这是由于许多因素限制了生产领域不能完全实现终极的加工，因此，只能将未完成的加工放在流通领域来完成。例如，木材如果在产地制成木制品的话，就会造成极大的运输困难，所以原生产领域只能加工到圆木、板方材这个程度，进一步的下料、切裁、处理等则由流通加工完成。这种流通加工实际是生产的延续，是生产加工的深化，对弥补生产领域加工不足有重要意义。

2. 为满足需求多样化进行的流通加工

为满足这种要求,在没有流通加工前,经常是用户自己设置加工环节,这是生产企业和消费者极不情愿做的。为满足用户对产品多样化的需要,同时又保证社会高效率的大生产,将生产出来的单调产品进行多样化的改制加工是在流通加工中占有重要地位的一种加工形式。例如,对钢材卷板的舒展、剪切加工,平板玻璃按需要规格的开片加工,木材改制成枕木、方材、板材等加工,商品混凝土和商品水泥制品的加工等。对于生产型用户而言,这种加工形式可以缩短企业的生产流程,使生产技术密集程度提高,生产周期缩短。同时,这种流通加工作业可以使一般消费者省去烦琐的预处置工作,而集中精力从事较高级、能直接满足需求的劳动。

3. 以保存产品为目的的流通加工

这种流通加工形式的目的是使产品的使用价值得到妥善保存,延长产品在生产与使用间的时间距离。根据加工的对象不同,这种加工形式可表现为生活消费品的流通加工和生产资料的流通加工。生活消费品的流通加工是为了使生活资料消费者对消费对象在质量上保持满意,如水产品、蛋产品、肉产品等要求的保鲜、保质的保鲜加工、冷冰加工、防腐加工等,丝、麻、棉织品的防虫、防霉加工等。生产资料的流通加工是为了使生产资料的使用价值下降幅度为最小,如为防止金属材料的锈蚀而进行的喷漆、涂防锈油等措施和手段,木材的防腐朽、防干裂加工,水泥的防潮、防湿加工等。一般来说,以保存产品为主要目的的流通加工并不改变物资和产品的外形和性质,加工的水平和深度与被加工物的性质和特点关系较大。

4. 为提高物流效率的流通加工

有一些产品,由于其自身的特殊形状或性质,在运输、装卸作业中效率较低,极易发生损失,则需要进行适当的流通加工,以弥补这些产品的物流缺陷。例如,自行车在消费地区的装配加工可防止整车运输的低效率和高损失;造纸用木材磨成木屑的流通加工,可极大提高运输工具的装载效率;集中燃烧熟料,分散磨制水泥的流通加工,可有效地防止水泥的运输损失,提高运输效率;石油气的液化加工,使很难输送的气态物转变为容易输送的液态物,亦可提高物流效率。这种加工往往改变"物"的物理状态,但并不改变其化学特性,并最终仍能恢复原物理状态。

5. 为方便消费、促进销售的流通加工

这种流通加工形式在加工的深度上更接近于消费,使消费者感到更加省力、省时,更加方便,从而起到促进销售的作用。例如,将定尺、定型的钢材按要求下料;将木材制成可直接投入使用的各种型材,以方便生产的需要;将过大包装或散装物分装成适合一次销售的小包装的分装加工;将原以保护产品为主的运输包装改换成以促进销售为主的装潢性包装,起到吸引消费者、指导消费的作用;将零配件组装成用具、车辆，以便于直接销售；将蔬菜、肉类洗净切块，以方便消费者消费等。此外，副食行业推出的盘菜、半成品加工，商场推出的首饰加工、服装加工等，都不同程度地满足了消费者的方便、省力的要求。

6. 为提高原材料利用率和加工效率的流通加工

流通加工利用其综合性强、用户多的特点，可以实行合理规划、合理套裁、集中下料的办法，这就能有效提高原材料利用率，减少损失浪费。利用在流通领域的集中加工代替分散在各使用部门的分别加工，可以大大地提高物资的利用率，有明显的经济效益。

许多生产企业的初级加工往往有数量有限、加工效率不高、科技含量低的缺陷。流通加工以集中加工形式，以一家流通加工企业代替了若干生产企业的初级加工工序，可以克服单个物流企业进行流通加工费用高的缺点，实现集中加工，规模经营。例如，钢材的集中下料，可充分进行合理下料，搭配套裁，减少边角余料，从而达到加工效率高、加工费用低的目的。

7. 以实施配送为目的的流通加工

为实现配送活动，满足用户对物资供应的数量、供应构成的要求，配送中心将通过对物资进行各种加工活动，如拆整化零、定量备货、定尺供应等。随着物流技术水平的不断提高，流通加工活动有时在配送过程中实现，如混凝土搅拌车。流通中心可根据用户的要求，把沙子、水泥、石子、水等各种不同材料按比例要求装入水泥搅拌车可旋转的罐中，在配送路途中，汽车边行驶边搅拌，到达施工现场后，混凝土已经均匀搅拌好，可直接投入使用。

8. 为衔接不同运输方式，使物流合理化的流通加工

由于现代社会生产的相对集中和消费的相对分散，流通过程中衔接生产的大批量、高效率的输送和衔接消费的多品种、少批量、多户头的输送之间，存在着很大的矛盾。某些流通加工形式可以较为有效地解决这个矛盾。以流通加工点为分界点，从生产部门至流通加工点可以形成大量的、高效率的定点输送；从流通加工点至用户则可形成多品种、多批量、多户头的灵活输送。例如，散装水泥的中转仓库担负起散装水泥装袋的流通加工及将大规模散装转化为小规模散装的任务，就属于这种流通加工形式。

9. 以提高经济效益，追求企业利润为目的的流通加工

流通加工的一系列优点，可以形成一种“利润中心”的经营形态。这种类型的流通加工是经营的一环，在满足生产和消费要求基础上取得利润，同时在市场和利润引导下，使流通加工在各个领域能有效地发展。

10. 生产—流通一体化的流通加工

依靠生产企业与流通企业的联合，或者生产企业涉足流通，或者流通企业涉足生产，形成的对生产与流通加工进行合理分工、合理规划、合理组织，统筹进行生产与流通加工的安排，这就是生产—流通一体化的流通加工形式。这种形式可以促成产品结构及产业结构的调整，充分发挥企业集团的经济技术优势，是目前流通加工领域的新形式。

5.2.2 我国生产资料流通加工的主要形式

流通加工的形式尽管很多，但是当前围绕生产资料流通加工的形式却比较少，相对集中。

1. 集中搅拌商品混凝土

以粉状水泥供应用户，由用户在建筑工地现制、现搅拌混凝土的习惯使用方法，改变为将粉状水泥输送到使用地区的流通加工点，在那里根据用户不同的需要，使用混合材料，拌制不同的混凝土，然后供给各个工地或小型水泥构件厂使用。这种流通加工形式是我国物资企业发展最快的一种流通加工形式。

2. 剪板加工

剪板加工是由流通企业设置专门的剪板机，对成卷交货长度较大的热、冷轧钢板进行的剪切加工。

3. 动力配煤加工

在煤炭使用地区设置集中加工设施，将各种不同煤炭，按照不同的配方进行科学的掺配，加工生产出不同发热量的燃料，称之为动力配煤加工。

4. 木材的流通加工

木材的流通加工有集中开料加工和高档半成品的加工。集中开料加工是木材的流通企业将原木锯裁成各种规格锯材的加工形式，这是一种木材的浅加工。在浅加工的基础上进行深加工，可形成各种木材制品，如各种高档板材等。

5. 平板玻璃流通加工

平板玻璃流通加工是指流通企业设立的玻璃套裁加工中心，负责按用户提供的图纸或规格尺寸进行统一的套裁开片，向用户供应成品，用户则可以直接安装使用。

6. 其他流通加工

除上述物资企业流通加工的主要形式外，近些年来，废旧物资的流通加工也日益受到人们的关注。如射线辐射食品保鲜、废金属再生冶炼加工等项目很受流通部门的青睐。一些传统的废旧物资的流通加工方法，也一样具有生命力，如拆船、拆车等。

5.2.3 流通加工合理化

为避免各种不合理的流通加工现象，对是否设置流通加工环节，在什么地点设置，选择什么类型的加工，采用什么样的技术装备等，需要做出正确的抉择。

1. 流通加工合理化主要考虑的内容

(1)加工和配送结合

这是将流通加工设置在配送节点中，一方面按配送的需要进行加工，另一方面加工又是配送业务流程中分货、拣货、配货之一环，加工后的产品直接投入配货作业。这就无须单独设置一个加工的中间环节，使流通加工有别于独立的生产，而使流通加工与中转流通巧妙结合在一起。由于配送之前有加工，可使配送服务水平大大提高，在煤炭、水泥等产品的流通中已表现出较大的优势。

(2)加工和配套结合

在对配套要求较高的产品流通中，配套的主体来自各个生产单位。但是，完全配套有时无法全部依靠现有的生产单位，适当地进行流通加工，可以有效促成配套，大大增强流通的桥梁与纽带的作用。

(3)加工和运输结合

流通加工能有效衔接干线运输与支线运输，促进两种运输形式的合理化。利用流通加工，在支线运输转干线运输或干线运输转支线运输这种本来就必须停顿的环节，不进行一般的支转干或干转支，而是按干线或支线运输合理的要求进行适当加工，从而大大提高运输及运输转载水平。

(4)加工和商流相结合

通过加工有效地促进销售，使商流合理化。流通加工和配送的结合，既提高了配送水平，又强化了销售，是加工与商流相结合的重要方式。此外，通过简单地改变包装加工，形成方便的购买量，通过组装加工，解除用户使用前进行组装、调试的难处，都是有效促进商流的例子。

(5)加工和节约相结合

节约能源、节约设备、节约人力、节约耗费是流通加工合理化重要的考虑因素。对于流通加工合理化的最终判断，是看其能否实现社会和企业本身的两个效益。对流通加工企业而言，与一般生产企业一个重要不同之处是：流通加工企业更应树立社会效益为第一的观念，只有在补充完善为己任前提下才有生存的价值。如果只是追求企业的微观效益，不适当地进行加工，甚至与生产企业争利，这就有悖于流通加工的初衷，或者其本身已不属于流通加工范畴了。

2.流通加工形式的可行性分析

我国流通加工的历史经验告诉我们，企业可否开展流通加工、选择何种流通加工形式，必须进行可行性分析。流通加工项目的选择可能有正、反两方面的作用，即一方面可能有效地起到弥补未加工产品与消费衔接不足的作用；另一方面也必须估计到另一个可能性，即对整个过程的负效应。任何不合理的流通加工都会产生抵消效益的负效应。

几种不合理的流通加工如下：

（1）流通加工地点设置不合理

流通加工地点设置即布局状况是能否使整个流通加工有效的重要因素。一般而言，为衔接单品种大批量生产与多样化需求的流通加工，加工地设置在需求地区，才能实现大批量的干线运输与多品种末端配送的物流优势。如果将流通加工地设置在生产地区，其不合理之处在于：

第一，多样化需求所要求的产品多品种、小批量由产地向需求地的长距离运输会出现不合理。

第二，在生产地增加了一个加工环节，同时增加了近距离运输、装卸、储存等一系列物流活动。所以，在这种情况下，不如由原生产单位完成这种加工而无须设置专门的流通加工环节。

一般而言，为方便物流的流通加工，应设在产出地，即设置在进入社会物流之前，如果将其设置在物流之后，即设置在消费地，则不但不能解决物流问题，还会在流通中增加一个中转环节，从而出现不合理的情况。即使是产地或需求地设置流通加工的选择是正确的，还有流通加工在小地域范围的正确选址问题，如果处理不善，仍然会出现不合理情况。这种不合理情况主要表现在交通不便，流通加工与生产企业或用户之间距离较远，流通加工点的投资过高（如受选址的地价影响），加工点周围社会、环境条件不良等。

（2）流通加工方式选择不当

流通加工方式包括流通加工对象、流通加工工艺、流通加工技术、流通加工程度等。流通加工方式的确定实际上是与生产加工的合理分工紧密联系的。分工不合理，本来应由生产加工完成的，却错误地由流通加工完成，本来应由流通加工完成的，却错误地由生产过程去完成，都会造成不合理性。

流通加工不是对生产加工的简单代替，而是一种补充和完善。所以，一般而言，如果工艺复杂、技术装备要求较高，或加工可以由生产过程延续或轻易解决者都不宜再设置流通加工，尤其不宜与生产过程争夺技术要求较高、效益较高的最终生产环节，更不宜利用一个时期市场的压迫力使生产者变成初级加工者或前期加工者，而流通企业完成装配或最终形成产品的加工。如果流通加工方式选择不当，就会出现与生产夺利的恶果。

(3)流通加工作用不大,形成多余环节

有的流通加工过于简单,或对生产及消费者作用都不大,甚至有时因流通加工的盲目性同样未能解决品种、规格、质量、包装等问题,相反却实际增加了环节,这也是流通加工不合理的重要形式。

(4)流通加工成本过高,效益不好

流通加工之所以有生命力,重要优势之一是有较大的产出投入比,因而起着补充完善的作用。如果流通加工成本过高,则不能实现以较低投入实现更高使用价值的目的。除了一些必需的、按政策要求即使亏损也应进行的加工外,都应看成是不合理的。

3. 我国流通加工市场化构想

(1)建立综合流通加工服务中心

综合流通加工服务中心是具有信息网络支持、多种产品综合加工能力,并具有市场体系和经销网络的战略性商品集散系统。它具有衔接消费、销售、运输、生产、供应和服务开发的综合功能。综合流通加工服务中心还可与物流中心、配送中心、信息中心和结算中心相配合而形成大型物流基地,立足于某大城市,依托于某大区域,面向若干工业园区和消费群体,形成适应经济发达地区的高科技、信息化、专业化和区域性流通加工服务中心。

(2)流通加工产业要立足国内,并努力开拓国际市场

我国流通加工产业是正处于上升阶段的新兴产业,尚待开发的领域十分广阔。在发展高科技综合流通加工服务中心的同时,还应结合中国经济发展的实际,广泛开展适应性强的、方便消费的多种流通加工形式。在我国广大流通加工落后地区,开发流通加工产业尤其必要。中国流通加工产业必然要经过发展和提高两个阶段,在落后地区、落后部门应以发展为主;在相对发达的地区和部门则应以提高为主。从我国总体分析来看,发展应重于提高。

在我国流通加工比较发达的地区和部门,除了满足地区性市场的需要外,也可承接国外的某些加工任务,如来料加工、来样制作、来件装配和补偿贸易等。在有条件的情况下,我国流通加工企业也可走出国门,走向世界。

(3)巩固和提高专业化流通加工

我国近些年来在剪板加工、商品混凝土加工、动力配煤等方面取得了显著的成果,并取得了许多宝贵的经验,初步形成了相对独立的专业化流通加工体系。其中,剪板加工基本是以日、韩等国家商社与我国流通企业合资兴建,也有少部分是外商独资兴建。而商品混凝土加工、动力配煤加工则是以我国物资企业为主,其他的建筑和煤炭物资流通企业为辅的加工体系。国内的流通加工企业之间应建立广

泛的信息交流、技术交流、业务合作,在可能的情况下也可进行联盟和合作,这样既可发挥各自的加工优势,又可弥补单个企业的不足,这也是巩固和提高专业化流通加工的方式之一。

(4)加强流通加工产业的规范化管理

流通加工虽然在我国出现并不晚,但是能形成产业毕竟是近几年的事。可以肯定地说,流通加工产业在今后会处于快速增长阶段,因此加强流通加工产业规范化管理是非常重要的。国家有关部门应制定流通加工产业的发展规划,给予发展流通加工以相应的鼓励政策,并对重点发展项目给予扶持。在加紧对流通领域法制建设的同时,应对引进先进流通加工技术给予鼓励。

案例分析

阿迪达斯公司在美国有一家超市,设立了组合式鞋店,摆放的不是做好了的鞋,而是做鞋用的半成品,款式花色多样,有6种鞋跟、8种鞋底,均为塑料制造的,鞋面的颜色以黑、白为主,搭带的颜色有80种,款式有百余种,客户进来可任意挑选自己所喜欢的各个部位,交给职员当场进行组合。只要10分钟,一双崭新的鞋便唾手可得。这家鞋店昼夜营业,职员技术熟练,鞋子的售价与成批制造的价格差不多,有的还稍便宜些,所以客户络绎不绝,销售金额是邻近楼店的10倍。

(资料来源:钱廷仙.现代物流管理,南京:东南大学出版社,2003)

分析

这家超市的做法对我国物流企业有什么启示?流通加工的作用及其现实意义有哪些?

本章小结

本章介绍了流通加工的概念、与生产加工的区别、地位;详细介绍了流通加工形式的分类;总结了我国生产资料流通加工形式的分类。

延伸阅读

食品的流通加工

食品的流通加工的类型种类很多。只要留意超市里的货柜就可以看出,那里摆放的各类洗净的蔬菜、水果、肉末、鸡翅、香肠、咸菜等都是流通加工的结果。这些商品的分类、清洗、贴商标和条形码、包装、装袋等是在摆进货柜之前就已进行了加工作业，这些流通加工都不是在产地，已经脱离了生产领域，进入了流通领域。食品流通加工具体包括以下几类项目。

1. 冷冻加工

为了保鲜而进行的流通加工，为了解决鲜肉、鲜鱼在流通中保鲜及装卸搬运的问题，采取低温冻结方式进行加工。该种方式也被用于某些液体商品和药品等。

2. 分选加工

为了提高物流效率而进行的对蔬菜和水果的加工，如去除多余的根叶等。农副产品规格、质量离散情况较大，为获得一定规格的产品，采取人工或机械分选的方式加工称为分选加工。该种方式被广泛用于果类、瓜类、谷物、棉毛原料等。

3. 精制加工

农、牧、副、渔等产品的精制加工是在产地或销售地设置加工点，去除无用部分，甚至可以进行切分、洗净、分装等加工，可以分类销售。该种加工不但大大方便了购买者，而且还可以对加工过程中的淘汰物进行综合利用。如鱼类的精制加工所剔除的内脏可以制成某些药物或饲料，鱼鳞可以制作高级黏合剂，头尾可以制作鱼粉等；蔬菜的加工剩余物可以制作饲料和肥料等。

4. 分装加工

许多生鲜食品零售起点较小，而为了保证高效输送出厂，包装一般比较大，也有一些是采用集装运输方式运达销售地区。为了便于销售，在销售地区按所要求的零售起点进行新的包装，即大包装改小包装，散装改小包装，运输包装改销售包装，以满足消费者对不同包装规格的需求，从而达到促销的目的。

此外，半成品加工、快餐食品加工也成为流通加工的组成部分。这种加工形式，节约了运输等物流成本，保证了商品质量，增加了商品的附加价值。如葡萄酒是液体，从产地批量地将原液运至消费地配制、装瓶、贴商标，包装后出售，既可以节约运费，又安全保险，以较低的成本，卖出较高的价格，附加值大幅度增加。

本章思考题

一、判断题

1. 生产是通过改变或完善流通对象的原有形态来实现“桥梁和纽带”作用的，而流通加工则是通过保护流通对象的原有形态而实现这一作用的。（　　）

2. 流通加工属于加工的范畴，是生产加工在流通领域中的延伸。（　　）

3. 流通加工与生产加工所处领域及实施加工的主体不同。流通加工处在流通领域，由商业或物流企业完成；而生产加工处在生产领域，由生产企业完成。

（　　）

4. 以实现物流为主要目的的加工中心应设置在靠近生产地区；以强化服务为主要目的的流通加工中心应设置在靠近消费地区。（　　）

5. 流通加工不是对生产加工的代替，而是一种补充和完善。（　　）

二、单项选择题

1. 能改变物质的空间状态与时间状态过程的是（　　）。

A. 生产　B. 流通　C. 加工　D. 配送

2. 以下各项不属于流通加工和一般生产加工的区别的是（　　）。

A. 加工对象　B. 加工方法　C. 加工内容

D. 加工目的　E. 加工主体

三、多项选择题

1. 以下各项属于流通加工的作用的有（　　）。

A. 弥补生产领域的加工不足　B. 提高原材料利用率

C. 提高加工效率及设备利用率

2. 流通加工的直接经济效益有（　　）。

A. 提高劳动生产率　B. 提高加工设备的利用率

3. 流通加工管理可分为（　　）。

A. 计划管理　B. 生产管理

4. 不合理的流通加工主要表现为（　　）。

A. 流通加工地点设置的不合理　B. 流通加工作用不大，形成多余环节

5. 流通加工方式包括（　　）。

A. 流通加工对象　B. 流通加工技术

6. 实现流通加工合理化，应考虑的因素包括（　　）。

A. 加工和配送结合　B. 加工和运输结合

C. 加工和节约结合

四、简答题

1. 流通加工在物流中起到什么作用？

2. 流通加工与一般的生产型加工相比有哪些异同？

3. 流通加工有几种主要类型？

五、论述题

1. 不合理的流通加工表现在哪些方面？

2. 实现流通加工合理化的途径有哪些？

配送管理

第6章

【学习目标】

- 掌握配送的含义、类型,我国发展物流配送的基本设想
- 掌握配送中心的概念、选址、布局、运作、分类
- 掌握新型物流配送中心的特征、条件、类型

引导案例

美国联邦快递的高效物流配送服务

在物流业内,联邦快递以效率著称,它提供业内最广泛的运输配送服务,并在全球提供不间断支持。时间和效率是联邦快递的生命所在。

联邦快递有600多架飞机,穿梭于200多个国家及地区,实施电子化客户关系管理(Electronic Customer Relationship Management,ECRM)系统,引入GPRS技术,构建完善、智能化的电子商务网络。

每晚22时50分,位于美国孟菲斯国际机场的联邦快递超级转运中心的工作人员便要开始紧张、忙碌、有条不紊地工作。来自世界各地约150架联邦快递的货机,以每小时85架次的频率在这里降落,数千名工人通过机场上百个登机门将货物在17分钟内卸完。货物由传送带分别送往信函和包裹处理系统,托运至超级转运中心的传送带上,借助先进的激光扫描和矩阵式管理,该中心每小时可分拣15万件包裹。经过一系列的扫描与分拣,货物将按目的地被工作人员装上飞机。次日凌晨5时,货物将全部装机运走。

为了实现公司提出的"为客户提供最快最好的快递服务"的宗旨,公司系统地

对员工进行培训，使他们尽可能高效率地从事工作。公司的工业工程师对每一位司机的行驶路线都进行了时间研究，并对其中运货、暂停和取货活动设立了标准。这些工程师记录了红灯、通行、按门铃、穿过院子、上楼梯的精确时间和中间休息喝咖啡甚至上厕所的时间，将这些数据输入计算机中，从而给出每一位司机每天工作的详细时间标准。

联邦快递的全球网络必须无瑕疵地运转，做到这点需要严格的纪律，同时必须推动创新，创新是为了以更高的效率实现在全球接收并传递货物。例如，利用Toast应用程序，当一批货被发送之后，屏幕上就会弹出窗口1：2，工作人员无须做任何事就能跟踪一个包裹；为应对燃料价格不断攀升的情况，联邦快递大胆使用新能源（太阳能）为其设施提供燃料和电力。创新的目的是在高成本年代能够继续保持高效运作。

（资料来源：新浪财经《实现创新》）

分析

物流配送系统在网络营销中的作用有哪些？

6.1 配送的概念

6.1.1 配送的含义

配送的含义有许多种表述。

日本1991年版《物流手册》的表述：生产厂到配送中心之间的物品空间移动叫"运输"，从配送中心到顾客之间的物品空间移动叫"配送"。

美国《物流管理供应链过程的一体化》的表述：实物配送这一领域涉及特制成品交给顾客的运输实物配送过程，可以使顾客服务的时间和空间的需求成为营销的一个整体组成部分。

《中华人民共和国国家标准物流术语》中对配送下的定义是："在经济合理区域范围内，根据用户要求对物品拣选、加工、包装、分割、组配等作业，并按时送达指定地点的活动。"

根据物流术语对配送的定义，配送的内涵包括以下几个要点：

1. 配送强调时效性

配送不是简单的"配货"加上"送货"。它有着特定的含义，配送更加强调在特定的时间、地点完成交付活动，充分体现时效性。

2. 配送强调满足用户需求

配送从用户的利益出发，按用户的要求为用户服务。因此，在观念上必须明确"用户至上""质量为本"。配送企业与用户的关系是：配送企业处于服务地位，而不是主导地位。在满足用户利益的基础上取得本企业的利益。

3. 配送强调合理化

对于配送而言，应当在时间、速度、服务水平、成本、数量等方面寻求最优。因为过分强调"按用户要求"是不妥的，受用户本身的局限，要求有时存在不合理性，在这种情况下会损失单方或双方的利益。

4. 处于末端的线路活动

在一个物流系统中，线路活动不可缺少，有时可能有多个线路活动相互衔接，但如果有配送活动存在，则配送是处于末端的线路活动。

6.1.2 物流配送系统

1. 配送的基本环节

从总体上看，配送是由备货、理货和送货等三个基本环节组成的。其中每个环节又包含着若干项具体的活动。

(1)备货。备货即指准备货物的系列活动，它是配送的基础环节。严格来说，备货应当包括两项具体活动：筹集货物和储存货物。

①筹集货物。在不同的配送方式下，筹集货物的工作是由不同的行为主体完成的。若生产企业直接进行配送，那么，筹集货物的工作是由生产企业自己进行的。如果是专业化的流通企业进行配送，筹集货物的工作会出现两种情况：a. 由提供配送服务的配送企业直接承担，一般是通过向生产企业订货完成组织货源的工作；b. 选择商流、物流分开的模式进行配送，筹集货物的工作通常是由货主自己去做，配送组织只负责进货和集货等工作，货物所有权属于接受配送服务的需求者。

②储存货物。储存货物是购货、进货活动的延续。在配送活动中，货物储存有两种表现形态：一种是短期保管存放形态；另一种是长期储备(包括保险储备和周转储备)形态。

(2)理货。理货是配送的一项重要内容，也是配送区别于一般送货的重要标志。理货包括货物分拣、配货和包装等经济活动，也是配送区别于一般送货的重要标志。理货包括货物分拣采用适当的方式和手段，从储存的货物中拣选用户所需要的货物。分拣货物一般采取两种方式来操作：其一是摘取式，其二是播种式。

摘取式分拣就像在果园中摘果子那样去拣选货物。具体做法是：作业人员拉着集货箱(或称分拣箱)，在排列整齐的仓库货架间巡回走动，按照配送单上所列的品种、规格、数量等将客户所需要的货物拣出及装入集货箱内。在一般情况下，每次拣选只为一个客户配货；在特殊情况下，也可以为两个以上的客户配货。目前，相应推广了自动化分拣技术，配备了自动化分拣设施等，分拣作业的劳动效率得到大大提高。

播种式分拣货物类似于田野中的播种操作。其做法是：将数量较多的同种货物集中放到发货场，然后，根据每个货位货物的发送再分别取出货物，并分别投放到每个代表用户的货位上，直至配货完毕。为了完好地运送货物和便于识别配备好的货物，有些经过分拣、配备好的货物尚需重新包装，并且要在包装物上贴上标签，记载货物的品种、数量、收货人的姓名、地址及运抵时间等。

(3)送货。送货是配送活动的核心，也是备货和理货工序的延伸。在物流运动中，送货实际上就是货物的运送，通过运输完成送货。在送货过程中，常常进行运输方式、运输路线和运输工具的选择。按照配送合理化的要求，在全面计划的基础上，制定科学的、距离较短的货运路线。选择经济、迅速、安全的运输方式和适宜的运输工具。通常，配送中的送货都把汽车(包括专用车)作为主要的运输工具。

(4)流通加工。在配送过程中，根据用户要求与配送对象的特点。有时需要在未配货之前先对货物进行加工(如钢材剪切、木材截锯等)，以求提高配送质量，更好地满足用户需要。融合在配送中的货物加工是流通加工的一种特殊形式，其主要目的是使配送的货物完全适合用户的需要和提高资源的利用率。

2. 配送的工艺流程

配送工艺流程有两种现象形态：一般流程和特殊流程。一般流程即配送运动必须经过的基本工艺流程，也是各种货物的配送活动共同具有的工艺流程。从现象上看，一般流程是一般意义上的配送工艺流程。特殊工艺流程则刚好相反，它是适应于特殊需要和特殊产品运动而设计和实施的工艺流程，而不是所有的货物配送都必须经历的运动过程。

(1)配送的一般流程

配送的一般流程基本上是这样一种运动过程：进货—存储—分拣—配货、配装—送货。每个流程的作业内容如下所述。

①进货：亦即组织货源。其运作方式有两种：a. 订货或购货(表现为配送主体向生产商订购货物，由生产商供货)；b. 集货或接货(表现为配送主体收集货物，或者接收用户所订购的货物)。前者的货物所有权属于配送主体，后者的货物所有权属于用户。

②储存：即按照用户提出的要求并依据配送计划将订购到或收集到的各种货物进行检验，然后分门别类地储存在相应的设施或场所中，以备拣选和配货。储存作业一般都包括这样几道程序：运输—卸货—验收—入库—保管—出库，存储作业

依产品性质、形状不同而形式各异。有的是利用仓库进行储存，有的是利用露天场地储存，特殊商品（如液体、气体）则需储存在特制的设备中。为了提高储存的作业效率并使储存环节合理化，目前，许多国家普遍采用了先进的储存技术和储存设备。例如，采用"先进先出"的储存方式进行作业，利用贯通式货架、重力式货架和计算机储存系统等储存货物。

③分拣、配货：分拣和配货是同一个工艺流程中的两项有着紧密关系的经济活动。有时，这两项活动是同时进行和同时完成的（如散装物的分拣和配货）。在进行分拣、配货作业时，少数场合是以手工方式操作的，更多的场合是采用机械化或半机械化方式操作的。如今，随着一些高新技术的相继开发和广泛应用，自动化的分拣、配货系统已在很多国家的配送中心使用起来，并且发挥了重要作用。

④送货：在送货流程中，包括搬运、装配、运输和交货等活动。其作业程序为：配装—运输—交货。送货是配送的终结，故在送货流程中除了要圆满地完成货物的移交任务以外，还必须及时进行货款结算。在送货这道工序中，运输是一项主要的经济活动。在进行送货作业时，选择合理的运输方式和使用先进的运输工具，对于提高送货质量至关重要。就前者而言，应选择直线运输、"配载运输"（即充分利用运输工具的载重量和容积，合理安排装载的货物和载运方法的一种运输方式）进行作业。

（2）配送的特殊流程

在实践中，某些有特殊性质、形状的货物，其配送活动有许多独特之处（例如，液体状态的物质资料配送就不存在配货、配装等工序，金属材料和木材等生产资料的配送常常附加流通加工工序）。据此，在配送的一般流程基础上，又产生了配送的特殊流程。其作业程序如下所示：

①进货—储存—分拣—送货；

②进货—储存—送货；

③进货—加工—储存—分拣—配货—配装—送货；

④进货—储存—加工—储存—装配—送货。

上面所指的配送流程中，①为各类食品的配送工序，②为煤炭等散货的配送流程，③为木材、钢材等原材料配送经常采用的作业工序，④为机电产品中的散件、配件的配送流程。

6.1.3 我国发展物流配送的基本设想

1. 建立集物流、商流和信息流于一体的新型的物流配送中心

配送中心是物流系统的一个重要组成部分，是连接供、产、销的重要环节。传统的物流系统中，货物沿着供应商—厂家—配送中心—零售商—消费者这一流通链流动。而在电子商务条件下，在B to C的模式中，这个过程就简化为供应商—厂家—配送中心—消费者。

新型的配送中心要求：

(1)物流配送反应速度快。新型物流中心对上、下游物流配送需求的反应速度越来越快，前置时间越来越短。在物流信息时代，速度就是金钱，速度就是效益，速度就是竞争力。

(2)物流配送功能集成化。即新型物流配送着重于将物流与供应链其他环节进行集成，包括物流渠道与商流渠道的集成、物流渠道之间的集成、物流功能的集成、物流环节与制造环节的集成。

(3)物流配送服务系列化。新型物流配送强调物流配送服务功能的恰当定位与完善化、系列化，除了传统的储存、运输、包装、流通加工等服务外，还在外延上扩展至市场调查与预测、采购及订单处理、向下延伸至物流配送咨询、物流配送方案的选择与规划、库存控制策略建议、货款回收与结算、教育培训等增值服务；在内涵上提高了以上服务对决策的支持作用。

(4)物流配送作业规范化、标准化和程序化。强调物流配送作业流程和运作的规范化、标准化和程序化，使复杂的作业简单化，从而大规模地提高物流作业的效率和效益。

(5)物流配送目标系统化。新型物流配送从系统角度统筹规划一个公司整体的各种物流配送活动，处理好物流配送活动与商流活动及公司目标之间、物流配送活动与物流配送活动之间的关系，不求单个活动的最优化，但求整体活动的最优化。

(6)物流配送手段现代化。使用先进的物流技术、物流设备与管理方法为物流配送提供支撑，生产、流通和配送的规模越来越大，物流配送技术、物流设备与管理就越需要现代化。

(7)物流配送组织网络化。为了保证对产品促销提供快速、全方位的物流支持，新型物流配送要有完善、健全的物流配送网络体系，网络上点与点之间的物流配送活动保持系统性、一致性，这样可以保证整个物流配送网络有最优的库存总水平及库存分布，运输与配送快捷、机动，既能铺开又能收拢。分散的物流配送单体只有形成网络才能满足现代生产与流通的需要。

(8)物流配送经营市场化。新型物流配送的具体经营采用市场机制，无论是企业自己组织物流配送，还是委托社会化物流配送企业承担物流配送任务，都以“服务—成本”的最佳配合为目标。

(9)物流配送流程自动化。物流配送流程自动化是指运送规格标准、仓储货、货箱排列装卸、搬运等按照自动化标准作业、商品按照最佳路线配送等。

(10)物流配送管理法制化。宏观上,要有健全的法规、制度和规则:微观上,新型物流配送企业要依法办事。

受经济全球化与市场竞争日趋激烈,以及国外许多知名公司利用第三方物流(3PL)成功开拓发展的影响,3PL成为我国物流业普遍关注的焦点。按照供应链的理论,将不是自己核心的业务外包给从事该业务的专业公司去做,它所形成的供应链具有最强的竞争力。区域性或全球性的第三方物流企业还具有物流网络的优势,在它们达到一定的规模后,也将其业务沿着主营业务向供应链的上游或下游延伸,向上延伸到制造业,向下延伸到销售业。如1999年美国最大的快递公司美国联邦快递,决定与一家专门提供B to B和B to C解决方案的Intershop通信公司合作开展电子商务业务,实现信息网络与物流网络结合,这样可以为消费者提供完整的电子商务服务,实现公司资源的最大化。

在最容易取得利润的B to B电子商务领域,我国物流市场还缺乏良好的配送体系。作为电商"最后一公里"的配送业务,由于缺乏有效的资源整合和信息建设,没有形成配送体系的社会化和产业化。我们应该通过改造传统的物流企业,发展功能性和综合性的第三方物流企业,建立适合电商发展的物流配送系统,向连接上游产品和下游产品各个点的一体化物流发展。

2. 建立供应链物流系统

从企业间关系的角度考察供应链。供应链其实是一群围绕产品价值链接合在一起的企业所构成的企业网络,在这张网中,既有供应商、生产商、中间商,也有供应商的供应商、第三方物流等,每个企业都是这张网的一分子,是这张网络的一个节点,各企业间既不是毫不相干的,也不是产权合一的,而是介于完全垂直集成和各成员完全独立工作之间的中间组织。

如把供应链看成一个完整的动作过程并对其进行集成管理,就有可能避免或减少各环节之间的很多延误和浪费,就有可能在更短的时间内,用更少的总成本实现增值,这就是供应链管理的基本思路。由此可以看出,供应链管理所涉及的,不仅是企业内部的管理问题,还包括企业之间的协作和责任分担问题。因此,供应链管理基本思想的一个重要方面是:将链上(或称之为网上)的合作企业看成可以共同击败真正竞争对手的合作伙伴,而不是将其视为可以转嫁成本而讨价还价的谈判对手。这一思路的本质是站在消费者的角度考虑,通过企业间共同合作、相互信任、信息共享、信息实时交流来减少重复劳动和浪费,使消费者得到最大的消费者剩余。

供应链管理意味着跨企业的物流管理,它包括供应商、生产商、批发商和零售商等不同企业在内的整个链上的计划和运作活动的协调,意味着跨越各个企业的边界,在整个链上应用系统观念进行集成化管理,从而降低成本。此外,供应链管理可以减少生产过剩情况的发生,提高运输、保管、文书处理等活动的效率。通过对链上每个成员信息处理行为和产品处理行为的检查，可以鉴别出整条链上的冗余行为和非增值行为，从而提高整个供应链的效率和竞争力。

2016 年 12 月，我国加入 WTO 后的 15 年保护期结束。国内市场国际化，中国企业的生产、经营面临前所未有的挑战，强化供应链管理是企业赢得竞争优势的核心能力。

在新的形势下，以自由贸易区建设为突破口的开放型经济取得了快速发展。2013 年 9 月，中国(上海)自由贸易试验区(以下简称“上海自由贸易区”)正式挂牌成立。2015 年 3 月，中央政治局召开会议，审议通过广东、福建、天津自由贸易区总体方案。随着全国自由贸易区的全面开展，自由贸易区各项功能将更加完善，自由贸易区网络逐步形成，自由贸易区在物流领域的探索和尝试将初现效果，我国物流业将迎来重大发展机遇。

一是通关便利化带动国际物流效率的提升，为完善供应链网络提供了条件。二是随着服务贸易自由化，将改善物流业发展环境，促进港航企业为代表的物流业和国际接轨，加快国际航运中心建设，带动运输、仓储、快递、供应链管理等一大批专业化物流企业的发展，提升我国供应链管理上各主体的整体实力。三是区域经济一体化将促进物流和供应链的协同发展。以上海自由贸易区为例，作为建设长江经济带的重要结点，推动了长江三角洲地区和长江流域的经济发展和产区重构，促进了上海国际物流枢纽和贸易中心的形成，极大地推动了区域供应链的发展。未来，自由贸易区将成为布局全球供应链的重要结点，逐步形成以自由贸易区为核心的全球供应链体系，培育国际竞争新优势。

3. 不同物流企业应正确确立其服务领域的定位

(1)建立自有的配送中心。对于规模大、资金雄厚的连锁企业集团，可建立自有的配送中心，为整个连锁集团服务。

(2)由原有批发企业或储运企业改造或联合建立社会性配送中心。目前，我国国有批发企业和储运企业大多不景气，但它们却拥有我国 80%以上的物流设施、大量的仓储面积以及比较成熟的购销网络。对这些设施进行改造和利用，建立起为社会服务的社会性配送中心是一种必要的、可行的、投资小见效快的改革措施。

(3)由多个中小连锁企业联合建立共有的配送中心。将多个中小连锁企业联合起来建立共有的配送中心，这样可以把分散于各中小型连锁企业的物流设施集中起来并形成合力，从而能高效地为企业或社会服务。

(4)传统物流企业在重新进行市场定位的时候应坚持的原则。一般来说，物流企业在选择服务领域的时候，主要应掌握以下几个原则：

①“不熟不做”的原则。

②“集中一点”即专业化服务的原则。

③“客户是上帝”的原则。
④“重点客户，重点服务”的原则。
⑤“延伸服务”即服务品种创新的原则。
⑥“精益求精”即服务技术创新的原则。

6.2 配送的类型

在不同的市场环境下，为满足不同产品、不同企业、不同流通环境的要求，在配送组织活动过程中可以采取不同的配送形式来满足用户的需求。按照不同的分类方式，可以对配送进行不同的划分。

6.2.1 按配送商品的种类和数量分类

1. 少品种大批量配送

这种配送适用于需要数量较大的商品，单独一种或少数品种就可以达到较大运输量，可实行整车运输，这种商品往往不需要再与其他商品进行搭配，可由专业性很强的公司实行这种配送。此种配送形式主要适用于大宗货物，如煤炭等。

2. 多品种少批量配送

按用户要求，将所需的各种商品(每种商品需要量不大)配备齐全，凑成整车后由配送中心送达用户手中。日用商品的配送多采用这种方式。多品种、少批量的配送，适应了现代消费多样化、需求多样化的新观念。

6.2.2 按配送时间及数量分类

1. 定时配送

定时配送是指按规定时间间隔进行配送，如数天或数小时一次等，每次配送的品种及数量可按计划执行，也可在配送之前以商定的联络方式(如电话、计算机终端输入等)通知配送品种及数量。这种方式时间固定，易于安排工作计划、车辆使用计划，对客户来讲，也易于安排接货力量(如人员、设备等)。但是，由于配送物品种类经常变化，配货、装货难度较大，在要求配送数量变化较大时，也会使配送运力安排出现困难。定时配送包括日配、隔日配送、周配送、旬配送、月配送、准时配送等。

2. 定量配送

定量配送是指按规定的批量在指定的时间范围内进行配送。这种方式数量固定，备货工作较为简单，可以按托盘、集装箱及车辆的装载能力规定配送的定量，能有效利用托盘、集装箱等集装方式，也可做到整车配送，配送效率较高。由于时间不严格限定，可以将不同客户所需物品凑成整车后配送，运力利用也较好。对客户来讲，每次接货都处理同等数量的货物，有利于人力、物力的准备。

3. 定时定量配送

定时定量配送是指按照规定配送时间和配送数量进行配送。这种方式兼有定时、定量两种方式的优点，但特殊性强，计划难度大，适合采用的对象不多，不是一种普遍的方式。

4. 即时配送

即时配送是完全按客户突然提出的配送要求的时间和数量随即进行配送的方式，是有很高的灵活性的一种应急的方式。采用这种方式的品种可以实现保险储备的零库存，即用即时配送代替保险储备。

6.2.3 按配送的组织形式分类

1. 集中配送

集中配送就是由专门从事配送业务的配送中心对多个用户开展配送业务。集中配送的品种多、数量大，一次可同时对同一线路中几家用户进行配送，其配送的经济效益明显，是配送的主要形式。

2. 共同配送

共同配送是由几个物流据点共同协作制订的计划，共同组织车辆设备，对某一地区的用户进行配送。在具体执行配送作业计划时，可以共同使用配送车辆，提高车辆实载率，提高配送经济效益和效率，有利于降低配送成本。

3. 分散配送

分散配送是由商业零售网点对小量、零星商品或临时需要的商品进行的配送业务。这种配送适合于近距离、多品种、少批量的商品的配送。

4. 加工配送

在配送中心进行必要的加工，这种配送方式将流通加工和配送一体化，使加工更有计划性，配送服务更趋完善。

6.3 配送中心

6.3.1 配送中心的概念

配送活动是在物流发展的客观过程中产生并不断发展的，这一活动过程随着物流活动的深入和物流服务社会化程度的提高，在实践中不断演绎和完善其组织机构。一般将组织配送执行销售或专门执行实物配送活动的机构称为配送中心。

配送中心是物流节点的一种重要形式，是专门用于配送业务的物流节点，是以组织配送性销售或供应，执行实物配送为主要职能的流通型节点。配送中心与传统的仓库和批发、储运企业相比，具有质的不同。仓库仅仅是储存商品，而配送中心不是被动地储存商品，具有集、配、送等多样化功能和作用。和传统的批发、储运企业相比，配送中心在服务内容上由商流、物流分离发展到商流、物流和信息流的有机结合，在流通环节上由多个流通环节发展到由一个中心完成流通全过程。

日本《物流手册》对配送中心的定义："配送中心是从供应者手中接收多种大量的货物，进行倒装、分类、保管、流通加工和信息处理等作业，然后按照众多需要者的订货要求备齐货物，以令人满意的服务水平进行配送的设施。"

《中华人民共和国国家标准物流术语》(GB/T 18354—2006)中对配送中心下的定义：从事配送业务且具有完善信息网络的场所或组织，应基本符合下列要求：主要为特定客户或末端客户提供服务；配送功能健全；辐射范围小；提供高频率、小批量、多批次配送服务。

6.3.2 配送中心的分类

1. 按照配送中心承担的流通职能划分

(1)供应型配送中心

供应型配送中心是指配送中心执行供应的职能，专门为某个或某些用户(如连锁店、联合公司)组织供应的配送中心。例如，为大型连锁超级市场组织供应的配送中心；代替零件加工厂送货的零件配送中心，使零件加工厂对装配厂的供应合理化。供应型配送中心的主要特点是：配送的用户有限并且稳定，用户的配送要求范围也比较确定，属于企业型用户。因此，配送中心集中库存的品种比较固定，配送中心的进货渠道也比较稳固，同时，可以采用效率比较高的分货式工艺。

(2)销售型配送中心

销售型配送中心是指配送中心执行销售的职能，以销售经营为目的，以配送为手段的配送中心。销售配送中心大体有三种类型：第一种是生产企业为本身产品直接销售给消费者的配送中心，在国外，这种类型的配送中心很多。第二种是流通企业作为本身经营的一种方式，建立配送中心以扩大销售，我国目前拟建的配送中心大多属于这种类型，国外的例证也很多。第三种是流通企业和生产企业联合的协作性配送中心。比较起来看，国外和我国的发展趋向，都向以销售配送中心为主的方向发展。

销售型配送中心的用户一般是不确定的，而且用户的数量很大，每一个用户购买的数量又较少，属于消费者型用户。这种配送中心很难像供应型配送中心一样，实行计划配送，计划性较差。

销售型配送中心集中库存的库存结构也比较复杂，一般采用拣选式配送工艺。销售型配送中心往往采用共同配送方法才能够取得比较好的经营效果。

2. 按照配送中心的配送领域划分

(1)城市配送中心

城市配送中心是指以城市范围为配送范围的配送中心，由于城市范围一般处于汽车运输的经济里程，这种配送中心可直接配送到最终用户，且采用汽车进行配送。所以，这种配送中心往往和零售经营相结合，由于运距短，反应能力强，因而从事多品种、少批量、多用户的配送较有优势。我国已建的"北京食品配送中心"就属于这种类型。

(2)区域配送中心

区域配送中心是指以较强的辐射能力和库存准备，向省(州)际、全国乃至国际范围的用户配送的配送中心。这种配送中心配送规模较大，一般而言，用户也较大，配送批量也较大，而且，往往是配送给下一级的城市配送中心，也配送给营业所、商店、批发商和企业用户，虽然也从事零星的配送，但不是主体形式。这种类型的配送中心在国外十分普遍，如《国外物资管理》杂志曾介绍过的阪神配送中心、美国马特公司的配送中心、蒙克斯帕配送中心等。

3. 按配送中心功能不同划分

(1)储存型配送中心

储存型配送中心是有很强储存功能的配送中心，一般来讲. 在买方市场下，企业成品销售需要有较大库存支持，其配送中心可能有较强储存功能；在卖方市场下，企业原材料、零部件供应需要有较大库存支持，这种供应配送中心也有较强的储存功能。大范围配送的配送中心，需要有较大库存，也可能是储存型配送中心。

我国目前拟建的一些配送中心，都采用集中库存形式，库存量较大，多为储存型。瑞士 GIBA—GEIGY 公司的配送中心拥有世界上规模居于前列的储存库，可储存 4 万个托盘；美国赫马克配送中心拥有一个有 163000 个货位的储存区，可见其存储能力之大。

(2)流通型配送中心

流通型配送中心是指基本上没有长期储存功能，仅以暂存或随进随出方式进行配货、送货的配送中心。这种配送中心的典型方式是，大量货物整进并按一定批量零出，采用大型分货机，进货时直接进入分货机传送带，分送到各用户货位或直接分送到配送汽车上，货物在配送中心里仅做少许停滞。日本的阪神配送中心，中心内只有暂存,大量储存则依靠一个大型补给仓库。

(3)加工配送中心

加工配送中心是指配送中心具有加工职能,根据用户的需要或者市场竞争的需要,对配送物加工之后进行配送的配送中心。在这种配送中心内,有分装、包装、初级加工、集中下料、组装产品等加工活动。世界著名连锁饮食服务店肯德基和麦当劳的配送中心以及在工业、建筑领域的混凝土搅拌站,均属于这种类型的配送中心。

小提示

储存型物流中心

美国福来明公司的食品配送中心是典型的仓储式配送中心,它的主要任务是接受美国独立杂货商联盟加州总部的委托业务,为该联盟在该地区的350家加盟店负责商品配送。该配送中心建筑面积为7万平方米,经营品种8.9万,其中有1200个品种是美国独立杂货商联盟开发的,必须集中配送。在服务对象店经营的商品中,有70%左右的商品由该中心集中配送,一般是鲜活商品和怕碰撞的商品,如牛奶、面包、炸土豆片、瓶装饮料和啤酒等,从当地厂家直接进货到店,蔬菜等商品从当地的批发市场直接进货。

6.3.3 配送中心的选址

配送中心的选址是一项物流基础设施建设,一旦建成就无法改变。配送中心位置的选择将显著影响实际营运的效率与成本以及日后中心规模的补充与发展。因此,企业在决定配送中心设置的位置方案时,必须认真分析与研究内外部环境条件,并按适当的步骤,采用科学的选址方法对配送中心的位置进行科学、合理的选择。

1. 配送中心选址的原则

(1)适应性原则

配送中心的选址须与国家及地区的经济发展方针、政策相适应,与我国物流资源分布和需求相适应,与国民经济和社会发展相适应。

(2)协调性原则

配送中心的选址应与国家物流网络一起作为一个大系统来考虑,要确立自身在大网络中的位置,与整个系统相协调。同时,配送中心的规模、设施设备的选择、作业能力及配送商品的特性等方面要保持一致。

(3)经济性原则

配送中心选址的费用包括建设费和营运费两部分。前者是指规划、设计费用、人工费用、设施与设备的选择与安装费用等。后者主要指配送中心投入营运之后发生的费用。在选址时,应以总费用最低作为配送中心选址的经济性原则。

(4)战略性原则

配送中心的选址应具有战略性,注重全局性和长远性。

2.配送中心选址需要考虑的因素

配送中心选址时应该考虑的主要因素有:自然环境、政策环境、基础设施、货物流向等。

(1)自然环境

在配送中心选址过程中,要考虑气象条件、地质条件、水文条件等自然环境因素对配送中心的影响。气象条件主要包括温度、降水量、风力、年平均蒸发量等指标。例如,选址时要避开风口,因为风口会加速露天堆放商品的老化。地质条件主要考核土地承载能力指标,它反映了物资的堆码高度。如果配送中心地面以下存在淤泥层、流沙层、松土层等不良地质条件,在受压后可能造成沉陷、翻浆等不良后果。水文条件主要考虑河川、台风对配送中心的影响,一般配送中心应选在地势较高、地形平坦之处,且应具有适当的面积和外形。

(2)政策环境

政策环境也是配送中心选址考虑的重要因素之一,尤其是现在取得物流用地困难,如果有政府政策的支持,就更有助于物流业的发展。政策环境条件包括企业优惠政策(土地提供、税收减免)、城市规划(土地开发、道路建设)、地区产业政策等。良好的政策环境有助于降低配送中心的运营成本。

(3)基础设施

便利的交通及齐备的公共设施,有助于提高配送中心的运作效率。配送中心通常选择靠近交通枢纽的地点布局,如紧邻交通主干道的地方。另外,配送中心的所在地,要求城市的道路、通信等公共设施齐备,有充足的水、电、气、热的能力,且周围有污水、固体废弃物处理能力。

(4)货物流向

货物流向主要考虑客户分布和供应商分布。

①客户分布

为了提高服务水平及满足配送的经济合理区域,配送中心的选址通常在靠近客户的区域。例如,零售商型配送中心,其主要客户是超市和零售店,这些客户大部分分布在大中型城市或人口密集的地方,故配送中心常选择在城市边缘且靠近客户分布的地区。

②供应商分布

配送中心的选址应考虑的另一个重要因素就是供应商分布。因为配送中心的商品全部由供应商供应，配送中心越接近供应商，供应商至配送中心区间的运输成本越低，其商品的安全库存越可能控制在较低的水平。

3. 配送中心选址的方法

配送中心选址方法一般有两类：定性选址方法和定量选址方法。

(1)定性选址方法是针对各种影响因素提出选址应遵循的一些基本原则，如交通便利、政策环境、靠近超市或零售店等。从这些基本原则出发，对现有条件进行分析、评价、比较，从备选的地址中做出选择。定性选址方法有加权因素比较法和德尔菲法等。

(2)定量选址方法是根据配送中心位置的各种因素建立数学模型，通过反复迭代，从多个方案中选择最优方案的过程。定量选址方法包括重心法、线性规划方法和仿真方法等。

小提示

重心法

重心法(The centre-of-gravity method)是一种模拟方法，它将物流系统中的需求点和资源点看成是分布在某一平面范围内的物流系统，各点的需求量和资源量分别看成是物体的重量。物流系统的重心作为物流网点的最佳设置点，利用求物体系统重心的方法来确定物流网点的位置。

(资料来源：张佺举，张洪. 物流管理. 北京：北京大学出版社，2014：228)

6.3.3 新型的物流配送中心

配送中心是物流领域中社会分工、专业分工进一步细化之后产生的。在新型配送中心没有建立起来之前，配送中心现在承担的有些职能是在转运型结点中完成的，以后一部分这类中心向纯粹的转运站发展，以衔接不同的运输方式和不同规模的运输，一部分则增强了“送”的职能，尔后又向更高级的“配”的方向发展。

1. 新型物流配送中心的特征

根据国内外物流配送业发展情况，新型物流配送中心可归纳为以下几个特征：

(1)物流配送反应速度快。电子商务下，新型物流配送服务提供者对上游、下游的物流配送需求的反应速度越来越快，前置时间越来越短，配送时间也越来越短，物流配送速度越来越快，商品周转次数越来越多。

(2)物流配送功能集成化。新型物流配送着重于将物流与供应链的其他环节进行集成，包括：物流渠道与商流渠道的集成、物流渠道之间的集成、物流功能的集成、物流环节与制造环节的集成等。

(3)物流配送服务系列化。电子商务下，新型物流配送除强调物流配送服务功能的恰当定位与完善化、系列化，除了传统的储存、运输、包装、流通加工等服务外，还在外延上扩展至市场调查与预测、采购及订单处理、向下延伸至物流配送咨询、物流配送方案的选择与规划、库存控制策略建议、货款回收与结算、教育培训等增值服务；在内涵上提高了以上服务对决策的支持作用。

(4)物流配送作业规范化。电子商务下的新型物流配送强调功能作业流程、作业、运作的标准化和程序化，使复杂的作业变成简单的易于推广与考核的运作。

(5)物流配送目标系统化。新型物流配送从系统角度统筹规划一个公司整体的各种物流配送活动，处理好物流配送活动与商流活动及公司目标之间、物流配送活动与物流配送活动之间的关系，不求单个活动的最优化，但求整体活动的最优化。

(6)物流配送手段现代化。电子商务下的新型物流配送使用先进的技术、设备与管理为销售提供服务流通，销售规模越大、范围越广，物流配送技术、设备及管理越现代化。

(7)物流配送组织网络化。为了保证对产品促销提供快速、全方位的物流支持，新型物流配送要有完善、健全的物流配送网络体系。网络上点与点之间的物流配送活动保持系统性、一致性，这样可以保证整个物流配送网络有最优的库存总水平及库存分布，运输与配送快捷，既能铺开又能收拢。分散的物流配送单位只有形成网络才能满足现代生产与流通的需要。

(8)物流配送经营市场化。新型物流配送的具体经营采用市场机制，无论是企业自己组织物流配送，还是委托社会化物流配送企业承担物流配送任务，都以"服务—成本"的最佳配合为目标。

(9)物流配送流程自动化。物流配送流程自动化是指运送规格标准、仓储货运、货箱排列、装卸、搬运等按照自动化标准作业，商品按照最佳配送路线等作业。

(10)物流配送管理法制化。宏观上要有健全的法规、制度和规章。

2. 电子商务条件下新型配送中心的条件

(1)高水平的企业管理

新型配送中心作为一种全新的流通模式和运作结构，其管理水平要达到科学化和现代化的要求。只有通过合理的科学管理制度、现代化的管理方法和手段，才能确保配送中心基本功能和作用的发挥，从而保障相关企业和用户整体效益的实现。管理科学的发展为流通管理的现代化、科学化提供了条件，并促进流通产业的有序发展和企业内部管理的深化，不断开拓市场。同时，还要加强对市场的监管和调控力度，使之有序化和规范化。总之，一切以市场为导向，以管理为保障，以服务为中心，加快科技进步，是新型配送中心的根本出路。

(2)新型配送中心对人员的要求

新型配送中心能否充分发挥各项功能和作用，完成应承担的任务，人才配置是关键。为此，需配备数量合理、具有一定专业知识和较强组织能力、结构合理的决策、管理、技术和操作人员，以确保新型配送中心的高效运转。新型配送中心的发展需要大量的各种专业人才，从事经营、管理、科研、仓储、配送、流通加工、通信设备和计算机系统维护、贸易等业务。因此需加大人才培养的投入，培养和引进大批掌握先进科技知识的人才，并给其以施展才华的机会；还应对现有职工进行有计划的定期培训，形成系统的学习科技知识的制度：在企业里引入竞争机制，形成能上能下的局面。要增强员工的科技创新意识，培养企业对知识的吸纳能力，促进物流产业人力资源的开发和利用，造就大批符合知识经济时代要求的配送人才，利用各种先进的科学技术和科学方法，促进配送产业向知识密集型方向发展。

(3)新型配送中心对装备配置的要求

新型配送中心面对成千上万的供应厂商、消费者及瞬息万变的市场，承担着为众多用户配送商品和及时满足他们不同需要的任务，这就要求新型配送中心必须配备现代化装备和应用管理系统，尤其要重视计算机网络的运用。通过计算机网络可广泛收集信息，及时进行分析比较，通过科学的决策模型，迅速做出正确的决策，这是解决系统化、复杂化和紧迫性问题最有效的工具和手段。同时，采用现代化的配送设施和配送网络，将会逐渐形成社会化大流通的格局。专业化的生产和严密组织起来的大流通，对物流手段的现代化提出了更高要求，如对自动分拣输送系统、立体仓库、水平垂直、分层、分段旋转货架、AGV 自动导向系统、商品条码分类系统和悬挂式输送机这些新型、高效、大规模的配送机械系统，有着广泛而迫切的需要。具体来说，新型配送中心需配备以下设备：

①硬件设备

a. 仓储设备。料架、栈板、电动堆高机、拣货车、装卸设备、流通加工设备。

b. 配送设备。厢式大小货车、手推车、通信设备。

c. 咨询设备。计算机系统设备、电子标签拣货设备、通信设备。

d. 仓储设施。仓库库房及辅助设施。

②软件系统

a. 仓库系统。仓储流程规划、储存安全管理、存货管理。

b. 配送系统。配送路径规划、配送安全管理、配送服务管理。

c. 信息系统。进货管理系统、储位管理系统、补货管理系统、出货检取系统、车辆排程系统、流通加工管理系统、签单核单系统、物流计费系统等。

3. 新型配送中心的类型

物流配送是流通部门连接生产和消费，使时间和场所产生效益的设施，提高物流配送的运作效率是降低流通成本的关键所在。物流配送又是一项复杂的科学系统工程，涉及生产、批发、电子商务、配送和消费者的整体结构，运作类型也形形色色。

(1)按运营主体分类

①以制造商为主体的配送中心。这种配送中心里的商品100%是由自己生产制造的，用以降低流通费用、提高售后服务质量和及时地将预先配齐的成组元器件，运送到规定的加工和装配工位。从商品制造到生产出来后条码和包装的配合等多方面都较易控制，所以按照现代化、自动化的配送中心设计比较容易，但不具备社会化的要求。

小提示

汽车制造业配送中心

自从日本汽车打入欧洲和美国市场后，日本汽车配件的供应和需求不断增加。于是，美、法、英等国家先后建立了许多供应日本汽车配件的组织——配件中心。从职能上看，这些称作配件中心的组织既负责向用户供应和销售汽车配件，同时也从事货物的存储、分拣、输送等物流活动，向用户提供系列化的后勤服务，起着配送中心的作用。其中，德国的MAZDA MOTOR配件中心最为典型。

该配件中心建于1988年3月，总面积为2.5万平方米，经营的配件有8万种。其特点是经营规模比较大，设备先进且数量较多。在这个配件中心内部，共配置了17台能吊装各种大型配件和小型配件的塔式起重机、10台运输配件的自动化机械和各式分拣设备。此外，在中心内部还建立了使用光导传送技术的新的库存管理系统，使分拣出的配件能及时出库。

该配件中心的工作人员主要是利用各种机械来进行配件的入库和出库作业。据资料介绍，货物入库时，大、中型配件是以托盘为单位的，用升降机将其吊运至固定的货物存储；小型配件入库则采取"预约定位"方式，配件连同存储容器一起存入货架。其运作过程——在盛装配件的容器上贴有标明入库位置的条形码，当升降机(或运输机械)吊运的货物所到架位正好与条形码读出要求相符合时，便按指令将货物送入货架。出库作业与入库作业类似，也是利用条形码技术和光导装置。

(资料来源：邓之宏.电子商务物流基础与实训.第2版.北京：北京大学出版社，2014：85)

②以批发商为主体的配送中心。商品从制造者到消费者手中之间的传统流通

中有一个环节叫批发。一般是按部门或商品类别的不同，把每个制造厂的商品集中起来，然后以单一品种或搭配向消费地的零售商进行配送。这种配送中心的商品来自各个制造商，它所进行的一项重要的活动是对商品进行汇总和再销售，而它的全部进货和出货都是社会配送的，社会化程度高。

③以零售业为主体的配送中心。零售商发展到一定规模后，就可以考虑建立自己的配送中心，为专业商品零售店、超级市场、百货商店、建材商场、粮油食品商店、宾馆饭店等服务。其社会化程度介于前两者之间。

(2)按配送模式分类

①集货型配送中心。该种配送中心主要针对上家的采购物流过程进行创新而形成。其上家生产具有相互关联性，下家互相独立，上家对配送中心的储存度明显大于下家，上家相对集中，而下家分散具有相当的需求。同时，这类配送中心也强调其加工功能。此类配送中心适于成品或半成品物资的推销，如汽车配送中心。

②散货型配送中心。这种配送中心主要是对下家的供货物流进行优化而形成。上家对配送中心的依存度小于下家，而且配送中心的下家相对集中或有利益共享(如连锁业)。采用此类配送中心的流通企业，其上家竞争激烈，下家需求以多品种、小批量为主特征，适于原材料或半成品的物资配送，如机电产品配送中心。

③混合型配送中心。这种配送中心综合了上述两种配送模式的优点，并对商品的流通全过程进行控制，有效克服了传统物流的弊端。采用这种配送模式的流通企业规模较大，具有相当的设备投资，如区域性物流配送中心。在实际流通中，多采取多样化经营，降低了经营风险。这种配送中心比较符合新型物流配送的要求(特别是电子商务下的物流配送)。

(3)按配送货物的属性分类

根据配送货物的属性，配送中心可以分为食品配送中心、日用品配送中心、医药品配送中心、化妆品配送中心、家电产品配送中心、电子(3C)产品配送中心、书籍产品配送中心、服饰产品配送中心、汽车零件配送中心以及生鲜处理中心等。

案例分析

沃尔玛的物流配送系统

沃尔玛的业务之所以能够迅速增长，正是因为沃尔玛在节省成本以及在物流运送、配送系统方面取得了一些成就。事实上，物流运输和配送系统是沃尔玛的焦点业务。据资料显示，沃尔玛近年来每年在物流方面的投资都在1000亿美元以上，而且投资额正随着业务量的增长而不断增长。

为做到在物流方面降低成本，沃尔玛建立了一个“无缝点对点”的物流系统，能够为商店和顾客提供最迅速的服务。

这种“无缝”指的是产品从工厂到商店的货架这一链条尽可能平滑，使整个供应链达到一种非常顺畅的链接，尽可能给顾客提供所需要的服务，同时也可以降低成本。物流业务要求比较复杂，如有时可能会有一些产品出现破损，因此在包装方面就需要对产品有一些特别的运销能力。因为对沃尔玛来说，能够提供更多的产品种类与优质的产品是非常重要的。

物流的循环是一个圆圈。如果物流循环是比较成功的，那么在消费者买了东西之后，这个系统就开始自动地进行供货。这个系统当中的可变性使得卖方和买方（工厂与商场）可以对这些顾客所买的东西和订单及时地进行补货。这个系统应当是与配送中心联系在一起的。这个配送中心实际上是一个中枢，将供货方的产品提供给商场，从而减少供货商许多成本。

据了解，沃尔玛降低配送成本的一个方法就是与供应商一起来分担。比如，供货商可以送货到沃尔玛的配送中心，也可以直接送到商店。但如果供货商采用沃尔玛的配送中心的配送方式，就可以节省很多钱，且可以把省下来的这部分利润，让利于消费者，这些供货商也可以为沃尔玛分担一些建立配送中心的费用，如此沃尔玛可从整个供应链中，将配送中心的成本费用节省下来。

据介绍，沃尔玛的物流部门可进行全天候的运作。在此过程中，沃尔玛采用一些包括零售技术在内的最尖端的技术。沃尔玛进行物流业务的指导原则，是把所有的物流过程集中到一个伞形结构之下。在供应链中，每一个供应者都是这个链中的一个环节，沃尔玛必须使整个供应链成为一个非常平稳、光滑、顺畅的过程。这样，沃尔玛的运输、配送以及对于订单与购买的处理等所有的过程，都是一个完整的网络的一部分，这样就可以大大降低成本。如在沃尔玛的物流当中非常重要的一点是要确保商店所得到的产品与发货单上完全一致。因此，沃尔玛必须有一套非常精确的系统，才可确保整个物流配送过程中不会出现任何差错。这样，商店把整个卡车当中的货品卸下来就可以了，而不用把每个产品检查一遍。因为他们相信，过来的产品是没有任何失误的，这样就可以节省很多检验产品的时间。

目前沃尔玛在中国的每一个商店都有补货系统。它使得沃尔玛在任何一个时间点都可以知道现在商店当中有多少货品，多少货品正在运输过程当中，有多少是在配送中心等。同时它也使沃尔玛了解到，某种货品上周卖了多少，去年卖了多少，而且可以预测将来可以卖多少。因为沃尔玛所有的货品都有一个统一的产品代码，在中国叫EAN数码。沃尔玛可以对这些代码进行扫描和阅读。此外，沃尔玛还有一个非常好的系统——零售链接，可以让供货商直接进入这一系统，了解他们的产品卖得怎么样。根据沃尔玛每天的销售情况，他们可以对将来的销售进行预测，以决定他们的生产情况，这样他们产品的成本也可以降低。

据了解，沃尔玛所有的系统都是基于UNIX系统的一个配送系统，并采用传送带、产品代码，以及自动补货系统和激光识别系统，所有的这些加在一起为沃尔玛节省了相当多的成本。

（资料来源：关杰. 物流配送与仓储实务. 重庆：重庆大学出版社，2011：15）

分析

什么是沃尔玛的“无缝点对点”物流系统？沃尔玛是如何利用物流配送系统节省成本的？

本章小结

本章介绍了配送的含义和类型；全面介绍配送中心的概念、选址和布局；详细推介了新型物流配送中心的特征、条件和类型；总结我国发展物流配送的基本设想。

延伸阅读

国内外盛行的9种物流配送中心

一、专业配送中心

配送对象、配送技术属于某一专业范畴，在某一专业范畴有一定的综合性，综合某一专业的多种物资进行配送，如多数制造业的销售配送中心。我国目前在石家庄、上海等地建的配送中心大多采用这一形式。这类配送中心是以配送为专业化职能，基本上不从事经营（不参与商流）的服务型配送中心。

二、柔性配送中心

这种配送中心不向固定化、专业化方向发展，而能随时变化，对用户要求有很强的适应性，不固定供需关系，不断向发展配送用户和改变配送用户的方向发展。

三、供应配送中心

专门为某个或某些用户（如联营商店、联合公司）组织供应的配送中心。例如，为大型连锁超级市场组织供应的配送中心；代替零件加工厂送货的零件配送中心。

四、销售配送中心

以销售经营为目的，以配送为手段的配送中心，如生产企业将本身产品直接销售给消费者的配送中心；流通企业作为本身经营的一种方式，建立配送中心以扩大销售；流通企业和生产企业联合的协作性配送中心。

五、城市配送中心

以城市范围为配送范围的配送中心，由于城市范围一般处于汽车运输的经济里程，这种配送中心可直接配送到最终用户，且采用汽车进行配送。北京食品配送中心就属于这种类型。

六、区域配送中心

以较强的辐射能力和库存准备，向省(州)际、全国乃至国际范围的用户配送的配送中心。

七、储存型配送中心

有很强储存功能的配送中心。在买方市场下，企业成品销售需要有较大的库存支持，其配送中心可能有较强储存功能；在卖方市场下，企业原材料、零部件供应需要有较大的库存支持，这种供应配送中心也有较强的储存功能。

八、流通型配送中心

基本上没有长期储存功能，仅以暂存或随进随出方式进行配货、送货的配送中心。大量货物整进并按一定批量零出，采用大型分货机，进货时直接进入分货机传送带，分送到各用户货位或直接分送到配送汽车上，货物在配送中心里仅做少许停滞。

九、加工配送中心

具有较强的加工职能的配送中心。例如，我国上海市和其他城市已经开展的配煤配送，在配送点中进行了配煤加工。

(资料来源：邓之宏. 电子商务物流基础与实训. 第2版. 北京：北京大学出版社，2014：88)

本章思考题

一、选择题

1. 配送是由以下几个部分组成(　　)。

A. 备货　　B. 理货　　C. 送货　　D. 加工

2. 由商业零售网点对小量、零星商品或临时需要的商品进行的配送业务，一般称之为(　　)。

A. 集中配送　　B. 共同配送　　C. 分散配送　　D. 加工配送

二、判断题

1. 运输和配送的区别主要体现在移动空间上。　　(　　)

2. 新型配送中心的"新"主要体现在设备配置和人员设置上。　　(　　)

三、名词解释

1. 配送　　2. 配送中心

四、简答题

1. 配送都有哪些类型？

2. 我国发展物流配送的设想都有哪些？

3. 简述新型配送中心的特征。

五、实训题

1. 调研当地物流企业及其配送中心，并了解配送中心的具体运作和类型，强化对物流行业的认识。

2. 结合当地物流企业的实际经营情况，指出目前我国区域性物流配送中心发展存在的问题，有何解决措施？

生产物流

第7章

【学习目标】

- 掌握生产物流的概念和特点
- 掌握生产物流计划与控制的主要内容
- 熟悉采购物流与销售物流的流程

引导案例

欧普照明携手商派云起ERP打造渠道核心竞争力

欧普照明是一家创新型快速发展的公司，是一家集研发、生产和销售于一体的综合型照明企业，是中国知名的照明企业之一。欧普照明的产品市场占有率处于领先地位，同时，欧普自主品牌产品的海外业绩也相当喜人。

对于像欧普照明这样的LED照明企业来说，短期内要想取得不错的产品销售额，需要在供应、生产、消费心理研究、销售等方面进行整个体系的全面投入。而要想在电子商务领域内做出有效突破，就必须确保各个环节有条不紊地运营。

欧普照明自从2008年全面启动电商渠道后，于当年的“双十一”就斩获了300万销量。虽然战绩不错，但欧普照明也从其中发现了电子商务路上的诸多问题。而为了解决这些问题，欧普照明找到了商派云起ERP。

商派云起ERP作为国内领先的电子商务服务和技术供应商，一直以来都致力于为电商企业提供全面、完整的ERP系统和解决方案。在与欧普照明的合作中，商派云起ERP用系统内置的、目前最成熟、最合理的电商流水线，帮助欧普照明快速构建一套专属的标准合理的流水线，帮助欧普照明解决了订单处理、多平台管理，仓储、出货等多方面问题。之后在商派云起 ERP 的协助下，欧普照明开始跟几大电商平台深入合作，电子商务高速发展，不仅通过电商平台实现产品的销售，还将电商平台打造成消费者教育和品牌展示的行业标杆。

在 2016 年"双十一"，欧普照明以 6018 万销量，跃居家居建材行业第一。

商派云起 ERP 负责人表示：商派云起将继续帮助欧普照明不断进化、升级渠道体系，通过线上线下联动，打造渠道核心竞争力，树立全球照明品牌。

资料来源：欧普照明携手商派云起 ERP 打造渠道核心竞争力 齐鲁晚报

分析

欧普照明凭借对消费者需求的洞察和把握，不断提升渠道建设及管理能力，全面启动电商渠道，并积极参加"双十一"活动，实现了预期的销量。目前欧普照明跟几大电商平台都有深入合作，电子商务高速发展。同时，欧普照明借助 ERP 系统，优化企业物流作业，合理配置企业资源，解决企业物流活动中的问题，打造企业的核心竞争力，培育世界品牌。

7.1 生产物流基础

7.1.1 生产物流的概念

企业的生产物流活动是指在生产工艺中的物流活动。生产物流(Production Logistics)一般是指原材料、燃料、外购件投入生产后，经过下料、发料，运送到各加工点和存储点，以在制品的形态，从一个生产单位(仓库)流入另一个生产单位，按照规定的工艺过程进行加工、储存，借助一定的运输装置，在某个点内流转，又从某个点内流出，始终体现着物料实物形态的流转过程。这种物流活动是与整个生产工艺过程伴生的，实际上已经构成了生产工艺过程的一部分。过去人们主要关注生产加工过程，而忽视了将每一个生产加工过程串在一起的并且又和每一个生产加工过程同时出现的物流活动。实际上，一个生产周期，物流活动所用的时间远多于实际加工的时间。所以，企业生产物流研究的潜力、时间节约的潜力、劳动节约的潜力是非常大的。

生产物流的发展历经了人工物流——机械化物流——自动化物流——集成化物流——智能化物流五个阶段。

7.1.2 生产物流的特点

1. 实现价值的特点

企业生产物流和社会物流的一个最本质不同之处，也是企业物流最本质的特点，是实现加工附加价值的经济活动。企业生产物流一般是在企业的小范围内完成，空间距离的变化不大，企业内部的储存和社会储存目的也不同，这种储存是对生产的保证，而不是一种追求利润的独立功能，因此，时间价值不高。

2. 主要功能要素的特点

一般物流的主要功能要素是运输和储存，企业生产物流主要功能要素则是搬运活动。许多生产企业的生产过程，实际上是物料不停地搬运过程，在搬运过程中，物料得到了加工，形态得到了改变。即使是配送企业和批发企业的企业内部物流，实际也是不断搬运过程。

3. 物流过程的特点

企业生产物流是一种工艺过程性物流，一旦企业生产工艺、生产装备及生产流程确定，生产物流也就有了一种稳定性，成了工艺流程的组成部分。由于这种稳定性，企业物流的可控性、计划性便很强，一旦进入这一物流过程，选择性及可变性便很小。对物流的改进只能通过优化工艺流程来实现。

4. 物流运行的特点

企业生产物流的运行具有极强的伴生性，往往是生产过程中的一个组成部分或一个伴生部分。在总体的伴生同时，企业生产物流中也确有与生产工艺过程可分的局部物流活动，这些局部物流活动有本身的界限和运动规律，当前企业物流的研究大多针对这些局部物流活动而言。这些活动主要是指仓库的储存活动、接货物流活动、车间或分厂之间的运输活动等。

7.1.3 生产物流的计划与控制

1. MRP 阶段生产物流计划与控制

(1)MRP 的定义

物料需求计划(Material Requirement Planning，MRP)是指根据产品结构各层次物品的从属和数量关系，以每个物品为计划对象，以完工时期为时间基准倒排计划，按提前期长短区别各个物品下达计划时间的先后顺序，是一种工业制造企业内物资计划管理模式。MRP 是根据市场需求预测和顾客订单制订产品的生产计划，然后基于产品生成进度计划，组成产品的材料结构表和库存状况，通过计算机计算所需物料的需求量和需求时间，从而确定材料的加工进度和订货日程的一种实用技术。其主要内容包括客户需求管理、产品生产计划、原材料计划以及库存记录。

(2)MRP 的特点

①需求的相关性：在流通企业中，各种需求往往是独立的。而在生产系统中，需求具有相关性。例如，根据订单确定了所需产品的数量之后，由物料清单(Bill of Material，BOM)即可推算出各种零部件和原材料的数量，这种根据逻辑关系推算出来的物料数量称为相关需求。不但品种、数量有相关性，需求时间与生产工艺过程的决定也是相关的。

②需求的确定性：MRP 的需求都是根据主生产进度计划、物料清单和库存清单精确计算出来的，品种、数量和需求时间都有严格要求，不可改变。

③计划的复杂性：MRP 要根据主产品的生产计划、物料清单、库存清单、生产时间和采购时间，把主产品所有零部件需要的数量、时间、先后关系等准确计算出来。当产品结构复杂、零部件数量特别多时，其计算工作量非常庞大，必须依靠计算机实施这项工程。

(3)MRP 的基本原理

制订物料需求计划必须基于以下基本数据：

①主生产计划，它指明在某一计划时间段内应生产出的各种产品和备件，它是物料需求计划制订的一个最重要的数据来源。

②物料清单，它指明了物料之间的结构关系，以及每种物料需求的数量，它是物料需求计划系统中最为基础的数据。

③库存清单，它把每个物料品目的现有库存量和计划接受量的实际状态反映出来。

④提前期，决定着每种物料何时开工、何时完工。

这四项数据都是至关重要、缺一不可的。缺少其中任何一项或任何一项中的数据不完整，物料需求计划的制订都将是不准确的。

物料需求计划的制订是遵照先通过主生产计划导出有关物料的需求量与需求时间，然后，再根据物料的提前期确定投产或订货时间的计算思路。其基本计算步骤如下：

①计算物料的毛需求量。根据主生产计划、物料清单得到第一层级物料品目的毛需求量，再通过第一层级物料品目计算出下一层级物料品目的毛需求量，依次一直往下展开计算，直到最低层级原材料毛坯或采购件为止。

②净需求量计算。根据毛需求量、可用库存量、已分配量等计算出每种物料的净需求量。

③批量计算。由相关计划人员对物料生产做出批量策略决定,不管采用何种批量规则或不采用批量规则,净需求量计算后都应该表明是否有批量要求。

④安全库存量、废品率和损耗率等的计算。即由相关计划人员来规划是否要对每个物料的净需求量做这三项计算。

⑤下达计划订单。通过以上计算后,根据提前期生成计划订单。物料需求计划所生成的计划订单,要通过能力资源平衡确认后,才能开始正式下达计划订单。

⑥再次计算。物料需求计划的再次生成大致有两种方式:第一种方式是对库存信息重新计算,同时覆盖原来计算的数据,生成的是全新的物料需求计划;第二种方式是在制订生成物料需求计划的条件发生变化时,才相应地更新物料需求计划有关部分的记录。

通过实施 MRP,最终实现以下目标:

①及时取得生产所需的原材料及零部件,保证按时供应用户所需产品。

②保证尽可能低的库存水平。

③计划企业的生产活动与采购活动,使各部门生产的零部件、采购的外购件与装配的要求在时间和数量上精确衔接。

MRP 主要用于生产“组装”型产品的制造业。在实施 MRP 时,与市场需求相适应的销售计划是 MRP 成功的最基本的要素。但 MRP 也存在局限,即资源仅仅局限于企业内部和决策结构化的倾向明显。

(4)开环 MRP 系统

开环 MRP 是指开环物料需求计划,是 20 世纪 60 年代发展起来的一种计算物料需求量和需求时间的系统,主要通过三种信息即主生产计划(Master Production Schedule,MPS)、库存状态以及产品结构信息(又称物料清单,Bill of Material,BOM)的输入来实现物流需求计算。主生产计划是一个综合性计划,由它确定最终产品的出产时间和出产数量。产品结构信息是生产某最终产品所需的零部件、辅助材料或材料的目录。库存状态信息保存所有产品、零部件、在制品、原材料的库存状态等信息。可以基于顾客订单、预测以及其他需求来得到 MPS,然后根据产品结构信息和库存信息计算 MRP。产品结构信息是根据独立需求计算相关需求的基础数据。然后根据物料的采购或加工属性,计算得到采购作业计划和生产作业计划。

从本质上来看,开环 MRP 是一个理想情况下的生产计划和执行系统。开环 MRP 能根据有关数据计算出相关物料需求的准确时间与数量,但没有考虑到生产企业现有的生产能力和采购能力的有关约束条件。因此,计算出来的物料需求数量和日期有可能因设备和工时的不足而无法满足,或者因原料不足而无法满足。

而且它也缺乏计划实施情况的反馈信息对计划进行调整的功能。

因为开环 MRP 有些缺点，20 世纪 70 年代，闭环 MRP 系统在开环 MRP 基础上发展而来。闭环 MRP 系统除了物料需求计划外，还将生产能力需求计划、车间作业计划和采购作业计划纳入 MRP，形成一个封闭的系统。

(5)闭环 MRP 系统

闭环 MRP 在物料需求计划的基础上，增加对投入与产出的控制，也就是对企业的能力进行校检、执行和控制，形成一个环形回路，称为闭环 MRP。闭环 MRP 为一个完整的生产计划与控制系统。

整个闭环 MRP 的过程为：企业根据发展的需要与市场需求来制定企业生产规划；根据生产规划制订主生产计划，同时进行生产能力与负荷的分析。再根据主生产计划、企业的物料库存信息、产品结构清单等信息来制订物料需求计划；由物料需求计划、产品生产工艺路线和车间各加工工序能力数据生成对能力的需求计划，通过对各加工工序的能力平衡，调整物料需求计划。采购与车间作业按照平衡能力后的物料需求计划执行，并进行能力的控制，即输入输出控制，并根据作业执行结果反馈到计划层。

闭环 MRP 系统的出现，使生产计划方面的各种子系统得到了统一。只要主生产计划真正制订好，那么闭环 MRP 系统就能够很好地运行。

在 20 世纪 80 年代，人们把制造、财务、销售、采购、工程技术等各个子系统集成为一个一体化的系统，在闭环 MRP 系统的基础上，发展成为制造资源计划系统，即 MRP Ⅱ。

2. MRP Ⅱ 阶段生产物流计划与控制

(1)MRP Ⅱ 的定义

制造资源计划(Manufacturing Resource Planning，MRP Ⅱ)是以 MRP 为核心，对制造业企业的生产资源进行有效计划的一整套生产经营管理计划体系，是一种计划主导型的管理模式。MRP Ⅱ 是闭环 MRP 的直接延伸和扩充，是在全面继承 MRP 和闭环 MRP 基础上，把企业宏观决策的经营规划、销售/分销、采购、制造、财务、成本、模拟功能和适应国际化业务需要的多语言、多币制、多税务以及计算机辅助设计(CAD)技术接口等功能纳入，形成的一个全面生产管理集成化系统。MRP Ⅱ 覆盖企业生产活动所有领域、有效利用资源的生产管理思想和方法的人—机应用系统，从整体最优的角度出发，运用科学的方法，对企业的各种制造资源和企业生产经营各环节实行合理有效的计划、组织、控制和协调，达到既能连续均衡生产，又能最大限度地降低各种物品的库存量，进而提高企业的经济效益。

(2)MRP Ⅱ的逻辑流程

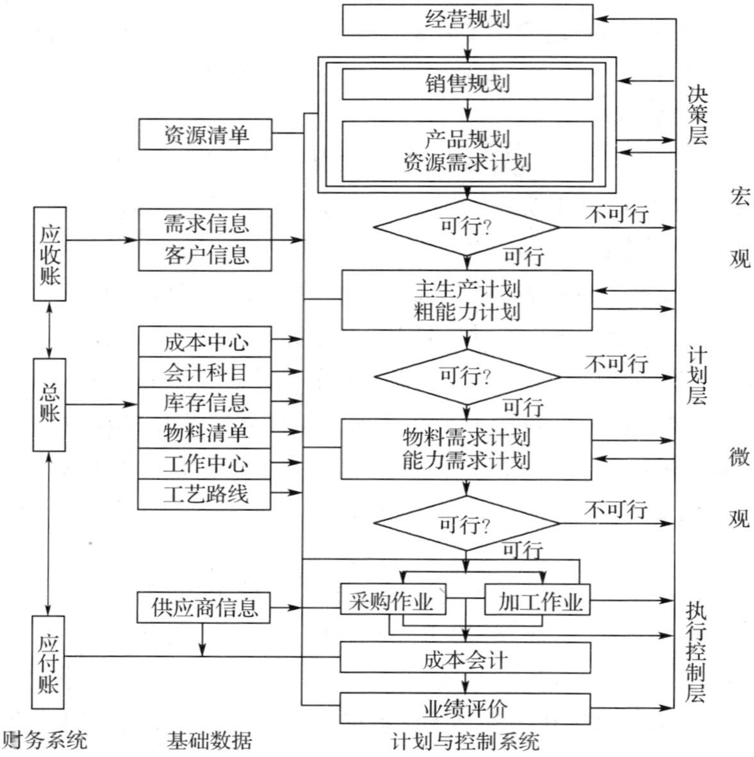

图 7-1　MRP Ⅱ的逻辑流程图

3. ERP 阶段生产物流计划与控制

(1)ERP 的定义

企业资源计划(Enterprise Resource Planning,ERP)由美国 Gartner Group 公司于 1990 年提出。企业资源计划是 MRP Ⅱ下一代的制造业系统和资源计划软件。ERP 的提出与计算机技术的高度发展是分不开的,除了 MRP Ⅱ已有的生产资源计划、制造、财务、销售、采购等功能外,还有质量管理、实验室管理、业务流程管理、产品数据管理、存货、分销与运输管理、人力资源管理、设备维修管理、仓库管理、运输管理、过程控制接口、数据采集接口、电子通信、电子邮件、法规与标准、项目管理、金融投资管理、市场信息管理和定期报告系统等功能。目前在我国 ERP 所代表的含义已经被扩大,用于企业的各类软件,已经统统被纳入 ERP 的范畴。它跳出了传统企业边界,从供应链范围去优化企业的资源,是基于网络经济时代的新一代信息系统。它主要用于改善企业业务流程,以提高企业核心竞争力。

与 MRP Ⅱ相比，ERP 除了扩大管理功能外，同时还采用了计算机技术的最新成就，如扩大用户自定义范围、面向对象技术、客户机/服务器体系结构、多种数据库平台、SQL 结构化查询语言、图形用户界面、4GL/CASE（第四代语言/计算机软件辅助设计）、窗口技术、人工智能、仿真技术等等。

ERP 核心管理思想主要体现在以下三个方面：体现对整个供应链资源进行管理的思想；体现精益生产、敏捷制造和同步工程的思想；体现事先计划与事前控制的思想。

ERP 应用成功的标志是：系统运行集成化，软件的运作跨越多个部门；业务流程合理化，各级业务部门根据完全优化后的流程重新构建；绩效监控动态化，绩效系统能即时反馈以便纠正管理中存在的问题；管理改善持续化，企业建立一个可以不断自我评价和不断改善管理的机制。

（2）ERP 的特点

①面向销售，能够对市场快速响应。它将供应链管理功能包含了进来，强调了供应商、制造商与分销商间的新的伙伴关系，并且支持企业后勤管理。

②更强调企业流程与工作流，通过工作流实现企业的人员、财务、制造与分销间的集成，支持企业过程重组。

③纳入了产品数据管理 PDM 的功能，增加了对设计数据与过程的管理，并进一步加强了生产管理系统与 CAD、CAM 系统的集成。

④更多地强调财务管理，具有较完善的企业财务管理体系，这使价值管理概念得以实施，资金流与物流、信息流更加有机地结合。

⑤较多地考虑人作为资源在生产经营规划中的作用，也考虑了人的培训成本等。

⑥采用了最新的计算机技术，如客户/服务器分布式结构、面向对象技术、基于 WEB 技术的电子数据交换（EDI）、多数据库集成、数据仓库、图形用户界面、第四代语言及辅助工具等。

（3）ERP 的功能

ERP 系统包括以下主要功能：供应链管理、销售与市场、分销、客户服务、财务管理、制造管理、库存管理、工厂与设备维护、人力资源、报表、制造执行系统（Manufacturing Executive System，MES）、工作流服务和企业信息系统等。此外，还包括金融投资管理、质量管理、运输管理、项目管理、法规与标准和过程控制等补充功能。

ERP 是将企业所有资源进行整合集成管理，简单的说是将企业的三大流——物流、资金流、信息流进行全面一体化管理的管理信息系统。它的功能模块已不同于以往的 MRP 或 MRP Ⅱ的模块，它不仅可用于生产企业的管理，而且在许多其他类型的企业如一些非生产、公益事业的企业也可导入 ERP 系统进行资源计划和管理。

在企业中，一般的管理主要包括三方面的内容：生产控制（计划、制造）、物流管理（分销、采购、库存管理）和财务管理（会计核算、财务管理）。这三大系统本身就是集成体，它们互相之间有相应的接口，能够很好地整合在一起来对企业进行管理。另外，随着企业对人力资源管理重视的加强，已经有越来越多的ERP厂商将人力资源管理纳入了ERP系统。

7.1.4 生产物流的类型

企业物流可分为生产企业物流和流通企业物流。

1. 生产企业物流

(1)生产企业物流的定义

生产企业物流是以购进生产所需要的原材料、设备为始点，经过劳动加工，形成新的产品，然后供应给社会需要部门为止的全过程的物流形式。该过程包括原材料及设备采购供应阶段、生产阶段、销售阶段，这三个阶段便构成了生产企业纵向上的三种物流形式。

(2)生产企业物流的内容

①原材料及设备采购供应阶段的物流

这是企业为组织生产所需要的各种物资供应而进行的物流活动。它包括组织物料送达本企业的企业外部物流和本企业仓库将物资送达生产线的企业内部物流。物流的采购与供应历来就是企业生产的重要前提。

②生产阶段的物流

生产阶段的物流是指企业按生产流程的要求，组织和安排物资在各生产环节之间进行的内部物流。生产阶段的物流主要包括物流的速度，即物资停顿的时间短，周转快；物流的质量，即物资损耗少，搬运效率高；物流的运量，即物资的运距短，无效劳动少等。

③销售阶段的物流

销售阶段的物流是企业为实现产品销售，组织产品送达用户或市场供应点的外部物流。对于双方互需产品的工厂企业，一方的销售物流便是另一方的外部供应物流。商品生产的目的在于销售，能否顺利实现销售物流是关系到企业经营成果的大问题。销售物流对工业企业物流经济效果的影响很大，它应当成为企业物流研究和改进的重点。

④返品的回收物流

回收物流是指由于产品本身的质量问题或用户因各种原因的拒收，而使产品返回原工厂或发生结点而形成的物流。

⑤废旧物资物流

废旧物资物流主要是指对生产过程中的废旧物品，经过收集、分类、加工、处理、运输等环节，且可转化为新的生产要素的全部流动过程。废旧物流又可分为废品回收物流和废弃物流两个部分。废品回收物流是指对生产中所产生的废旧物品经过回收、加工等可转化为新的生产要素的流动过程；而废弃物流则是指不能回收利用的废弃物，只能通过销毁、填埋等方式予以处理的流动过程。

其中前面三种是制造商经制造程序将产品完成再销售到最终使用者等一连串的过程，我们称之为正向物流，后面两种与前面三种正好方向相反，我们称之为逆向物流。正向物流和逆向物流是一个完整物流系统的两个子系统，两者相互联结、相互作用、相互制约，共同构成了一个开放式的物流循环系统。

(3)生产企业物流管理

①设施布局

我国部分早期建成的厂矿从生产工艺上来讲，布局不大合理，工序间的衔接性差，厂内交叉物流现象比较严重，这无疑增加了生产的复杂性和生产物流成本。合理的厂区布置可使企业能从其提供的服务中获得最大的效益，例如：在满足生产工艺过程的要求下，达到最短的运输路线，尽可能减少或消除交叉物流；有最大的灵活性，以使企业能对将来的发展变化有快速响应能力；最有效的面积利用；最良好的工作环境；最合理的发展余地。上述物流问题的改善耗时长，投入大，但改进后会对整体物流的改善起到重要的作用。

②生产物流计划管理

企业生产计划是企业生产管理的依据，也是生产物流管理的核心内容。生产计划工作的内容就是要在企业生产计划策略的指导下，根据生产预测和优化决策来确定企业的生产任务，将企业的生产任务同各生产要素进行反复的综合平衡，从时间上和空间上对生产任务做出总体安排，并进一步对生产任务进行层层分解，落实到车间、班组，以保证计划任务的实现。编制一个科学的生产计划，除了要掌握国家宏观经济政策和企业经营的环境外，还要使用有关企业生产活动的许多基础资料，如生产工序能力、工序的作业率、生产效率、产品收得率、主要原燃料和能源单耗、副产品的发生量等。充分而准确的信息资料是编制生产计划的基础。因此，编制生产计划前收集和整理各方面的资料是一项必做的工作。这些资料可分为两大类：一类是反映企业外部环境和需求的，如宏观经济形势、国家方针政策、竞争者情况、原材料及其他物资的供应情况、国家计划及订货合同协议、市场需求等；另一类是反映企业内部条件和可能的，如企业发展战略、生产经营目标、劳动力及技术力量水平、生产能力水平、各种物资的库存水平、流动资金和成本水平、服务销售水平及上期计划完成情况等。在这些资料中，尤其重要的是反映外部需要的市场需求量和反映内部可能的生产能力两方面的资料，而它们必须通过生产预测和生产能力核算取得。

③库存管理

大部分企业在制品和产成品库存没有合理的定额依据，在制品和产成品库存较高。从生产过程的角度而言，库存可分为：原材料库存、在制品库存和产成品库存。库存管理的目的是在满足顾客服务要求的前提下通过对企业的库存水平进行控制，力求尽可能降低库存水平，提高物流系统的效率，以增强企业的竞争力。库存水平的高低，直接影响着企业的生产经营，必要的库存量是防止供应中断、交货误期、保证生产稳定和连续的重要条件，它有利于提高供货柔性，适应需求变动，减少产销矛盾。但库存同时也需要占用资金、支出库存费用，过量的库存会掩盖生产中的各种问题，因此，合理压缩库存已经引起各企业的普遍重视。

④生产调度管理

生产调度管理方面，要着力解决部分企业调度机构设置比较臃肿，调度手段较为落后，信息反馈不实时等问题。

⑤工序管理

工序能力匹配方面，大部分生产企业在生产过程中各工序生产能力不匹配现象较为严重，要么能力不足，要么能力过剩。

⑥信息管理

信息系统建设方面，我国大部分企业信息系统整体上比较滞后，企业内信息孤岛现象比较严重。物流和信息是密不可分的，物流是信息流的载体，而信息流反映着物流的运行，因此，利用以网络为依托的信息技术构建企业信息平台，实现物流领域及时、透明的信息传递和数据交换，是企业生产和物流管理现代化的基本要求。

2. 流通企业物流

(1)流通企业物流的分类

流通企业的物流可分为采购物流、流通企业内部物流和销售物流三种形式。采购物流是流通企业组织货源，将物资从生产厂家集中到流通部门的物流。流通企业内部物流，包括流通企业内部的储存、保管、装卸、运送、加工等各项物流活动。销售物流是流通企业将物资转移到消费者手中的物流活动。

(2)流通企业物流业务模式

物流业务模式概括起来就是自主发展与合作发展模式，这两者若分合有度的话，企业是可以达到风险小、收效快的效果的。

①流通业务和物流结合

内部的物流需求是客观存在的，但由于企业某些错误因素的作用，便形成内部有需求，但物资资源却被闲置的矛盾局面。这些企业可通过制度来解决该问题，使业务资源和物流资源共同发展。

②区域性的配送

流通企业特别是仓储资源较丰富的企业，通过增强服务和风险意识，从单纯的仓储或储运业务提升到具备物流意义的配送，从本地做起，逐步实现省际大规模的服务。

③跨区域的物流

对于拥有仓储或运输网络资源的流通企业，拥有遍布全国的分支机构，更适合跨地区的物流。这样能有效整合资源，发挥系统及集团优势。

④重新融入特大型企业集团

物资供销企业应当积极参与集团的资源整合（包括电子商务），建立并发展内部物流模式，首先成为面向集团的物资供应、产品销售、仓储运输企业，逐步成为现代物流企业。

⑤并入主要用户的物流体系

国内的大型制造企业正在利用自身和社会资源建立开放的物流系统，如果某些流通企业已为这类企业提供了物流服务，那么在平等互利的条件下，并入用户的物流体系中，可以取得长期发展的空间。

⑥物流代理

物流代理是在统一的营销策略和市场体系下，代理方利用被代理方的业务及物流资源发展业务，扩大市场和用户资源。

⑦特许经营

对于那些资源较贫乏、没有任何品牌的流通企业可以选择这种方式，通过与著名物流企业合作，以被特许者的身份利用特许者的商标、品牌、技术和业务模式等资源，在特许者的经营指导下，发展物流业务。

⑧第三方物流

第三方物流是企业的必然选择，它作为一种目标模式，物流企业必然成为第三方或第四方物流的一部分。企业应借鉴国内其他企业的成功经验，形成自己的经营理念，逐步实现第三方物流的理想境界。

7.2 企业采购物流

7.2.1 采购物流的含义

采购物流（Purchasing Logistics）是企业在生产经营过程中，为了满足生产、基础建设对原材料、设备、备件的需求，将定期或不定期地发生的采购行为，即商品从卖方转移到买方场所而进行的所有活动。

采购物流是企业生产经营活动的一个重要组成部分，它占用了企业大部分的流动资金，形成了企业主要的流动资产，对企业有着重要影响。所以，对企业的采购物流，必须进行系统的、有效的控制，以实现企业生产经营利润最大化的目标。

采购物流在不同的企业里，重点有所不同。在加工制造型企业中，采购的基本上是原材料、零部件、毛坯料，甚至有时候还是半成品。在零售企业里采购的一般是商品，而不会是原材料和零部件，而且商品也有销售包装，有配套说明书。

采购有政府采购、企事业单位采购，他们采购的重点在日常用品上，比如笔纸、电脑等。所以，采购包括企业采购和政府采购，企业采购有生产型企业的采购，还有零售型企业的采购。观念的采购，比如引进一套培训系统，引进一套软件系统等，这也叫采购，只不过是比较特殊的一种采购方式。

政府采购在加入 WTO 以后也采取了招标的方式，不像以前那样，固定的几家供应商，现在为了降低成本、提高效率，有时候也采用比较灵活的方式。

7.2.2 采购物流的组织方式

企业的采购物流有三种组织方式：第一种是委托社会销售企业代理采购物流方式；第二种是委托第三方物流企业代理采购物流方式；第三种是企业自供物流方式。这三种方式都有低层次的、高层次的不同管理模式，其中供应链方式、零库存供应方式、准时供应方式、虚拟仓库供应方式都值得我们关注。

7.2.3 准时采购(Just In Time)方式

准时制生产方式(Just In Time，JIT)，又称作无库存生产方式(Stockless Production)，零库存(Zero Inventories)。

1953 年，日本丰田公司的副总裁大野耐一综合了单件生产和批量生产的特点和优点，创造了一种在多品种小批量混合生产条件下高质量、低消耗的生产方式，即准时生产(Just In Time，JIT)。JIT 在推广应用过程中，经过不断发展完善，为日本汽车工业的腾飞插上了翅膀，提高了生产效率。这一生产方式亦为世界工业界所瞩目，被视为当今制造业中最理想且最具有生命力的新型生产系统之一。

JIT 的基本思想是“只在需要的时候，按需要的量，生产所需的产品”，也就是追求一种无库存，或库存达到最小的生产系统。JIT 的基本思想是生产的计划和控制及库存的管理。JIT 以准时生产为出发点，首先暴露出生产过量和其他方面的浪费，然后对设备、人员等进行淘汰、调整，达到降低成本、简化计划和提高控制的目的。在生产现场控制技术方面，JIT 的基本原则是在正确的时间，生产正确数量的零件或产品，即准时生产。它将传统生产过程中前道工序向后道工序送货，改为后道工序根据“看板”向前道工序取货，看板系统是 JIT 生产现场控制技术的核心，但 JIT 不仅仅是看板管理。

JIT 的基础之一是均衡化生产，即平均制造产品，使物流在各作业之间、生产线之间、工序之间、工厂之间平衡、均衡地流动。为达到均衡化，在 JIT 中采用月计划、日计划，并根据需求变化及时对计划进行调整。

JIT 提倡采用对象专业化布局，用以减少排队时间、运输时间和准备时间，在工厂一级采用基于对象专业化布局，以使各批工件能在各操作间和工作间顺利流动，减少通过时间；在流水线和工作中心一级采用微观对象专业化布局和工作中心形布局，可以减少通过时间。

JIT 可以使生产资源合理利用，包括劳动力柔性和设备柔性。当市场需求波动时，要求劳动力资源也做相应调整。如需求量增加不大时，可通过适当调整具有多种技能操作者的操作来完成；当需求量降低时，可采用减少生产班次、解雇临时工、分配多余的操作工去参加维护和维修设备。这就是劳动力柔性的含义，而设备柔性是指在产品设计时就考虑加工问题，发展多功能设备。JIT 强调全面质量管理，目标是消除不合格品。消除可能引起不合格品的根源，并设法解决问题，JIT 中还包含许多有利于提高质量的因素，如批量小、零件很快移到下一工序、质量问题可以及早发现等。

JIT 以订单驱动，通过看板，采用拉动方式把供、产、销紧密地衔接起来，使物资储备、成本库存和在制品大为减少，提高了生产效率。

实施 JIT 的基本策略有：减少供货商的数量；小批量采购；保证采购的质量；合理选择供方；可靠地送货和特定的包装要求等。在对产品进行设计时，可以考虑使产品易生产，易装配，当产品范围扩大时，即使不能减少工艺过程，也要力求不增加工艺过程，具体可采用模块化产品设计；产品及零部件通用化、标准化；生产自动化等措施。

实施准时制采购不但取决于企业内部，而且取决于供货商的管理水平，取决于全社会的管理水平，因此，在实施的过程中，必须慎重而全面地考虑各种因素才能做出正确的决策。

JIT 与传统采购进行对比，如表 7-1。

表 7-1　　JIT与传统采购的对比

比较因素	传统采购	准时采购(JIT)
供应商选择	采用较多的供应商,要协调关系,质量不容易稳定	采用较少的供应商,关系稳定,质量较稳定
供应商评价	合同履行能力	合同履行能力、生产设计能力、物料配送能力、产品研发能力等
交货方式	由采购商安排,按合同交货	由供应商安排,确保交货准时性
进货检查	每次进货检查	由于质量有保证,无须进货检查
信息交流	信息不对称,容易暗箱操作	双方高度共享准确实时信息,快速,可靠,易建立信任
采购批量与运输	大批量采购,配送频率低,运输次数较少	小批量采购,供应商配送频率高,运输次数多

7.2.4　供应物流与供应链物流的质量管理

1. 供应物流的含义

供应物流(Supply Logistics)是指包括原材料等一切生产物资的采购、进货运输、仓储、库存管理、用料管理和供应管理,也称为原材料采购物流。它是生产物流系统中相对独立性较强的子系统,并且和生产系统、财务系统等生产企业各部门以及企业外部的资源市场、运输部门有密切的联系。

供应物流是企业为保证生产节奏,不断组织原材料、零部件、燃料、辅助材料供应的物流活动,这种活动对企业生产的正常、高效率进行发挥着保障作用。企业供应物流不仅要实现保证供应的目标,而且要在低成本、少消耗、高可靠性的限制条件下来组织供应物流活动,因此难度很大。

2. 供应物流的构成

(1)采购。采购工作是供应物流与社会物流的衔接点,是依据生产企业生产—供应—采购计划来进行原材料外购的作业层,负责市场资源、供货厂家、市场变化等信息的采集和反馈。

(2)生产资料供应。供应工作是供应物流与生产物流的衔接点,是依据供应计划—消耗定额进行生产资料供给的作业层,负责原材料消耗的控制。

(3)仓储、库存管理。仓储管理工作是供应物流的转换点,负责生产资料的接货和发货,以及物料保管工作;库存管理工作是供应物流的重要部分,依据企业生产计划制订供应和采购计划,并负责制订库存控制策略及计划的执行与反馈修改。

(4)装卸、搬运。装卸、搬运工作是原材料接货、发货、堆码时进行的操作。虽然装卸、搬运是随着运输和保管而产生的作业，但却是衔接供应物流中其他活动的重要组成部分。

3. 供应物流的组织方式

供应物流过程因不同企业、不同供应环节和不同的供应链而有所区别，从而使企业的供应物流出现了许多不同种类的模式。企业的供应物流目前用得较多的有四种基本组织方式：

(1)委托社会销售企业代理供应物流方式；

(2)委托第三方物流企业代理供应物流方式；

(3)企业自供物流方式；

(4)供应链供应方式。

尽管不同的模式在某些环节具有非常复杂的特点，但是供应物流基本流程是相同的，其过程有三个环节：取得资源，是完成以后所有供应活动的前提条件；组织到厂物流，是企业外部的物流过程；组织厂内物流，是从厂外继续到达车间或生产线的物流过程。

4. 供应链物流的质量管理

供应链质量管理就是对分布在整个供应链范围内的产品质量的产生、形成和实现过程进行管理，从而实现供应链环境下产品质量控制与质量保证。构建一个完整有效的供应链质量保证体系，确保供应链具有持续而稳定的质量保证能力，能对用户和市场的需求快速响应，并提供优质的产品和服务，是供应链质量管理的主要内容。供应链的组织结构和业务流程与单个企业相比，存在明显的动态性，供应链环境下质量管理的手段与方法应能适应其动态性。

在实际工作中，常用的供应链物流质量管理的措施有：

(1)协同研发、创新。协同研发即邀请供应商参加研发过程。这将大大加快制造企业的创新活动，从而使产品质量更优。另外，制造商也可协助供应商改进原材料和包装。供应链企业之间的合作研发是供应链管理广泛采用的方法，有上、下游企业之间的合作，也有竞争对手之间的合作，而且越来越强调竞争对手之间的合作。

(2)制造商与供应商之间最重要的协同创新莫过于重建两者的关系。以产品为中心的供求关系将渐渐变成以服务为中心的供求关系，由于供应链企业的最终目的是要使整条供应链有利于保证质量。因此，供应链质量管理将尽可能提供产品所需的服务，而非产品本身。

(3)加强对供应链顾客需求的研究。在供应链管理中，对顾客需求的研究是一项十分重要的活动。顾客需求是供应链质量管理的重要输入，是新一轮质量改进的起点。为了使顾客满意，必须不间断地广泛收集、获取顾客的需求信息，缩小与顾客之间的“质量差距”。

(4)充分共享、重视质量信息。质量信息是供应链质量管理的重要内容。在供应链质量管理下，供应链上下游企业的质量信息量大而复杂，呈现出动态、多参数、多源头等特点。质量信息不仅来源于产品的设计、检测、销售等部门，而且向产品的整个生命周期和社会延伸，成员企业间在质量活动上的协同必须建立在对质量信息的有效处理之上。因此，质量信息的处理技术不仅要能够对动态的过程参数进行有效的分析，而且还要能紧密地结合状态的识别、诊断与控制。

(5)有效地管理与选择供应商。20 世纪 80 年代以后，“横向一体化”管理模式逐渐取代了早期企业普遍追求的“纵向一体化”管理模式，企业通过借助外部资源，不断提高自己的核心能力，以获得在市场上的竞争优势。此时，由于产品质量的形成经过了许多上下游企业和组织，供应商和外协厂家提供的零部件、半成品的质量将直接影响最终产品的质量。因此必须根据先进制造模式的特征，加强对供应商和外协厂家的选择和质量协同管理。

(6)持续改善供应链上的组织和人员素质。供应链质量管理活动涉及不同的组织和人员，和谐的组织和高素质的员工是成功实现质量管理工作的保证。有效的人际关系是质量管理的基础。它对增强员工的质量责任感和关心质量的积极性有重要的影响。在先进制造模式环境下，供应链上下游企业的组织结构应如何适应、人员素质如何提高，是供应链质量管理研究的对象。

(7)零缺陷质量管理技术。在供应链质量管理环境下，质量的“零缺陷”已是应有之义。供应链环境下的零缺陷质量管理需要得到先进制造模式的支撑，包括零缺陷设计、制造、管理、信息等流程。许多先进制造技术、零缺陷质量管理技术都是基于信息技术基础之上的，因此，信息技术在整个供应链的零缺陷质量管理中扮演着十分重要的角色。

7.3 生产企业销售物流

7.3.1 销售物流的概念

销售物流(Sales Logistics)是指生产企业、流通企业出售商品时，物品在供方与需方之间的实体流动。

销售物流是企业物流系统的最后一个环节，是企业物流与社会物流的又一个衔接点。它与企业销售系统相配合，共同完成产成品的销售任务。销售活动的作用是企业通过一系列营销手段，出售产品，满足消费者的需求，实现产品的价值和使用价值。

7.3.2 销售物流的环节与构成

销售物流的起点，一般情况下是生产企业的产成品仓库，经过分销物流，完成长距离、干线的物流活动，再经过配送完成市内和区域范围的物流活动，到达企业、商业用户或最终消费者。销售物流是一个逐渐发散的物流过程，这和供应物流形成了一定程度的镜像对称，通过这种发散的物流，使资源得以广泛地配置。

销售物流主要包括以下环节：

1. 产品包装

产品包装包括销售包装和运输包装两类。销售包装的目的是向消费者展示、吸引顾客、方便零售。运输包装的目的是保护商品，便于运输、装卸搬运和储存。

2. 产品储存

储存是满足客户对商品可得性的前提。通过仓储规划、库存管理与控制、仓储机械化等，提高仓储物流工作效率、降低库存水平、提高客户服务水平。帮助客户管理库存，有利于稳定客源，便于与客户长期合作。

3. 货物运输与配送

运输是解决货物在空间位置上的位移。配送是在局部范围内对多个用户实行单一品种或多品种的按时按量送货。通过配送，客户得到更高水平的服务；企业可以降低物流成本；减少城市的环境污染。要考虑制订配送方案，提高客户服务水平的方法和措施。

4. 装卸搬运

装卸是物品在局部范围内以人或机械装入运输设备或卸下。搬运是对物品进行水平移动为主的物流作业。主要考虑提高机械化水平、减少无效作业、集装单元化、提高机动性能、利用重力和减少附加重量、各环节均衡、协调、系统效率最大化等因素。

5. 流通加工

根据需要进行分割、计量、分拣、刷标志、拴标签、组装等作业的过程。主要考虑流通加工方式、成本和效益、与配送的结合运用、废物再生利用等。

6. 订单及信息处理

客户在考虑批量折扣、订货费用和存货成本的基础上，合理地频繁订货；企业若能为客户提供方便、经济的订货方式，就能引来更多的客户。

7. 销售物流网络规划与设计

销售物流网络，是以配送中心为核心，连接从生产厂出发，经批发中心、配送中心、中转仓库等，一直到客户的各个物流网点的网络系统。主要考虑市场结构、需求分布、市场环境等因素。

7.3.3 销售物流的模式

销售物流有三种主要的模式：生产者企业自己组织销售物流；第三方物流企业组织销售物流；用户自己提货的形式。

1. 生产企业自己组织销售物流

这是在买方市场环境下销售物流的主要模式之一，也是我国当前绝大部分企业采用的物流形式。

生产企业自己组织销售物流，实际上是把销售物流作为企业生产的一个延伸或者看成生产的继续。生产企业销售物流成了生产者企业经营的一个环节。而且，这个经营环节和用户直接联系，是直接面向用户提供服务的一个环节。在企业从“以生产为中心”转向以“市场为中心”的情况下，这个环节逐渐变成了企业的核心竞争环节，已经逐渐不再是生产过程的继续，而是企业经营的中心，生产过程变成了这个环节的支撑力量。

生产企业自己组织销售物流的好处在于，可以将自己的生产经营和用户直接联系起来，信息反馈速度快、准确程度高，信息对于生产经营的指导作用和目的性强。企业往往把销售物流环节看成是开拓市场、进行市场竞争的一个环节，尤其在买方市场前提下，格外看重这个环节。

生产企业自己组织销售物流，可以对销售物流的成本进行大幅度的调节，充分发挥它的“成本中心”的作用，同时能够从整个生产者企业的经营系统角度，合理安排和分配销售物流环节的力量。

在生产企业规模可以达到销售物流的规模效益前提下，采取生产者企业自己组织销售物流的办法是可行的，但不一定是最好的选择。主要原因，一是生产者企业的核心竞争力的培育和发展问题，如果生产者企业的核心竞争能力在于产品的开发，销售物流可能占用过多的资源和管理力量，对核心竞争能力造成影响；二是生产企业销售物流专业化程度有限，自己组织销售物流缺乏优势；三是一个生产企业的规模终归有限，即便是分销物流的规模达到经济规模，延伸到配送物流之后，就很难再达到经济规模，因此可能反过来影响市场更广泛、更深入的开拓。

2. 第三方物流企业组织销售物流

由专门的物流服务企业组织企业的销售物流，实际上是生产者企业将销售物流外包，将销售物流社会化。

由第三方物流企业承担生产企业的销售物流，其最大优点在于，第三方物流企业是社会化的物流企业，它向很多生产企业提供物流服务，因此可以将企业的销售物流和企业的供应物流一体化，可以将很多企业的物流需求一体化，采取统一解决的方案。这样可以做到专业化和规模化。这两者可以从技术方面和组织方面强化成本的降低和服务水平的提高。在网络经济时代,这种模式是一个发展趋势。

3. 用户自己提货的形式

这种形式实际上是将生产企业的销售物流转嫁给用户,变成了用户自己组织供应物流的形式。对销售方来讲,已经没有了销售物流的职能。这是在计划经济时期广泛采用的模式,不再具有生命力,将来除非是在十分特殊的情况下才使用。

7.3.4 销售物流决策与合理化

物流结构既指物流网点的布局构成,也泛指物流各个环节(装卸、运输、仓储、加工、包装、发送等)的组合情况。物流网点在空间上的布局,在很大程度上影响物流的路线、方向和流程。而物流各环节的内部结构模式又直接影响着物流运动的成效。物流结构合理化是指"维持合理的物流结构",即"实现低成本的物流结构"。它包括物流结构合理化、物流过程的优质化、物流体制的科学化。

销售物流活动受企业销售政策制约,由于它是具体化的事物,所以,单单从物流效率的角度是不能找出评价尺度的。目前,销售物流合理化的形式有大量化、计划化、商物分离化、标准化、共同化等类型,但一种物流并不仅仅与一种类型相对应。

有效预测,实现货物流动的批量(大量)化模式。随着信息技术的发展,预测手段及工具的更新,企业可以对货物的流量和流向进行有效预测,增加货物流动的批量,减少批次。该模式适用的行业可以是家用电器、玻璃、洗涤剂、饮料等。该模式常见问题包括需求预测不准导致销售竞争力下降,交易对象的商品保管面积增加。

批量(大量)化模式既可以实现装卸机械化,大大提高货物的装卸效率,降低单件货物的流动成本;又可以克服需求、运输和生产的波动性,简化事物处理。

商物分离化模式。商物分离是指流通中两个组成部分,即商业流通和实物流通各自按照自己的规律和渠道独立运动。使用该模式需解决销售活动的方式问题、配送距离增大的问题,企业之间关系也需进行调整。该模式适用的行业可以是纤维、家用电器、玻璃等。

商物分离化模式可以减少固定开支,压缩流通库存,排除交叉运输;加强整个流通渠道的效率化和流通系列化。

共同化模式。物流共同化包括物流配送共同化、物流资源利用共同化、物流设施与设备利用共同化以及物流管理共同化。物流资源是指人、财、物、时间和信息;物流的设施及设备包括运输车辆、装卸机械、搬运设备、托盘和集装箱、仓储设备及场地等;物流管理是指商品管理、在库管理等。该模式的管理要求比较高,它要求企业能够具备对单一主导型企业和行业具有整体垂直结合、水平结合能力。采用该模式需要解决的问题包括调整企业之间的关系；选择对象企业，对本企业物流状况不能公开化信息，加强对企业物流状况的保密措施。该模式适用的行业可以是照相胶片、家用电器、食品、药品等。该模式优点：物流管理社会化；装载效率提高；投资压缩成本。

标准化模式。物流标准化是按照物流合理化的目的和要求，制定各类技术标准、工作标准，并形成全国乃至国际物流系统标准化体系的活动过程。其主要内容包括：物流系统的各类固定设施、移动设备、专用工具的技术标准；物流过程各个环节内部及之间的工作标准；物流系统各类技术标准之间、技术标准与工作标准之间的配合要求，以及物流系统于其他相关系统的配合要求。物流标准化需要解决的问题包括交易条件的调整、组合商品的设定和更新。该模式适用的行业可以是食品、文具、化妆品等。该模式优点：拣选、配货等节省人力；订货处理、库存管理、拣选、配货等比较方便。

物流结构设计的基本原则，是从物流的需求和供给两个方面谋求物流的大量化、时间和成本的均衡化、货物的直达化以及搬运装卸的省力化。实现这种目的的有效条件有：运输、保管等的共同化，订货、发货等的计划化，订货标准、物流批量标准等有关方面的标准化，附带有流通加工和情报功能的扩大化等。物流结构既指物流网点的布局构成，也泛指物流各个环节（装卸、运输、仓储、加工、包装、发送等）的组合情况。物流网点在空间上的布局，在很大程度上影响物流的路线、方向和流程。而物流各环节的内部结构模式又直接影响着物流运动的成效。

物流的系统化最终目标是实现物流的合理化，而物流的系统化必须满足系统的共同化、计划化、标准化、扩大化和层次化。物流系统化为物流合理化创造了条件，即物流系统化是手段，物流合理化是目的，二者是相辅相成的。物流的大量化、稳定化、直达化服务于物流的计划化，同时，物流的大量化必须满足物流的共同化。物流系统化原则体现了一体化物流和整合物流的思想。因此，要实现物流系统化的原则，要求企业各部门必须按照企业综合能力和综合经济的思想去思考问题，合理利用企业资源，从而实现企业整体物流的优化。

根据以上物流系统化原则的思想，企业在进行物流系统设计时，应充分考虑物流各要素之间的关系。主要包括：

(1)网点集中设置与成本、服务的关系。

(2)商流的改善与成本、服务的关系。

(3)压缩库存与成本、服务的关系。

(4)信息的配备与成本、服务的关系。

(5)其他因素与成本、服务的关系。

通过以上分析可以看出,销售物流结构合理化是一个系统的工程,它涉及物流的各个方面,需要考虑企业内部因素,同样也需要考虑外部因素。各种物流模式的选择既要遵循物流设计的原则,也要考虑公司的定位、品牌形象、销售政策以及物流各要素与物流成本和服务质量之间的关系。因此,对某一个具体企业而言,可以选择符合自己企业实际情况的合理化物流模式,但对所有企业而言,不存在统一的合理化物流模式,各企业必须根据自身的实际情况设计符合自己的物流模式,形成本企业的核心竞争优势。

7.4 生产企业精益物流

7.4.1 精益思想的核心

1.精益生产的含义

精益生产是以丰田汽车公司为代表的新的资本主义生产方式。其主要特征是对市场变化的快速反应能力、同一条流水线可以生产不同的产品、适时供应、多技能和具有团队精神的劳动力、对生产过程不断改进的动力与能力。精益生产是通过准时化生产、少人化、全面质量管理、并行工程等一系列方法来消除一切浪费,实现利润最大化。精益生产管理思想核心是:最大化节约成本,创造更大的价值。

2.精益生产的思想核心

精益生产管理思想的最终目标必然是企业利润的最大化。但管理中的具体目标,则是通过消灭生产中的一切浪费来实现成本的最低化。并行工程与全面质量管理的目标更偏重于对销售的促进。同时。全面质量管理也是为了消灭生产中的浪费。对于不良品的加工只能是浪费,且掩盖了生产中隐藏的问题,造成进一步的浪费。相对于传统的大批量生产方式,全面质量管理与并行工程并非精益生产所独创,但在精益生产体系中,它们体现了更好的效益。

精益生产的四条核心思想主要就是:站在“价值的角度”(价值),持续不断地改进(连续改进),以顾客为中心(顾客为中心),使公司的利益最大化(完美无缺)。

(1)价值:产品的价值只能是由顾客定义的。产品与服务必须满足顾客的需求与期望的交货期、质量水平和价格承受力,且它们是安全而可持续发展的。制造企业必须辨识精益生产的活动与方式、优化过程/流程、明确附加的价值、避免一切不附加价值的浪费、工序与操作作业标准化和准时交货。

(2)连续改进:连续不断改进顾客要求的产品、过程与服务,减少浪费。其原理是实现使竞争对手吃惊的业绩,改进和提升组织的精益能力。

(3)顾客为中心:使企业的一切业务工作、业绩与质量的测度指标以顾客的满意作为目标和最终的评价标准。

(4)完美无缺:以精益求精的工作精神和态度,利用改进各种资源的效率与效应的无穷机遇,以最低的成本、最高的质量和最短的交货期满足顾客需求,超越竞争对手,占领更多的市场份额,夺取竞争优势。

7.4.2 精益物流

1. 精益物流的内涵

精益物流(Lean logistics)作为一种新型的生产组织方式,精益制造的概念给物流及供应链管理提供了一种新的思维方式。它包括以下几个方面:

(1)以客户需求为中心,要从客户的立场,而不是仅从企业的立场或一个功能系统的立场来确定什么创造价值、什么不创造价值。

(2)对价值链中的产品设计、制造和订货等的每一个环节进行分析,找出不能提供增值的浪费所在。

(3)根据不间断、不迂回、不倒流、不等待和不出废品的原则,制订创造价值流的行动方案。

(4)及时创造仅由顾客驱动的价值。

(5)一旦发现有造成浪费的环节就及时消除,努力追求完美。

所以,作为 Just In Time(即时制管理)的发展,精益物流的内涵已经远远超出了 Just In Time 的概念。因此可以说,所谓精益物流指的是通过消除生产和供应过程中的非增值的浪费,以减少备货时间,提高客户满意度。

2. 精益物流的发展历史

精益物流是从精益生产的理念中蜕变而来的,是精益思想在物流管理中的应用。精益思想的理论诞生后,物流管理学家则从物流管理的角度对比进行了大量的借鉴工作,并与供应链管理的思想密切融合起来,提出了精益物流的新概念。

3. 精益物流的目标

根据顾客需求,提供顾客满意的物流服务,同时追求把提供物流服务过程中的浪费和延迟降至最低限度,不断提高物流服务过程的增值效益。企业物流活动中的浪费现象很多,常见的有:不满意的顾客服务、无需求造成的积压和多余的库存、实际不需要的流通加工程序、不必要的物料移动、因供应链上游不能按时交货或提供服务而等候、提供顾客不需要的服务等,努力消除这些浪费现象是精益物流最重要的内容。实现精益物流必须正确认识以下几个问题:

(1)精益物流的前提:正确认识价值流。价值流是企业产生价值的所有活动过程，这些活动主要体现在三项关键的流向上：从概念设想、产品设计、工艺设计到投产的产品流；从顾客订单到制定详细进度到送货的全过程信息流；从原材料制成最终产品、送到用户手中的物流。因此，认识价值流必须超出企业这个世界上公认的划分单位的标准，去查看创造和生产一个特定产品所必需的全部活动，搞清每一个步骤和环节，并对它们进行描述和分析。

(2)精益物流的保证：价值流的顺畅流动。消除浪费的关键是让完成某一项工作所需步骤以最优的方式连接起来，形成无中断、无绕流和排除等候的连续流动，让价值流顺畅流动起来。具体实施时，首先要明确流动过程的目标，使价值流动朝向明确。其次，把沿价值流的所有参与企业集成起来，摒弃传统的各自追求利润极大化而相互对立的观点，以最终顾客的需求为共同目标，共同探讨最优物流路径，消除一切不产生价值的行为。

(3)精益物流的关键：顾客需求作为价值流动力。在精益物流模式中，价值流的流动要靠下游顾客的拉动，而不是靠上游来推动，当顾客没有发出需求指令时，上游的任何部分都不要去生产产品，而当顾客的需求指令发出后，则快速生产产品，提供服务。当然，这不是绝对的现象，在实际操作中，要区分是哪一种类型的产品，如是需求稳定、可预测性较强的功能型产品，可以根据准确预测进行生产，而需求波动较大、可预测性不强的创新型产品，则要采用精确反应、延迟技术，缩短反应时间，提高顾客服务水平。

(4)精益物流的生命：不断改进，追求完善。精益物流是动态管理，对物流活动的改进和完善是不断循环的，每一次改进，消除一批浪费，形成新的价值流的流动，同时又存在新的浪费而需要不断改进，这种改进使物流总成本不断降低，提前期不断缩短而使浪费不断减少，实现这种不断改进需要全体人员的参与，上下一心，各司其职、各尽其责，达到全面物流管理的境界。

4. 精益物流的实施方法

精益物流的根本目的就是要消除物流活动中的浪费现象，如何有效地识别浪费就成了精益物流的出发点，为此，物流专家做了大量的工作，创建了一些“工具箱”，Daniel T. Jones 等曾总结了这方面的成果，认为目前行之有效的方法有 7 种：过程活动图、供应链反应矩阵、产品漏斗图、质量过滤图、需求放大(扭曲)图、决策点分析图、实体结构图，而其中最常用的方法是过程活动图和实体结构图。

(1)过程活动图。这是一种传统的工业工程方法，它由五个阶段构成：过程流研究；浪费识别；过程再思考；流向设计或运输路线的再优化；价值流中每项活动存在必要性的进一步确认。

在运用过程活动图进行分析时，主要把握三个关键点：过程的总体考察；每次过程的详细记录，包括所花时间、所需人员、产品所移动距离、所用设备及场地面积;用 5W1H 法进行分析(活动为什么存在、谁来执行、用什么设备、在哪里、何时和怎样实施)。

(2)实体结构图。它是从整个供应链的角度识别价值流,有助于了解供应链的结构及供应链运行状况,一般由容量结构图和成本结构图两部分构成。与过程活动图一样,通过实体结构图可以消除不必要的活动,或简化、合并活动或调整活动顺序,以达到减少浪费的目的。

综上所述,运用供应链管理的整体思维,站在顾客的立场,无限追求物流总成本的最低值是精益物流真正核心所在。

5. 精益物流的实施步骤

作为中国企业发展精益物流,应当分步骤实施,一般应分为两步:

(1)企业系统的精益化

①组织结构的精益化:我国企业在计划经济中所形成的组织结构制约着企业的变革,因此,企业要发展物流,应当利用精益化思想减少中间组织结构,实施扁平化管理。

②系统资源的精益化:我国的传统企业存在着众多计划经济下遗留的资源,但如果不进行整合、重组,则很难与其他大型物流企业进行竞争,将有可能把自己的优势变为劣势。

③信息网络的精益化:建立精益化的网络系统是实现精益物流的先决条件。

④业务系统的精益化:对当前企业的业务流程进行重组与改造,删除不合理的因素,使之适应精益物流的要求。

⑤服务内容及对象的精益化:选择适合本企业体系及设施的对象及商品,使企业产生核心竞争力。

⑥不断完善与鼓励创新:不断完善就是不断发现问题,不断改进,寻找原因,提出改进措施,改变工作方法,使工作质量不断提高。鼓励创新是建立一种鼓励创新的机制,形成一种鼓励创新的氛围,在不断完善的基础上有一个跨越式的提高。

(2)提供精益物流服务

①以客户需求为中心。

②提供准时化服务。

③提供快速服务。

④提供低成本高效率服务。

⑤提供使顾客增值的服务。

总之,精益物流作为一种全新的管理思想,势必会对我国的物流企业产生深远的影响,它的出现将改变企业粗放式的管理观念,使企业保持核心竞争力。

案例分析

从物流、生产到质管 格力用大数据实现智能制造新标杆

提到格力，众所周知的是它的空调。截至日前，格力在空调领域的国内市场的份额已接近50%，是国内实体经济、制造业的领袖企业。格力集团董事长兼总裁董明珠曾表示，格力生产空调看起来是传统行业，但实际上也运用了大数据思维。用互联网、大数据做空调，格力空调运行得怎么样，在珠海就可以监控到相关数据。事实上，除了珠海格力，作为格力集团生产出口基地的芜湖格力，大数据的运用也早已投入到生产运营的各个环节。

格力电器(芜湖)有限公司(以下简称"芜湖格力")在2012年筹备期间便开始了ERP(企业资源计划系统)、MES(制造企业生产过程执行系统)的实施之旅，相关数据展示平台都由IT部门自主研发，经过三年时间的数据累积，在数据分析环节使用过水晶报表等一系列分析平台，数据分析的过程需要由技术人员操作，流程复杂，时效性差，对业务支持有限。而面对业务流程中不断递增的分析需求，以及业务决策的效率要求，需要一款支持多源业务数据整合，敏捷操作以及可视化展现的大数据分析软件。Yonghong Z-Suite不仅轻松满足了这些要求，且实施周期短，对TB级到PB级数据能做到秒级响应，大大提高了业务决策的效率和价值。

2015年，格力物流管理部计划整合各分厂之间的物料配送管理，实现公司物流的统一管理。实现这一目标需要先做到物料配送信息化，跟踪物流配送进度，掌控公司整体的物流进程。过去是将各分厂的物料配送工作以及人员划分到物流管理部，而物料交接方式则由原来的分厂与分厂对接改为分厂交接给物流管理部再由物流管理部转交分厂的方式。物料交接环节涉及的部门增多，使中间环节无法预知的问题点也相应增加，给生产效能控制带来了不确定的影响因素。

具体来说，在订单开始生产前，订单物料是否备齐通常只有点检员一人清楚，整个过程由一人全权管控，如有疏漏无法自查，整个环节缺乏有效的监督管理。另外，点检员在日常工作中常常携带大量的纸质单据，不易保管。遇到异常情况，反馈人需先与生产调度员告知异常情况，初步判断导致异常的问题点，再针对问题点找相关人员核实：是物料未拣选备料？是库存不够？还是拣选单据出现问题？这些要通过电话沟通逐一排查。环节复杂导致人员内耗严重。

为改进现状，IT部门引进了永洪科技的产品，希望通过Yonghong Z-Suite平台对这些影响生产经济效率的潜在因素进行分析，达到以下目的：①减少物流配送过程中纸质单据，节约公司成本；②提高备料过程管控；③降低生产异常核实处理的时间，提高工作效率；④降低因物料配送问题导致的生产异常。

芜湖格力的信息化系统发展分为两个阶段：流程管控和数据采集。由于生产

型企业本身涉及的流程繁多，在靠人力运维的时代，只能在电脑上用EXCEL表格进行监控，经过MES系统的全面实施，目前已经采集到物流配送过程中的库存数据、拣选备料数据、配送执行数据和分厂接收数据，还差点检数据未采集。第一步：实现PDA点检，实现物料点检信息化，完善采集订单齐套数据。第二步：通过采集的从订单下达到物料上线生产中间一系列的操作数据，搭建一整套的信息化系统（Yonghong BI），实现过程的实时监控和异常预警。

芜湖格力的大数据分析应用主要包含4个业务场景：物流分析、质量控制、生产线监控、质量控制。

物流分析

通过监控大屏、分屏去实时监控业务运转情况，哪个环节出问题第一时间在仪表盘预警，信息有效及时，监控库存中每个仓位中物料比例及存量。

质量控制

监控订单数量完成比例、拣选进度、订单齐套数量及比例；监控生产车间里各生产机组的生产效率、下线比例。

生产线监控

之前很多物料的短缺我们是靠人工去一一核实和查询，虽然系统有MRP在运行，但是数据量庞大而明细指标繁杂，业务人员进行具体数据分析时往往需要IT人员配合建模、计算等，一份报表的分析通常费时耗力。而现在，通过MES和MPR采集的系统数据，可连接Yonghong Z—Suite进行实时的多维分析。

质量控制

之前对于现场的生产过程和质量管理都是人工将系统数据导入，再利用EXCEL内置的图表处理进行简单的分析。通过与永洪的合作，芜湖格力开始结合更多的业务分析维度进行探索式分析和分析预测，借助大数据分析平台实现从产线、班组以及分厂多个维度、各个层面来展示公司整体生产运营情况。

在使用了Yonghong Z—Suite大数据分析平台后，提高了在生产环节的核心竞争力，对物料、生产环节全方位监控，在提高工作效率的同时，还降低生产线残次率。

在使用永洪产品之前，生产监控、KPI考核需要业务人员每周整理Excel，经过复杂的公式计算后，结果交于IT人员进行图形设计，费时耗力、实时性差且数据准确性无法保障。在永洪为芜湖格力建立数据分析平台之后，解决了数据孤岛问题，且业务部门可以通过自助式分析完成常规的报告分析，大大提高了工作效率。从企业管理方面，物流分析、质量控制，可以直观高效地对订单、检选、执行、配送、成本各个环节进行生产监控，通过数据分析反推业务优化。

如果说ERP、MES系统是针对业务层或者说是针对具体的操作人员，那么Yonghong Z—Suite针对的就是决策层以及管理人员，帮助他们更好地认识到现场正在发生的事情,以前需要花很大精力才能分析的数据,现在借助平台几分钟就可以获得比之前更全面、更准确的信息。

资料来源:从物流、生产到质管 格力用大数据实现智能制造新标杆.《消费日报》

分析

格力利用先进的生产物流管理系统,充分分析和利用大数据,优化生产物流作业,实现了对复杂的生产过程的统筹管理和优化,提高了企业的生产效率和经济效益。

本章小结

本章介绍了生产物流的定义及特点,介绍了生产物流计划与控制的发展,阐述了生产企业物流的主要类型。通过学习,要求学生重点掌握 MRP、MRP Ⅱ、ERP 等不同阶段所采用的生产物流计划与控制方法;掌握供应物流、生产物流、销售物流的含义和主要作业环节;了解精益物流的基本思想。

延伸阅读

华为携手金蝶云 ERP 打造全球终端渠道管控平台

2016 年 12 月 1 日,华为武汉高级体验店开出全球首张云智能订单,为华为超过 3 万家手机终端零售门店的云管理开启了新篇章。华为技术有限公司(以下简称“华为”)与金蝶软件(中国)有限公司,宣布正式签订云 ERP 项目合同,将共同打造世界级的零售终端渠道管控平台。

本次合作涉及业务范围主要包括供应链和零售等,借助金蝶云 ERP 的技术支持,华为在消费者终端层打造一套完整的渠道管控体系,实现对全球各地门店的销售管控,保持华为在数字化时代的长期竞争优势。

华为选择金蝶云 ERP 是基于未来的选择,而管理系统的云部署正是华为的趋势。金蝶云 ERP 拥有更快的实施周期,无须 IT 设备采购调试,ERP 服务器无须人工部署。金蝶云 ERP 给华为手机的门店销售和管理效率都带来了革命性的提升,销售人员的开单更加智能化,大大提高了有效率和准确性。华为作为世界 500 强企业,其产品和解决方案已经应用于全球 150 多个国家,服务全球运营商 50 强中的 45 家及全球 1/3 的人口。华为期望不管是供应链,还是门店内部销售过程的管理,通过金蝶云 ERP,都能使其内部管理系统的运作不受任何障碍。

金蝶中国总裁孙雁飞表示:“金蝶与华为有着相同的‘以奋斗者为本’的企业文

化，在各自领域追求'中国创造，自主可控'。我们珍惜与华为的合作机会，并与华为共同努力，为客户创造价值。”

到2016年年底，金蝶云ERP线上服务的企业数近5000家，已成为中国最大的云ERP领导厂商。相继签约了华为、腾讯科技、可口可乐、捷豹路虎等国内外知名企业，为这些行业巨头在向数字化转型过程中提供了全面的管理及信息化解决方案。

（资料来源：财经网《华为携手金蝶云ERP打造全球终端渠道管控平台》）

本章思考题

一、选择题

1. BOM是（　　）。

A. 主生产计划　　B. 物料清单

C. 物料需求计划　　D. 原材料计划

2. 下列不属于销售环节的是（　　）。

A. 产品包装　　B. 产品运输　　C. 产品储存　　D. 产品装配

二、判断题

1. 企业生产计划是企业生产管理的依据，也是生产物流管理的核心内容。（　　）

2. MRP的需求都是根据主生产进度计划、物料清单和库存清单精确计算出来的，品种、数量和需求时间都有严格要求，不可改变。（　　）

三、名词解释

1. 生产物流　　2. JIT

四、简答题

1. 供应物流的组织方式有几种？

2. 企业在进行物流系统设计时，应充分考虑物流各要素之间的哪些关系？

3. ERP有什么特点？

五、实训题

1. 通过学习和讨论，比较分析MRP、MRP Ⅱ、ERP的联系和区别。

2. 通过上网了解企业采用ERP的实践经验。

包装技术

第8章

【学习目标】

- 掌握包装的概念及功能、包装材料应具备的性能、常用的包装材料
- 掌握包装标记与包装标志;包装技术和方法、集装箱的定义与标志
- 熟悉托盘的概念与堆码、托盘表面积的利用、其他形式的集装化

引导案例

可口可乐的玻璃瓶包装

说起可口可乐的玻璃瓶包装,至今仍为人们所称道。1898 年鲁特玻璃公司一位年轻的工人亚历山大·山姆森在与女友约会中,发现女友穿着一套筒形连衣裙,非常好看。约会结束后,他突发灵感,根据女友的这套裙子设计了一个玻璃瓶。

经过反复的修改,亚历山大·山姆森不仅将瓶子设计得非常美观,很像一位亭亭玉立的少女,他还把瓶子的容量设计成刚好盛装一杯水。瓶子试制出来之后,获得大众交口称赞。有经营意识的亚历山大·山姆森立即到专利局申请专利。

当时,可口可乐的决策者坎德勒在市场上看到了亚历山大·山姆森设计的玻璃瓶后,认为其非常适合作为可口可乐的包装。于是他主动向亚历山大·山姆森提出购买这个瓶子的专利。经过一番讨价还价,最后可口可乐公司以 600 万美元的天价买下此专利。要知道在 100 多年前,600 万美元可是一项巨大的投资。然而实践证明,可口可乐公司这一决策是非常成功的。

亚历山大·山姆森设计的瓶子不仅美观,而且使用非常安全,易握不易滑落。更令人叫绝的是,其瓶型的中下部是扭纹形的,如同少女所穿的条纹裙子。此外,

由于瓶子的结构为中大下小，当它盛装可口可乐时，给人的感觉是分量很多。采用亚历山大·山姆森设计的玻璃瓶作为可口可乐的包装以后，可口可乐的销量飞速增长，在两年的时间内，销量翻了一倍。

从此，采用山姆森玻璃瓶作为包装的可口可乐开始畅销美国，并迅速风靡全世界。600 万美元的投入，为可口可乐公司带来了数以亿计的回报。

8.1 包装的功能与分类

从社会再生产角度来看，要实现货物从生产领域向消费领域的转移，保持物流系统运行通畅，每一环节的物流活动，都与包装材料、包装容器、包装标准等的选择和管理密切相关。包装是物流最根本的组成部分、基础和物质保证，通过包装，将物流系统中的各个环节有机、高效、系统地组合成一个产生综合效率性的整体。同时注意各个物流环节与包装的密切关系，则可以在整体运营中取得先机。对于越来越多的走向国际市场的企业来说，注意与国际物流及包装法规、标准的接轨，是实现国际化运营的根本保证。

8.1.1 包装的概念

包装与物流关系密切。无论是产品还是原材料，在搬运、输送以前都要进行某种程度的包装捆扎或者装入适当容器，以保证它们完好地运送到消费者手中。《中华人民共和国国家标准物流术语》中包装的定义为：为在流通过程中保护产品、方便储运、促进销售，按一定技术方法而采用的容器、材料及辅助物等的总体名称。也指为了达到上述目的而采用容器、材料和辅助物的过程中施加一定技术方法等的操作活动。

包装的主要目的是保护产品，实现包装标准化，方便(运输、配送、仓储等)作业，减少物流消耗和节约包装费用，所以包装通常是物流管理的起始环节。在社会再生产过程中，包装处于生产过程的末尾和物流过程的开头，既是生产的终点，又是物流的始点。

包装是生产过程的末尾。绝大多数产品经过包装后才能顺利通过其他物流环节进入流通领域，到达消费者手中。马克思认为，劳动是价值的实体，为创造物质财富而付出的劳动，包括一切商品生产领域中的劳动和生产过程在流动领域里的继续的那部分劳动如包装、保管等，以及各种生产性劳务，如货物运输等属于生产性劳动，是形成价值的。所以，包装一直是生产领域的活动。

包装是物流的始点。只有经过包装以后的产品，在搬运、装卸、运输、储存、销售等物流各环节中才能保证物品原有价值的完整，并顺利实现产品的价值和使用价值。王之泰教授强调：物流这个系统里面包含的内容很多，比如从包装开始，装卸搬运、运输、仓库里面储存保管都属于物流的范畴。一个产品只有进行了包装以后，才能发挥包装功效。如果包装的设计没有考虑到有效的物流处理，那么所有的物流系统都将受到影响。

8.1.2 包装的功能

由于包装工业的迅速发展，包装材料、包装形式、包装技术不断涌现，并且被广泛采用，这为包装工业开拓了新的前景。随着物流业的快速发展，也推动了包装行业的发展。包装的主要功能包括以下几个方面。

1. 防护功能

有些商品离开生产线到消费者手中需要几个月，乃至几年。在储运零售的过程当中，要经历不同的人（包括消费者在内）的搬运。若要保证商品完好地到达消费者手中，通常要做到防潮、防挥发、防污染和防变质和腐烂。在不同的地方，还要防热、防冷、防曝光和防氧化。商品的流通必须符合法律规定的标准，包装必须起到它应有的作用，如食品和鲜活商品，包装必须保证其化学成分稳定，以及其鲜活的生理特征。包装还必须有防震和防挤压的功能设计，以便将商品的损坏降到最低限度。还有很多商品需要"双重包装"，如香水、高级糖果等，为了防止阳光照射导致的变质，必须做外层包装。对于那些易燃、易爆、易挥发、易腐蚀、易氧化的商品，特别是对人体有害、对环境造成污染的商品，应该进行特殊包装，并且打上危险标志和说明性文字，这样才有利于储运、装卸、使用和保护环境。

防护功能主要实现以下目的。

(1)防止物资的破损变形

为了防止物资的破损变形，物资包装必须能承受在装卸、运输、保管等过程中的各种冲击、振动、颠簸、压缩、摩擦等外力的作用，形成对外力的防护，而且具有一定的强度。在搬运装卸作业中，由于操作不慎，包装跌落，造成落下冲击；仓库储存堆码，使最底层货物承受强大的压力；由于运输和其他物流环节的冲击振动，都要求包装具有足够的强度。

(2)防止物资发生化学变化

为防止物资受潮、发霉、变质、生锈等化学变化，物资包装必须能在一定程度上起到阻隔水分、潮气、光线以及空气中各种有害气体的作用，避免外界不良因素的影响。

(3)防止有害生物对物资的影响

鼠、虫及其他有害生物对物资有很大的破坏性。包装封闭不严，会给细菌、虫类造成侵入之机，导致变质、腐败，特别是对食品危害性更大。

(4)防止异物混入、污物污染、丢失、散失。

2. 方便功能

(1)空间方便性

商品应该做到便于生产、容纳、库存和运输。商品和所有的物质一样，有固体、液体、气体三种状态，固体中还有粉末形式的比较特殊的状态，它们有不同的性质。所以，要考虑用什么形态、什么材料的包装更合理、更经济，以便保证商品便于运输、储存和节省费用。商品在流通过程中要被搬运几十次，设计包装时就必须考虑在不同的地点和不同的条件下搬运的方便性和安全性。尤其对于商品种类多、流通速度快的大型超市，包装很重要。合理的包装有利于提高货架的利用率，实现更高的效益。规格化的包装、挂式包装、压缩包装、大型商品拆卸包装及集合包装等都比较合理地利用了物流空间。

(2)时间方便性

科学的包装可以为在快节奏生活下的人节约时间。例如，快餐包装、易开包装、配套包装和自动加热包装，以及可以延长商品寿命的包装、适合便于大规模生产的包装，都可以创造时间效益。包装的规格、形状、重量等与货物运输有着密切的关系，包装尺寸规格与运输车辆、船舶、飞机等运输工具箱、仓容积的吻合，方便了运输，提高了运输效率，节约了时间。从物资的验收角度上看，易于开包、便于重新打包的包装方式为验收提供了方便性。

(3)销售方便性

包装还应做到便于销售，便于消费。市场上的商品琳琅满目，品种繁多，销售方式也多采用开架式的无人销售方式。如何去适应这种销售方式的变化，达到促销目的，包装的展示形式便要考虑方便性了，如挂式包装、开窗包装、透明包装等。同样的产品如果在使用上给消费者带来许多方便，则更会受到消费者的欢迎。

3. 促销功能

现代包装的促销功能是在传统包装功能(即防护和方便)的基础上发展起来的，是包装具有强化视觉效果作用的产物。它是市场经济的产物，是市场经济条件下的必然存在的现象。在商品交易中，包装的设计对于促进商品销售有重要的地位。包装的外部形态是商品很好的宣传品，精美的包装能唤起消费者的购买欲望。

综上所述，包装的防护功能和方便功能是与物流关系密切相关的两大功能。改进包装的不合理方面，发挥包装的作用，是促进物流合理化、快速发展的重要方面，是被物流工作者越来越重视的十分重要的领域。包装的促销功能虽然和物流联系不大，但面对市场经济条件下的竞争，也是包装的一个重要作用。

8.2 包装材料与包装标识

由于现代产品的品种繁多，性能、用途各异，使包装在设计、选料、技法、包装形态等方面出现了多样化。我国常用包装分类有以下几种。

8.2.1 常用的包装材料

包装技术的实施，都是为了保证和实现包装的防护功能、方便功能和促销功能等。包装材料在产品包装和包装技术中占有重要的地位，是发展包装技术、提高包装质量、降低包装成本的重要基础。对包装材料加工生产出包装产品，这主要取决于材料的自身物理化学性质和现代加工技术。随着科学技术的发展，包装材料和包装制造技术都有迅速发展。包装材料主要有以下几种。

1. 金属包装材料

金属包装材料主要是钢材和铝材，其主要形式为薄板、金属箔、捆扎带等。金属材料有很多优点适合包装，如牢固、防潮、易加工、再利用等。但是，金属材料在包装上的应用受到成本高、易变形、易生锈等因素的影响。

2. 玻璃包装材料

玻璃包装材料的保护性能良好，具有密封性好、不变形、耐热、耐酸、耐磨等特点。但是，玻璃包装材料耐冲击强度低、易破碎、自身重量大、运输成本高，从而限制了它的应用范围。

3. 木制包装材料

木材是一种天然的材料，因为树种不同、生长环境不同，木材性质有很大的差异。因此，在应用时要进行合理的选择和处理。木材具有高强度、弹性好、资源广泛、加工方便和外观好看等优点。但是，木材又存在易于吸收水分、易变形、易开裂、易腐朽等缺点。现在受环境保护、价格高涨的影响，木材作为包装材料受到了限制。

4. 纸质包装材料

纸作为包装材料，应用相当广泛，有很多不可替代的优点，如价格低、重量轻、易加工、易成型、耐摩擦、耐冲击和容易回收利用等。但是，纸质包装也有其自身的缺点，如易受潮、受潮后强度降低、透明性差等。

5. 塑料包装材料

塑料材料从诞生以来就成为包装材料，并成为主要材料之一。它具有很多优点，除了具备纸质材料的诸多优点，还具备防腐、防潮、耐酸碱等优良的特性。但是，塑料作为包装材料也有很多缺点，如耐热性差、易老化、有异味、废弃物难处理等。

6. 复合包装材料

复合材料作为包装材料是现代材料科学发展的结果，它虽然现在不能取代传统的包装材料，但是弥补了很多传统材料的不足，已经在包装领域广泛应用。目前已经开发的能够应用于包装的复合材料很多，使用较多的是塑料与玻璃复合材料、塑料与金属复合材料、塑料和塑料复合材料等。

8.2.2 包装标记

第二次世界大战后，随着世界经济的复苏和全球贸易的发展，包装标志日益变得重要起来。1947 年 10 月 30 日，关税贸易总协定(General Agreement on Tariffs and Trade，GATT)正式签署，1948 年 1 月 1 日正式生效后，国际贸易日增，包装标志亦正式登上舞台。到了 20 世纪 60 年代，美国、日本、西欧各国等开始制定包装标志标准，随着包装货物的储藏、运输、装卸的现代化发展，包装标志的国际标准化也成了重要问题。1968 年，国际标准化组织(International Organization for Standardization，ISO)制定了国际标准《包装—货物搬运图示标志》，1997 年又进行了修订。

我国产品包装标志的标准化随着我国市场经济的发展和广大民众消费意识的不断提高而日趋规范，产品包装标志已经成为广大消费者了解产品品质，选购产品的重要依据。《中华人民共和国产品质量法》《中华人民共和国标准化法》《中华人民共和国计量法》等法律、法规相继对产品包装标志进行了原则规定。为了进一步规范产品包装标志，1997 年 11 月 7 日，我国颁布了《产品(包装)标志标注规定》，对生产企业正确合理地标注产品包装标志和商家销售产品的包装标志做出了具体的规定。销售物流包装标志在流通环节中主要通过商标、文字、条形码等信息形式传达出来，能够方便消费者识别、选购，起到促销的作用。

1. 文字设计

在销售包装物流标志设计中，文字设计是传达商品信息必不可少的重要因素，任何包装形式都离不开文字。形象生动的文字设计可以清晰地传达商品特性，并在整个设计中起到画龙点睛的作用。不同的商品，文字说明内容不同，可包括以下几方面。

（1）牌名、品名。牌名、品名的文字设计具有标志性与特定的规范感，使消费者容易辨别商品与其他同类商品的区别。这类文字无论大小、位置、色彩都占据显著位置，安排在最佳视域区。文字设计要求清晰、醒目，一般用印刷字体、书法字体、变体美术字等。文字设计应具有艺术性。通过文字设计表达商品的精神内涵，使消费者对商品的属性有一定的了解。

（2）数量、重量、规格。数量、重量、规格应根据商品要求注明。原国家质量技术监督局规定，从 1997 年 10 月 1 日起要求，定量包装商品必须在包装上注明"净含量"。净含量由中文、数字和法定计量单位组成。

（3）产地、生产单位和经销单位。在销售包装上，通常用中外文字标明商品的生产单位和经销单位。在国际市场上出售的商品，在商品名称或牌名下要标明"××国家产品"等字样。

（4）商品成分、用途、功效、使用方法和注意事项。在销售包装上，必须有商品用途和功效的文字说明，对于一些新上市的商品，由于消费者缺乏了解，要准确无误地说明其用途和功效，有些商品的使用方法在必要时应当用文字结合图解的方式说明。

（5）广告及宣传商品的内容。将广告信息印在包装物载体上，如纸箱、纸盒、塑料袋等。因商品属性不同，商品形状、大小不同，广告信息量各异。

2. 商标设计

商标是商品的标记，是销售包装上的重要组成部分，在商品流通过程中起主要作用。商标涉及政治、经济、法制以及艺术等领域。商标与标志在性质、特点和表现形式上有许多相似之处，但两者不能等同起来。商标设计须经国家有关部门登记注册才能使用，并受到法律保护。标志是象征的图形符号。有些标志是商家的商标，这些商标既是区别商品不同生产者或者经营者的标记，也是消费者识别和选购商品的重要依据。商标对于商品来说至关重要。

商标设计得好，有助于企业创造名牌商品，增强商品的竞争力。由于现代国际市场的激烈竞争和商业往来的增加，各国商标设计相互影响、相互交流，商标设计逐渐形成世界通用的艺术语言，商标设计在表现形式上遵守以下几条原则。

（1）商标设计要简练明快，具有象征意义。

（2）商标设计要新颖别致，独具一格。

（3）商标设计要具有艺术性，能够提高企业的经济效益。

3. 出口商品销售物流包装标志设计要求

世界各国的销售包装对文字的喜好各异。不少国家和地区，对进口商品使用的文字有严格的规定。随着国际经济交往的加强，我国商品要进入国际市场参与竞争，销售包装文字设计必须符合进口国的要求，一定要尊重当地的民族习俗、宗教礼仪、传统观念以及审美意识等。

美国《食品、药品和化妆品法》规定，标贴说明必须用英文，并在标贴或标签上居显著地位。输往法国的商品，其包装标志说明如未用法文书写，应附上法文译注。澳大利亚的产品包装标签，必须用英文标明。食品包装标签上的所有文字一律应采用标准的英文字体，文字应鲜明易认。

4. 商品条形码设计

条形码是一种信息代码，它由一组黑白相间、粗细不同的条状符号组成。条形码隐含着数字信息、字母信息、标志信息、符号信息，主要用以表示商品的名称、产地、价格、种类等。它是商品流通于国际市场的一种通用国际语言，是进出口商品的“身份证”。现代商品包装为适应国际贸易的要求，必须具有条形码。条形码出现的历史较短，国际上对条形码技术的研究始于20世纪80年代。印制条形码，目的是方便电脑识别使用。

5. 运输包装物流标志

在运输包装中，物流标志系统是非常重要的，也是最早实现标准化的系统之一。运输包装物流标志是用图形或文字在运输货物包装上制作的特定记号、代号及其他指定和说明事项等。在货物的运输包装上将标志分为三类，即识别标志、储运指示标志、危险货物标志。

(1)包装储运图示标志。我国目前贯彻执行的国家标准是《包装储运图示标志》。

(2)标志的颜色及使用方法。图形标志的颜色一般用黑色。如果包装件的颜色使图形标志显得不清晰，可选用其他颜色印刷，也可以在印刷面上选用适当的对比色。一般不选用红色和橙色。粘贴的标志采用白底印黑色。

6. 特殊标志

特殊标志用于对可能接触包装的人员提醒产品及包装的特殊性，起到警告提示的作用。特殊标志包括危险货物包装特殊标志、包装方法特殊标志及绿色标志等。包装方法特殊标志主要针对采用了干燥剂、除氧剂的包装，以及防静电、防辐射的包装。绿色标志主要针对某种包装材料对环境不产生污染的包装。危险货物包装标志是世界各国统一的。

7. 绿色标志

绿色标志亦称环境标志、生态标志，是指由政府环境管理部门依据有关的法规、标准向一些商品颁发的一种张贴在产品上的图形，用以标志该产品从生产到使用以及回收的整个过程都符合规定的环境保护要求。对生态环境无害或危害极小，并易于资源的回收和再利用。

8.3 包装技术和方法

8.3.1 一般包装技法

1. 对内装物合理置放、固定和加固

在包装容器中装进形状各异的物品(固体)时,必须要合理置放、固定和加固。置放、固定和加固得巧妙,就能缩小体积、节省材料、减少损失。

2. 对松泡产品压缩体积

对于松泡产品如羽绒服、枕芯、絮被、毛线等包装时占用容器的容积太大,会增大运输、储存费用,所以对松泡产品需要压缩体积。其中有效的方法是真空包装,它可大大缩小松泡产品的体积,缩小率可达50%~85%。

3. 合理选择外包装形状尺寸

在对外包装形状尺寸的选择中,要避免过高、过扁、过大、过重等。过高会重心不稳,不易堆垛;过扁则标志刷字和辨认困难;过大则内装量太多,不易销售,且给流通带来困难;过重则纸箱易破损。

4. 合理选择内包装(盒)形状尺寸

内包装(盒)一般属于销售包装。在选择其形状尺寸时,要与外包装(箱)形态尺寸相配合,内包装(盒)的底面尺寸必须与包装模数协调,而且高度也应与外包装高度相匹配。

5. 包装外捆扎

包装外的捆扎对运输包装功能起着重要作用。捆扎的直接目的是将单个物件或数个物件捆紧,以便于运输、储存和装卸。此外,捆扎还有很多的功用,如能防止失窃、压缩容积、加固容器等等。

8.3.2 特殊包装技法

1. 防震包装

商品从生产到开始使用要经过多次堆积、运输和装卸过程。在任何环境中,都会有作用力作用于商品上,有可能使产品发生损坏。商品在堆积过程中主要受静压力作用,运输过程主要受振动力作用,装卸过程中要受冲击力作用。克服静压力主要依靠包装容器、包装材料的强度,克服振动和冲击主要依靠防震措施。

(1)全面缓冲包装方法,是将内装物的四周全部用缓冲构料包裹,而对内装物进行全面保护的一种包装方法。常采用充填、盆浆和现场发泡等技术措施。

(2)部分缓冲包装方法,以应用角衬垫、棱衬垫、侧衬垫等情况最多。对于整体性好的产品和内包装容器的产品,仅在包装箱的拐角或在局部使用缓冲材料进行衬垫。

(3)悬吊式缓冲包装方法,是用弹簧、橡皮带等把内装物吊装在坚固的包装容器内,使其成浮动状态的方法。

2. 防潮包装

常用的防潮包装方法有以下几种。

(1)静态干燥法,是指在包装内放入一定数量的干燥剂,吸去内部的水分来防止内装物受潮,其防潮能力决定于包装材料的透湿性、干燥剂的性质和数量,以及包装内空间的大小等。此方法常用于小型包装和有限的防潮包装。

(2)动态干燥法,是指采用降湿机,将经过去湿干燥的空气输入包装内,将包装内的潮湿空气置换出来,以达到控制包装内相对湿度的目的,从而使产品保持干燥状态。这种方法适合于大型包装和进行长期保存的包装。

(3)使内装物保持一定水分的防潮包装方法。一般多采用透湿率趋近于零的金属、玻璃、陶瓷或复合薄膜包装,并进行密封,保证内装物不会脱水变质。

3. 防锈包装

金属或金属制品在大气中极易受水分、二氧化硫、氧气、二氧化碳、盐分、灰尘等影响而造成腐蚀。为了防止内装物锈蚀采取一定防护措施的包装,称为防锈包装。实际应用中,防锈包装的有效期可维持数月或数年,甚至几十年。防锈包装一般有 4 种基本方式。

(1)制品本身采用防锈材料被覆或浸涂。

(2)制品本身采用防锈材料被覆或浸涂,外包装采用防尘、防潮材料密封,但能透入微量水蒸气。此方法常用于钢铁、铜、铝合金、各种电镀件等产品,是使用最多的一种防锈包装方式。

(3)制品直接浸涂或包扎抗腐蚀的合成纤维织物等后,再浸涂可剥性塑料,在制品周围形成一层茧状塑料外壳,以达到防锈目的。此方法多用于小型金属制品。

(4)制品采用防锈材料被覆或浸涂、外包装用防潮材料进行密封包装,并在包装内放入干燥剂,有时在包装容器内充入氮气或干燥空气代替干燥剂,吸收透入的微量水分。

4. 防腐包装

商品在流通过程中,不但种类、规格、数量繁多,而且要经过多个环节。在商用流通的各环节中都有被霉腐微生物污染的机会,如果周围有适合的环境条件,商品就会发霉变腐。因此为了保护商品安全地通过流通领域,必须对易腐蚀商品进行防腐包装。防腐包装技术有以下几种。

(1)化学药剂防腐包装技术

化学药剂防腐包装技术主要是使用防腐化学药剂将待包装产品、包装材料进行适当处理的包装技术。有的将防腐剂直接加在某个生产程序,或者是将其喷洒或涂抹在商品表面,有的需要浸泡再包装。但是,这样处理会使有些商品的质量受到不同程度的影响。

(2)气体防腐包装技术

气体防腐包装技术是使用具有挥发性的防腐剂,利用其挥发产生的气体直接与霉腐微生物接触,杀死或抑制霉腐微生物的生长,以达到商品防腐的目的。由于气体防腐是气体分子直接渗透于商品上,对其外观和质量不会产生不良影响。但要求包装材料和包装容器具有透气率小、密封性能好的特点。

(3)气调防腐包装技术

气调防腐是生态防腐的形式之一,微生物都离不开空气、水分、温度这三个要素。只要有效地控制其中一个因素,就能达到防止商品发生腐败的目的,只要控制和调节空气中氧的浓度,人为地造成低氧环境,霉腐微生物生长繁殖就会受到抑制。

(4)低温冷藏防腐包装技术

低温冷藏防腐包装技术是通过控制商品本身的温度,使其低于霉腐微生物生长繁殖的最低界限,抑制酶的活性。它抑制了生物的呼吸、氧化过程,使其自身分解受阻。

5. 无菌包装

无菌包装技术是在被包装物、包装容器或材料、包装辅助材料无菌情况下,在无菌环境中进行填充和缝合的一种包装技术。

(1)被装物品的灭菌技术

第一,超高温短时间灭菌技术。超高温短时间灭菌技术就是将食品填充并密封于复合薄膜制成的包装容器中,使其在短时间内保持135℃左右的高温,以杀灭细菌。第二,巴氏灭菌技术。巴氏灭菌技术是将食品填充并密封包装容器后,在一定的时间下保持100℃左右的温度杀灭细菌。它广泛应用于各种酸性饮料,如果汁、酸奶等产品的灭菌。

(2)包装容器的灭菌技术。

第一,药物灭菌技术。药物灭菌所用药物杀菌力必须强劲,杀菌过程中不会生成或残留有害物质,且对设备无腐蚀。最常用的药物是过氧化氢(也称双氧水)。第二,紫外线灭菌技术。紫外线灭菌技术主要是根据经紫外线照射后微生物细胞内的核酸产生化学变化,引起微生物新陈代谢障碍,因而失去繁殖能力的机理来完成灭菌过程的。

6. 集合包装

集合包装是一种新的运输形式，也是一种包装形式。它可以简化内装物的安装，保证运输安全，减轻劳动强度，适合机械化的发展。

(1)集装箱集合包装

集装箱能一次装入若干个内装物，是集合包装的主要方式之一，具有安全、迅速、简便、节省人力和包装材料等优点。一般用途的集装箱，大部分为密封式空箱，便于装运各种货物。特殊用途的集装箱，按货物性质不同设有通风、货架、空调等装置，用来包装冷冻品、家畜等。

(2)托盘集合包装

托盘集合包装是包装的一种形式。它是将包装件或内装物堆垛在托盘上并加以固定，形成一个搬运单元或销售单元，以便机械化作业的一种包装方式。

优点：使产品流通作业标准化，促进装卸机械化；节省劳动力，减轻劳动强度；可高层堆码，有效地利用了储存空间；缩短装卸时间；简化产品包装；减少损失和丢失等事故。

缺点：因托盘的自重与体积，减少了储运货物的有效载重量和空间；增加了空间回收、保管、整理的麻烦，且需要较宽的通道。

(3)集装袋集合包装

集装袋是一种大型的载重量在一吨以上的半散装货物的周转容器。其形状为袋状，用来装粉状和颗粒物品。集装袋适用范围较广，如淀粉、食盐、砂糖、化肥、饲料、水泥等都可以用集装袋运输。制作集装袋材料有编织塑料薄膜结构的，也有橡胶、帘子布结构的。

8.4 集装化与集合包装

8.4.1 集装化与集合包装概述

集装化和集合包装在现代物流系统中日益显示出它的优越性，发挥出越来越大的作用，主要表现在以下几方面：

1. 降低物流成本

产品集装化所使用的容器(集装箱、托盘等)大多数可以反复周转使用，同时集装化的包装可以相应地降低所装产品的外包装的用料标准，甚至有的产品可以简化包装或不包装，从而节省了包装成本；产品集装化可以简化托运手续，提高运输工具的运载效率，降低运输成本；产品集合包装就像一座会移动的小仓库，受环境影响较小，便于露天存放，节省库存，减少仓储成本。提高物流运作效率。产品集装化有利于降低产品运输、装卸的劳动强度，减少重复操作，缩短装卸时间，加速搬运装备周转，提高运输和装卸的效率；产品集装化有利于实现海运、公路和铁路的联合运输，形成从发货人仓库直达收货人仓库的"门到门"运输；便于实施装卸机械化和自动化，从而加速运输工具和产品的运输速度。

2. 保证产品的储运安全

集装后的产品被装在密封的箱内，集合包装起到了一个强度很大的外包装作用。在储运过程中，每一个环节都是整箱运输，自发货人从装箱铅封直到收货人处实行一票到底，中途货物不用倒装，避免货损、货差和丢失，有效地保证产品的储运安全与完整。

3. 促进包装标准化、规格化、系列化的实现

产品集装化要求集合包装采用某种规格的统一尺寸，要求每件产品外包装尺寸必须适合集装箱或托盘等的装放要求，以便充分利用该集合包装的空间。集装化的产品要求单件杂货按标准系列尺寸组成统一规格的货组。

产品集合包装是实现集装化运输的基础，是运输业高速发展的必然结果。

集装化运输是以集合包装为条件，化零为整的一种先进的运输方式。集合包装的特点就是把产品包装方式和运输方式融为一体。离开了集装运输就谈不上集合包装，而没有集合包装也就无法实现集装运输，二者是相互依存、相互促进的关系。

8.4.2 集装箱

1. 集装箱的定义

集装箱是进行散、杂货及特殊单元组合的大型容器性工具。集装箱又称"货箱""货柜"。国际标准化组织（1SO）根据保证集装箱在装卸、堆放和运输过程中的安全需要，在货物集装箱的定义中，提出了作为一种运输工具的货物集装箱的基本条件：

（1）具有足够的强度，能长期反复使用。

（2）途中转运不需移动箱内货物，可以直接换装。

（3）有适当装置，可进行快速装卸，并可以从一种运输工具直接方便地换装到另一种运输工具。

（4）便于货物存放取出。

（5）具有 $1m^3$ 以上的容积。

2. 集装箱的特点

集装箱具有以下主要优点：

(1)功能多。既可用于运输，又可用于仓储。

(2)储运功能好。集装箱能堆高重叠、提高地面利用率，在车站、港口、码头等地面紧张的场所尤其占有优势。

(3)运输简便，效率也很高。事先把要运输的零散货物装在箱子里，便于机械化装卸，大大缩短了船只在港口停泊的时间和货物在仓库里存放的时间，加快了货物运送的速度。

(4)强度大。集装箱材料坚硬，可防压、防挤、防摔。

(5)装载利用面宽。集装箱能装各种散货，种类多，品种繁。

(6)有通用和互换性等。

集装箱的缺点有：自重量大、造价高、返箱困难等。

3. 集装箱的分类

随着集装箱运输的发展，为适合装载不同种类货物的需要，出现了不同种类的集装箱。这些集装箱不仅外观不同，而且结构、强度、尺寸等也不相同。集装箱有以下几种分类：

(1)按集装箱的用途分类

通用干货集装箱：也称杂货集装箱，是具有集装箱的基本结构，但不需调控温度，内部也不装其他特殊设备的适于一般杂货的封闭集装箱，箱门设于一端或侧面。它是使用最广、数量最大的一类。

保温集装箱：这是专为运输要求保持一定温度的冷冻货或低温货而设计的集装箱。其箱体采用隔热保温材料或隔热保温结构，内部有温度控制设备，如制冷机等，能进行适度温度控制的集装箱。保温集装箱又分为冷藏集装箱、低温恒温集装箱及隔热集装箱三类。

通风集装箱：它是具有空气调节能力的集装箱。它内设通风装置，如排风扇等，或在集装箱上装设通风孔、通风栅栏，甚至箱壁采用金属网等通风材料制造。主要用于动植物装运。

罐式集装箱：它是一种能装运各种液体、气体及部分颗粒体的特殊形状的集装箱，这种集装箱主体采用罐体，承受较大应力作用，保持高度密封性能。罐体的稳定可采用框架结构，也可采用支架结构。

动物集装箱：这是一种专供装运活牲畜的集装箱。它的特殊之处在于有良好的通风、采光、饮水、喂食设施。箱壁采用栏网式、栅栏式或栅窗式。

汽车集装箱：这是专为装运小型轿车而设计制造的集装箱。其结构特点是无侧壁，仅设有框架和箱底，可装载一层或两层小轿车。

(2)按集装箱的主体材料分类

钢制集装箱:其框架和箱壁板皆用钢材制成。它的最大优点是强度高、结构牢、焊接性和水密性好、价格低、易修理、不易损坏。主要缺点是自重大、抗腐蚀性差。

铝制集装箱:铝制集装箱有两种,一种为钢架铝板;另一种仅框架两端用钢材,其余用铝材。主要优点是自重轻、不生锈且外表美观、弹性好、不易变形,主要缺点是造价高,受碰撞时易损坏。

不锈钢制集装箱:一般多用不锈钢制作罐式集装箱。不锈钢制集装箱的主要优点是强度高、不生锈、耐腐蚀性好,缺点是投资大。

玻璃钢制集装箱:玻璃钢制集装箱是在钢制框架上装上玻璃钢复合板构成的。主要优点是隔热性、防腐性和耐化学性均较好,强度大,能承受较大应力,易清扫,修理简便,集装箱内容积较大等;主要缺点是自重较大,造价较高。

4. 集装箱标准化

为了有效地开展国际集装箱多式联运,必须强化集装箱标准化。集装箱标准化对集装箱的发展具有非常重要的作用,在整个物流系统中,也是十分重要的一环。

集装箱的标准不仅与集装箱本身有关,也与运输设备、装卸机具,甚至与车站、码头、仓库的设施都有关。集装箱标准主要有两部分:一部分是硬件标准,一部分是软件标准。硬件标准包括集装箱的外部尺寸、集装箱重量、集装箱的结构和强度、集装箱角件、集装箱门搭扣件等;软件标准包括统一名称术语、作业规则、使用方法、装运方法、代码标志等。

国际标准集装箱共有三个系列,十三种规格。目前,在国际海上集装箱运输中采用最多的是 IAA 型(即 40 英尺)和 IC 型(即 20 英尺)两种。为了便于计算集装箱数量,集装箱规格尺寸国际标准中以 20 英尺的集装箱作为集装箱计算单位,简称 TEU(Twenty-foot Equivalent Units)。因此,把 20 英尺集装箱作为一个计算单位(1 TEU),40 英尺集装箱作为两个计算单位(2 TEU)。TEU 通常用来表示船舶装载集装箱的能力,也是集装箱和港口吞吐量的重要统计、换算单位。

8.4.3 托盘

1. 托盘的概念

所谓托盘,是指为了使物品能有效地装卸、运输、保管,将其按一定数量组合放置于一定形状的台面上。这种台面有供叉车从下部叉入并将台板托起的叉入口。以这种结构为基本结构的平板台板和在这种基本结构基础上所形成的各种形式的集装器具都可统称为托盘。托盘是一种用于机械化装卸搬运和堆存的集装单元工具,是一种特殊的包装形式。

2. 托盘的特点

托盘作为一种重要的集装器具,与叉车共同使用,形成的有效装卸系统大大地促进了装卸活动的发展。托盘已成为和集装箱一样重要的集装方式,两者形成了集装系统的两大支柱。在难以利用集装箱的地方可以利用托盘,托盘难以完成的工作由集装箱完成。托盘有以下主要特点:

(1)自重量小。用于装卸、运输时托盘本身所消耗的劳动较少,无效运输及装卸相比集装箱为小。

(2)返空容易,返空时占用运力很少。由于托盘造价不高,又很容易互相代用,互以对方托盘抵补,所以无须像集装箱那样必有固定归属者,返空比集装箱容易。

(3)装盘容易,不需像集装箱那样深入到箱体内部。装盘后可采用捆扎、紧包等技术处理,使用时简便。

(4)装载量有限。装载量虽较集装箱小,但也能集中一定数量,比一般包装的组合量大。

(5)保护性比集装箱差,露天存放困难,需要有仓库等配套设施。

托盘包装在国际贸易中已经使用了很多年,被认为是经济效益较高的运输包装方法之一。它不仅可以简化包装,降低成本,使包装可靠,减少损失,而且易机械化、节省人力,实现高层码垛,充分利用空间。

3. 托盘的分类

托盘按照不同的标志可以进行不同的分类,如按结构、使用范围、使用寿命、制作材料等。这里主要介绍按托盘的结构进行分类,一般分为平托盘、柱式托盘、箱式托盘和轮式托盘等。

(1)平托盘

平托盘主要以木制为主,也有钢制、塑料、复合材料等制作的平盘,它的应用范围最广。一般分为单面使用、双面使用、两向进叉、四向进叉四种。

(2)柱式托盘

它是在平托盘上安装四个柱的托盘。安装立柱的目的是在无货架多层堆码时保护最下层货物不受损害。立柱一般可卸下,高度为 1.2m,常采用钢制材料,可负荷 3t 货物。

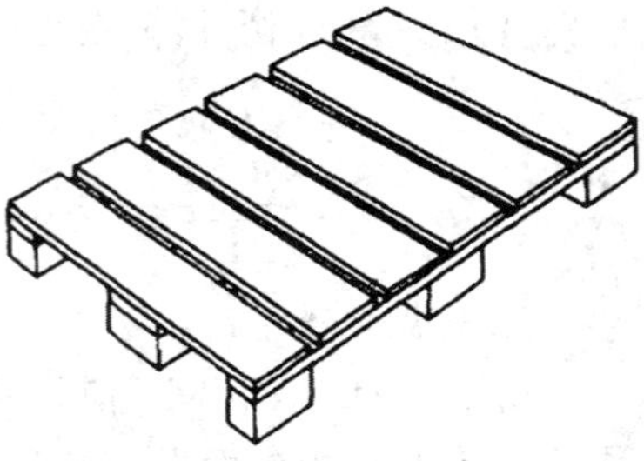

图 8-1 木制平托盘

(3)箱式托盘

它是在平托盘上安装上部构造物(平板状、网状构造物等),制成箱式设备。箱式托盘一般分为可卸式、固定式和折叠式三种。这种托盘具有使包装简易并可形成不规则的货物集装、方便运输、防止塌垛等优点。主要适合于装载蔬菜、瓜果、薯类等农产品。

(4)轮式托盘

它是一种在平托盘下面安装四个小轮子的托盘。主要适用于行包、邮件的装卸搬运作业。

4. 托盘的标准化

托盘虽然只是一个小小的器具,但由于托盘具有重要的衔接功能、广泛的应用性和举足轻重的连带性,在装卸搬运、保管、运输和包装等各个物流环节的效率化中,都处于中心位置,所以,托盘的规格尺寸,是包装尺寸、车厢尺寸、集装单元尺寸的核心。只有以托盘尺寸为标准,决定包装、卡车车厢、火车车厢、集装箱箱体等配套规格尺寸和系列化规格标准,才最能体现装卸搬运、保管、运输和包装作业的合理性和效率性。除此之外,托盘的规格尺寸还涉及集装单元货物尺寸,集装单元货物尺寸又涉及包装单元尺寸,卡车车厢、铁路货车车厢、仓库通道及货格尺寸,甚至关系到物流的基础设施,火车站、港口、码头等货物装卸搬运场所的构造结构、装卸搬运机具的标准尺寸。从某种意义上讲,托盘的标准化,不单单是托盘租赁、托盘流通和循环使用的前提,也是实现装卸搬运、包装、运输和保管作业机械化、自动化的决定因素。没有托盘规格尺寸的统一和以托盘为基础的相关设施、设备、装置、工具等的系列化标准,只能做到局部物流的合理化,难以达到整体物流的合理化。

由于托盘的尺寸涉及面太广,关联因素太复杂,做到真正的一致和统一实在不容易,必须有一个过程。目前自然形成了三大地区核心尺寸。美国的国家标准托盘尺寸为:1.219m×1.016m(48 英寸×40 英寸),周边国家加拿大和墨西哥为:1m×1m,澳大利亚为:1.165m×1.165m 和 1.1m×1.1m。欧洲国家采用 0.8m×1.2m 尺寸的较多,而德国、英国和荷兰都采用 0.8m×1.2m 和 1m×1.2m 两种尺寸,北欧各国拥有 0.8m×1.2m 的统一型托盘。亚洲国家,以日本、韩国、新加坡等为核心,采用 1.1m×1.1m 尺寸的比例较大,普及率在逐年升高,并逐渐影响我国,出现应用范围扩大到整个亚洲之势。

案例分析

FRUITTREE 的包装改革

FRUITTREE 公司是一家生产各类果汁及一些罐装水果的企业,随着零售点数目和类型的增加,果汁市场迅速地成长起来。FRUITTREE 公司所关注的最主要的一个问题是果汁生产时的鲜度。因此,有些产品是通过冰冻或浓缩制造的。对于 FRUITTREE 公司的大部分生产来讲,气候在决定公司能否生产出某一产品中起着很重要的作用。

十年前，FRUITTREE公司的产品线是瓶装果汁和罐装水果的独立包装，所有的标签都是相同的，并且只有两种标准容器：瓶和罐。如果你需要苹果汁、梨罐头等，FRUITTREE公司将会给你提供独立的产品。

然而，在过去十年中发生了许多变化，对果汁产品的要求也越来越多元化，这些多元化要求包括：

(1)世界各地的顾客需要不同的品牌；

(2)顾客不再完全为英语语种的消费者，因此需要有新的品牌和标签；

(3)顾客的消费习惯要求容器大小能有一个可变的空间；

(4)顾客的包装需要从独立的包装变为24罐的不同包装；

(5)顾客对个性化品牌包装需求呈现上升趋势；

(6)大量商品不再接受标准的托盘式装卸，而要求被重新托盘化。

在这种趋势下，公司的库存和销售出现了一些问题。单一的包装形式很难适应多元化的市场需要，从而出现了有些商品库存过多而同类产品的其他产品却缺货的情况，因此公司需要寻求另一种方法来解决问题。

于是，FRUITTREE公司认识到，传统的生产、装箱、包装、打包、集合及运输入库的方法并不有效，问题的解决方式是重新设计对仓库的责任。这一战略将生产环节只设计成为生产产品过程，并将其产品放于未包装的罐或瓶上，这种产品被称为“裸装产品”。这种“裸装产品”及与之相关的各种瓶和罐一起被送入仓库，仓库成为一个为托盘化“裸装产品”与瓶和罐的半成品储存地。当顾客向FRUIT TREE公司提交每月的购买意向后，直到货物装车前两天，公司才会确认订单，并立即将订单安排到仓库的四条包装线上的一条上，完成最后的包装和发运工作。为了保证包装生产线的利用率，当有闲余的生产线时，将生产需求最大的产品，并将其入库以备后用。

FRUITTREE公司通过将包装业务放置到仓储过程中完成，有效地解决了库存不均匀和生产预测的复杂问题。该公司仓库改建包装流水线的总投资约700万美元，另外增加了6位包装操作员来充实包装线及安排已完工的托盘，但是库存的减少和运输成本的减少带来了26%的额外税后利润率。更重要的是，顾客服务的改进和对市场需求反应能力的提高，使得曾认为无法实现的要求现在已能顺利完成。

分析

改进包装对于顾客服务的改进和对市场需求反应能力的提高意味着什么？包装在越来越多的适应客户需要的仓储增值服务项目中占什么地位？

本章小结

包装在生产过程中发展成一个独立的生产部门，这源于包装的功能以及消费者对包装功能的需求。反过来，消费者的需求也影响着包装的功能，促进包装功能的发展。从包装标志的发明到标准化、绿色包装的兴起，都是消费促进的结果。

延伸阅读

我国中药出口遭遇滑铁卢

2002 年上半年，天津港口的中药出口遭到退运的数量激增。据统计，在半年的时间里，共有 6 批 20.9 吨中成药退运，价值 14.8 万美元。退运的主要原因是产品质量及成分含量不符合国际标准、包装不合格。每年国际市场上的中成药销售额高达 160 亿美元，并正以每年 10%～20%的速度增长，而中国目前仅占该市场份额的 3%～5%，而且大部分是原料药、保健药。很多中药材在国外二次加工返销我国，在国内中药市场出尽风头。我国每年进口的中成药超过 10 亿美元。面对咄咄逼人的进口“洋中药”，国内的中药产品却在海外销售上遭遇了尴尬。

近年来，我国的中药生产工艺虽有一定的进步，但离现代化医药工业优质化生产要求还有很大的差距，中药产业的生产缺乏科学规范的标准和质量控制手段，很难保证产品质量的稳定性。传统中药材、中药饮片、中成药的标准规范不严格，在我国 1.3 万种中药资源中，常用的 500 种中药材尚未建立科学的质量规范。更为重要的是，对中药产品适应证、功能与用途等中医理论的深奥说明，很少可以用现代医学理论做出科学的表达，因而直接阻碍了中药产品进入国际主流市场。我国中药材产区在选择包装材料时，多选用布袋、编织袋、竹筐、木箱等材料，使部分药材药效减弱、变质，给传统中药进入国际市场带来了不利影响。

为应对这种局面，更好地开拓国际市场，我国应尽快制定出台包括中药材种植标准、中成药生产质量标准和中药质量标准、包装标准在内的与国际接轨的中药质量标准和包装标准，大力推进中成药剂型改革，向剂量小、疗效高、起效快，服用、携带、储藏方便的现代化剂型发展。

分析

天津港口的中药出口在包装上出现了什么问题？应如何解决出口中药出现的包装问题？

本章思考题

一、判断题(正确的用A表示,错误的用B表示)

1. 绿色包装是指无毒、无污染、可以自然降解和回收利用的包装。（　　）
2. 由于我国森林资源贫乏,所以纸质包装在我国发展前景并不好。（　　）
3. 绿防伪包装是指专业技术防伪包装,它需要由专家或专门仪器识别。（　　）

二、单项选择题

1. 最早的环境标志是德国政府在1977年制定的(　　)环境标志。

A. 蓝色天使　　B. 白天鹅　　C. 十环认证

2. 包装工业伴随着科技发展逐渐形成,大约出现在(　　)。

A. 18世纪末期　　B. 19世纪末期　　C. 20世纪初期

三、多项选择题

1. 包装的主要功能包括(　　)。

A. 防护功能　　B. 方便功能　　C. 促销功能

2. 包装的防伪技术主要有(　　)。

A. 条码技术　　B. 激光光刻技术　　C. 激光全息图像技术

D. 油墨印刷技术　　E. 破坏性防伪技术

3. 包装合理化主要表现在(　　)。

A. 包装的轻薄化　　B. 包装的单纯化

C. 符合集装单元化和标准化要求　　D. 包装的机械化

四、简答题

1. 简述包装在物流活动中的地位与作用。
2. 简述绿色包装的要求与启示。
3. 简述包装合理化的内容。

五、讨论题

论述国际贸易中包装的基本要求。

装卸与搬运

第9章

【学习目标】

- 掌握装卸搬运的概念、特点及方法
- 了解装卸搬运机械的选择、装卸搬运机械的配套方法

引导案例

云南双鹤的产品装卸与搬运问题

云南双鹤医药有限公司是北京双鹤这艘医药航母部署在西南战区的一艘战舰，是一个以市场为核心、现代医药科技为先导、金融支持为框架的新型公司，是西南地区经营药品品种较多、较全的医药专业公司。

虽然云南双鹤已形成规模化的产品生产和网络化的市场销售，但其流通过程中物流管理严重滞后，造成物流成本居高不下，不能形成价格优势。这严重阻碍了物流服务的开拓与发展，成为公司业务发展的“瓶颈”。

装卸搬运活动是衔接物流各环节活动正常进行的关键，而云南双鹤恰好忽视了这一点，由于搬运设备的现代化程度低，只有几个小型货架和手推车，大多数作业仍处于以人工作业为主的原始状态，工作效率低，且易损坏物品。另外，仓库设计不合理，造成长距离的搬运。并且库内作业流程混乱，形成重复搬运，约有70%的无效搬运，这种过多的搬运次数，损坏了商品，也浪费了时间。

建议和方法如下。

(1)减少装卸搬运环节。防止和消除无效作业。尽量减少装卸次数，努力提高被装卸物品的纯度，选择最短的作业路线等都可以防止和消除无效作业。

(2)提高物品的装卸搬运活性指数。企业在堆码物品时事先应考虑装卸搬运作业的方便性，把分类好的物品集中放在托盘上，以托盘为单元进行存放，既方便装卸搬运，又能妥善保管好物品。

(3)积极而慎重地利用重力原则，实现装卸作业的省力化。装卸搬运使物品发生垂直位移和水平位移，必须通过做功才能完成。由于我国目前装卸机械化水平还不高，许多尚需人工作业，劳动强度大，因此必须在有条件的情况下利用重力进行装卸，将设有动力的小型运输带(板)斜放在货车、卡车上进行装卸，使物品在倾斜的输送带(板)上移动，这样就能减轻劳动强度和能量的消耗。

(4)进行正确的设施布置。采用"L"形和"U"形布局，以保证物品单一的流向，既避免了物品的迂回和倒流，又减少了搬运环节。

9.1 装卸

9.1.1 装卸搬运的概念

装卸(Loading and Unloading)是指物品在指定地点进行的以垂直移动为主的物流作业。搬运(Handling Carrying)是指在同一场所内将物品进行水平移动为主的物流作业。那么，装卸搬运就是指在某一物流节点范围内进行的，以改变物料的存放状态和空间位置为主要内容和目的的活动。

"装卸"作用的结果是物资从一种支承状态转变为另一种支承状态，前后两种支承状态无论是否存在垂直距离差别，但总是以一定的空间垂直位移的变化而得以实现的。"搬运"是物品在区域范围内(通常指在某一个物流节点，如仓库、车站或码头等)所发生的短距离、以水平方向为主的位移。在流通领域，人们常把装卸搬运活动称为"物资装卸"，而生产企业则把这种活动称为"物料搬运"。

在2004年第五届国际物流会议上，美国产业界人士明确指出，当前美国全部生产过程中只有5%的时间用于加工制造，95%的时间则用于装卸搬运、储存等物流过程。根据运输部门的考察，在运输的全过程中，装卸搬运所占的时间为全部运输时间的50%。在生产企业物流中，装卸搬运成为各生产工序间连接的纽带，它是从原材料、设备等装卸搬运开始，以产品装卸搬运为止的连续作业过程。从宏观物流考察，物资离开生产企业进入再生产消费和生活消费，装卸搬运像影子一样伴随流通活动的始终。

现代装卸搬运必须具备由劳动者、装卸搬运设备、设施、货物以及信息、管理等多项因素组成的作业系统。装卸搬运作业系统中，设备、设施的规划与选择取决于物资的特性和组织要求，只有按照装卸作业本身的要求，在进行装卸作业的场合，合理配备各种机械设备和合理安排劳动力，才能使装卸搬运各个环节互相协调，紧密配合。装卸搬运既是使其他物流环节相互联系的纽带，又不附属于其他环节，而是作为一项独立的作业系统而存在的。

9.1.2 装卸搬运的特点

1. 装卸搬运作为物流环节的特点

(1)装卸搬运是附属性、伴生性的活动。装卸搬运是物流每一项活动开始及结束时必然发生的活动，因而有时常被人忽视，有时被看作其他操作时不可或缺的部分，而不再对其进行单独的研究。例如，公路运输实际包含了伴随的装卸搬运；仓库中泛指的保管活动，也包括装卸搬运活动。

(2)装卸搬运是支持、保障性的活动。装卸搬运的附属性不能理解成被动的。实际上，装卸搬运对其他物流活动具有一定的决定性作用。装卸搬运会影响其他物流活动的质量和速度。例如，装卸出现问题，会引起货物在运输过程中的损失，还会引起货物转换到下一步运输的不便。许多物流活动在有效的装卸搬运支持下才能实现高水平运转。

(3)装卸搬运是衔接性的活动。在任何其他物流活动互相过渡时，都是以装卸搬运来衔接的，因此，装卸搬运往往成为整个物流过程的衔接点，是物流各个过程之间能够形成有机联系和紧密衔接的关键，也是整个物流系统的关键。建立一个有效的物流系统，关键看这一衔接是否高效。比较先进的系统物流方式——联合运输方式，在某种意义上就是重点解决这种衔接而实现的现代物流方式。

2. 装卸搬运本身的特点

一般来说，装卸搬运具有以下特点。

(1)作业量大。作为一种附属性、伴生性的活动，装卸搬运操作在物流运动过程中无处不在，无时不有。在物资的供应与需求过程中，随着运输方法的变更、仓库的中转、货物的集散、物流的调整等，装卸搬运作业量会大幅度提高。

(2)对象复杂。在物流过程中，货物多种多样，它们在性质上(包括物理、化学、生物、机械性质等)、形态上、重量上、体积上以及包装方法上都有很大区别。即使是同一种货物在装卸搬运的不同处理方法上，也可能会出现完全不同的装卸搬运作业，不同的储存方法、不同的运输方式在装卸搬运设备运用方式的选择上都提出了不同的要求。

(3)作业不均衡。装卸搬运是一种支持、保障性活动。因此,它必然受到物资供求衔接、市场机制等条件的制约,随着物流量的波动而呈现出不均衡的特点。各种运输方式由于运量上的差别、运速的不同,使港口、码头、车站等不同物流节点都会出现集中到货或停滞、等待等的不均衡装卸搬运。

(4)对安全性要求高。装卸搬运是一种衔接性的活动,需要人与机械、货物相结合,因此,对人、机械和货物的安全性要求较高。而工作量大、情况多变、作业环境复杂等又导致装卸搬运作业中存在大量不安全的因素和隐患。因此,与其他物流环节相比,装卸搬运的安全系数较低,在装卸搬运中发生机毁人亡的事故比比皆是。

9.1.3 装卸搬运的方法

1.按装卸搬运作业对象划分

(1)单件作业法

单件、逐件的装卸搬运是人工装卸搬运阶段的主导方法。即使当前装卸机械几乎运用到各种装卸搬运领域的时候,单件、逐件装卸搬运方法也依然存在。一方面表现在某些物资出于它本身特有的属性,采用单件作业法更有利于安全。另一方面则表现在某些装卸搬运场合,没有设置或难以设置装卸机械而被迫单件作业。

(2)集装作业法

集装作业法是指将物资先进行集装,再对集装件进行装卸搬运的方法。

①集装箱作业法

集装箱作业法分为垂直装卸和水平装卸两种作业方法。垂直装卸法即"吊上吊下"方法,指采用岸边集装箱装卸桥、轮胎龙门起重机方式、轨道龙门起重机方式等垂直装卸集装箱的方法。水平装卸法即"滚上滚下"方法,指以拖挂车和叉车为主要装卸设备,平移装卸集装箱的作业方式。

②托盘作业法

叉车托盘化说明叉车是托盘装卸搬运的主要机械。水平装卸搬运托盘主要采用搬运车辆和辊子式输送机。垂直装卸采用升降机、载货电梯等。在自动化仓库中,采用巷道堆垛机和桥式堆垛机完成在仓库货架内的取、存装卸。

③其他集装件作业法

货捆单元化的货物,可以使用叉车、门式起重机和桥式起重机进行装卸搬运作业。带有与各种框架集装化货物相配套的专用吊具的门式超重机和叉车等是配套的装卸搬运机械。

(3)散装作业法

煤炭、建材、矿石等大宗物资多采用散装装卸方式。谷物、水泥、化肥、原盐、食糖等随着作业量增大,为提高装卸搬运效率,也日益走向散装装卸。

①重力法作业

重力法作业是利用货物的位能来完成装卸作业的方法。比如重力法卸车是指底开门车或漏斗车在高架线或卸车坑道上自动开启车门,煤或矿石依靠重力自行流出的卸车方法。

②倾翻法作业

倾翻法作业是将运载工具载货部分倾翻而将货物卸出的方法。铁路敞车被送入翻车机,夹紧固定后,敞车和翻车机一起翻动,货物倒入翻车机下面的受料槽。自卸汽车靠液压油缸顶起货厢,实现货物卸载。

③气力输送法

这是利用风机在气力输送机的管内形成单向气流,依靠气体的流动或气压差来输送货物的方法。

④机械作业法

机械作业法是指采用各种机械,采用专门的工作机构,通过送、舀、抓、铲等作业方式,达到装卸搬运的目的。常用的装卸搬运机械有带式输送机、链斗装车机、抓斗机、挖掘机等。

2. 按作业手段和组织水平划分

(1)人工作业法

人工作业法是一种完全依靠人力和人工使用无动力器械来完成装卸搬运的方法。

(2)机械化作业法

机械化作业法指以各种装卸搬运机械,采用多种操作方法来完成物资的装卸搬运作业方法。机械化作业法是目前装卸搬运作业的主流。

(3)综合机械化作业

综合机械化作业是代表装卸搬运作业发展方向的作业方式。综合机械化作业要求作业机械设备和作业设施、作业环境的理想配合,要求对装卸搬运系统进行全面的组织、管理、协调,并采用自动化控制手段(如电子计算机控制与信息传递),并取得高效率、高水平的装卸搬运作业。

3. 按装卸设备作业特点划分

(1)间歇作业

间歇作业指在装卸搬运作业过程中有重程和空程两个阶段,即在两次作业中存在一个空程准备过程的作业方法。如门式和桥式起重机作业。

(2)连续作业法

连续作业法指在装卸搬运过程中，设备不停地作业，物资可连绵不断、持续流水般地实现装卸作业的方法。如带式输送机、链斗装车机作业。

9.2 装卸搬运机械

9.2.1 装卸搬运机械的分类

装卸搬运机械是指用来搬移、升降、装卸和短距离输送物料或货物的机械。它不仅用于完成船舶与车辆货物的装卸，而且又要完成库场货物的堆码、拆垛、运输以及舱内、车内、库内货物的起重、输送和搬运。装卸搬运机械按机械的主要用途或结构特征分类，装卸搬运机械可分为：起重机械、连续运输设备、装卸搬运车辆等。

1. 起重机械

起重机械是用来垂直升降货物或兼作货物的水平移动，以满足货物的装卸、转载等作业要求。

(1)起重机械的分类

起重机械的种类很多，按照起重机械的综合特征可分为多种类型，如图 9-1 所示。

(2)起重机械的基本性能参数

起重机械的基本参数，表示起重机械的技术特征。它既是各种使用要求的反映，也是设计计算的前提，同时还是选择、配置装卸运输设备的重要依据。

①起重量

起重量是指起重机在正常的工作条件下(保持必需的机械结构的稳定性和牢固性的安全系数)，被起升的额定载荷加取物装置的重量，如抓斗、电磁吸盘等。起重吊钩重量一般可忽略不计。

②起升高度

起升高度是指起重机械可以提升物品的最大有效高度。起升高度主要根据工作需要和工作环境来决定。一般是指由起重工作场地的地面至吊钩中心的最高位置之间的距离。在装卸物资时，物资被提升的实际高度，往往小于规定的起升高度参数，这是货物本身和吊索具有限制的结果。

③工作速度

装卸机械的工作速度包括提升速度、走行速度、旋转速度等。

- 起重机
  - 轻小型起重机械
    - 千斤顶
    - 手板葫芦
    - 手拉葫芦
    - 电动葫芦
  - 桥式类起重机
    - 悬挂梁式起重机
    - 通用桥式起重机
    - 龙门起重机
      - 轨道龙门起重机
      - 轮胎龙门起重机
    - 装卸桥
      - 抓斗装卸桥
      - 集装箱装卸桥
      - 多用途装卸桥
    - 绳索起重机
    - 桅杆起重机
  - 臂架类起重机
    - 甲板起重机
    - 固定旋转臂式起重机
    - 流动起重机
      - 汽车起重机
      - 轮胎起重机
      - 履带起重机
    - 门座起重机
      - 港口门座起重机
      - 水上门座起重机
      - 船台(坞)起重机
      - 安装门座起重机
      - 多用途门座起重机
    - 浮式起重机
  - 堆垛类起重机
  - 升降机

图 9-1 起重机分类

提升速度:指被提升的物资在单位时间内垂直位移的距离。

起重机械走行速度:指起重机在单位时间内走行的距离。门式起重机和桥式起重机视为大车运行速度。起重机小车走行速度指单位时间内起重小车走行的距离。

旋转速度:指旋转式起重机的起重臂在单位时间内的旋转回数。

上述参数除旋转速度用转/分表示外,其他都用米/分表示。

④跨度和幅度

跨度是表示起重机吊具工作范围的参数。如桥式和门式起重机的跨度是指两根走行轨道中心线之间的距离。

幅度也是表示起重机吊具工作范围的参数。它指旋转式起重机吊钩垂直中心线至旋转轴中心线之间的水平距离。

⑤外形尺寸

外形尺寸指起重机械的最大长、宽、高的尺寸。

⑥自重

自重也可用轮压表示。它是指起重机在无负载时的自身重量,或者每一走行轮所承担的重量和压力(起重机械的负载有吊索具、燃料、润滑材料、水和操作人员等)。

⑦工作制度

起重机械的工作制度是指起重机的工作时间和温度、暂载等条件。起重机按工作制度分为4种运用类型,即轻型、中型、重型、特重型。需要说明的是,起重机械的各个机构可具有不同的工作类型,通常按起升机构的工作类型来确定整个起重机的工作类型。

2. 连续运输机械

连续输送设备也称连续运输机械,是以连续的方式沿着一定的线路从装货点到卸货点均匀输送货物的机械。

(1)按安装方式分

固定式输送机。固定式输送机是指整个设备固定安装在一个地方,不能再移动。它主要用于固定输送场合,如专用码头、仓库、工厂专用生产线等,具有输送量大、效率高等特点。

移动式输送机。移动式输送机是指整个设备固定安装在车轮上,可以移动,具有机动性强、利用率高和调度灵活等特点。

(2)按机械结构特点分

具有挠性牵引构件的输送机械。具有挠性牵引构件的输送机械的工作特点是物料和货物在牵引构件的作用下,利用牵引构件的连续运动使货物向一个方向输送。常见的有带式输送机、链式输送机、斗式提升机、悬挂输送机等。

3. 装卸搬运车辆

装卸搬运车辆是指依靠本身的运行和装卸机构的功能,实现货物的水平搬运和短距离运输、装卸的各种车辆。装卸搬运车辆机动性好、实用性强,广泛地用于仓库、港口、车站、货场、车间、船舱、车厢内和集装箱内作业。

(1)装卸搬运车辆的分类

装卸搬运车辆按照作业方式不同可分为三大类,即固定平台搬运车、牵引车和起升车辆。具体分类如图9-2所示。

按装卸搬运车辆所使用的动力进行分类,可分为电动式和内燃式。电动式搬运车辆由电动机驱动,由蓄电池供电,结构简单,操作较容易,环境污染小,维修方便，但因受电池容量的限制，驱动功率小，作业效率低，只有在对环境要求高的场合下使用。内燃式装卸搬运车辆以内燃机作为动力，结构比较复杂，维修不方便，环境污染大，但是因其车辆动力大，工作效率高，对路面的要求低，使用场合广泛。

- 搬运车辆
  - 固定平台搬运车
  - 牵引车
  - 起升车辆
    - 堆垛用起升车辆
      - 平衡重式叉车
      - 前移式叉车
      - 插腿式叉车
      - 托盘堆垛车
      - 侧面式叉车
      - 侧向堆垛叉车
      - 三向堆垛叉车
      - 伸缩臂式叉力
      - 托盘搬运车
      - 非堆垛跨车
    - 非堆垛用起升车辆
      - 托盘搬运车
      - 非堆垛跨车
    - 堆垛跨车
    - 拣选车

图 9-2　装卸搬运车辆分类

(2)装卸搬运车辆的基本性能参数

①额定载重量

额定载重量是指车辆在规定条件下正常使用时，可起升和搬运货物的最大重量。

②水平行驶速度

水平行驶速度是指车辆在平直的路面上行驶时，所能达到的最大速度。水平行驶速度的高低直接影响着车辆的作业效率。

③起升速度和下降速度

它是指车辆在一定载荷条件下，载荷装置所能上升和下降的最大速度。起升速度和下降速度的高低与搬运车辆本身的性能和制造材料有关。

④最小转弯半径

最小转弯半径是指车辆在空载低速行驶、打满方向盘即转向轮处于最大偏转角时，转向中心距离搬运车辆纵向中心线的距离。最小转弯半径的大小影响搬运车辆的作业的灵活性。

⑤车辆的自重

车辆的自重是指车辆空载时的总重量。

⑥搬运车辆的尺寸

搬运车辆的尺寸即搬运车辆的总长、总宽和总高。

(3)固定平台搬运车和牵引车

①固定平台搬运车

固定平台搬运车是室内经常使用的短距离的搬运车辆。

②牵引车

牵引车是具有牵引装置，专门用于牵引载货挂车进行水平搬运的车辆。牵引车没有取物装置和载货平台，不能装卸货物，也不能单独搬运货物。它分为内燃牵引车和电动牵引车两种。

内燃牵引车一般采用经济良好的柴油机进行驱动，只有小型牵引车才采用汽油机进行驱动。

电动牵引车一般采用蓄电池和直流电动机进行驱动，主要用于室内的牵引作业。

9.2.2 装卸搬运机械的选择

1. 机械选择要与物流量相吻合

在选择装卸运输机械时，由于生产发展水平的制约及作业现场物流量的需要，应力求做到机械的作业能力与现场作业量之间形成最佳的配合状态。这就是说，机械的作业能力达不到或超过这一状态点都可能形成不良后果。当机械作业能力达不到现场作业要求时，物流受阻；当超过现场作业要求时，表现为生产能力过剩，机械能力得不到充分发挥，超过的越多，经济损失也就越大。

影响物流现场装卸作业量的因素很多，通常有以下几个方面：

(1)吞吐量

无论是车站、码头、仓库等各种物流作业现场，吞吐量都是装卸作业量核定的最基本的因素。

(2)堆码、搬倒作业量

在装卸作业现场中，物资并非都是经过一次装卸作业就能完成入港、离港、入库、出库、入站、出站等作业的。往往由于货场的调整、保管的需要、发运的变化等因素，必须对物资进行必要的搬倒、堆码作业。堆码、搬倒的次数越多，装卸作业量也就随之增大。这部分装卸作业量当然越少越接近于零越好。

(3)装卸作业的高峰量

由于装卸作业直接受到物资流动时的不均衡影响，导致装卸作业机械在使用上可能发生忙闲程度不同的情况。为了能适应装卸作业现场可能出现的高峰量，机械作业能力应对此有必要的、充分的准备。

2. 装卸运输机械作业发生的主要费用

(1)设备投资额

装卸机械设备投资额，是平均每年机械设备投资的总和与相应的每台机械在1年内完成装卸作业量之比。

(2)装卸机械的运营费用

运营费用是指在某一种装卸机械作业现场，一年内运营总支出和机械完成装卸量之比。

(3)装卸作业成本

装卸作业成本是指某一物流作业现场，装卸机械每装卸一吨货物所支出的费用。即每年平均设备投资支出和运营费用支出的总和与每年装卸机械作业现场完成的装卸总吨数之比。

3. 装卸机械的选择

(1)装卸机械的选择应以满足现场作业为前提

根据物流作业现场的具体作业情况不同，可根据作业需要，选择合适的装卸机械类型。例如，在有铁路专用线的车站、仓库等，可选择门式起重机；在库房内可选择桥式起重机，在使用托盘和集装箱作业的生产条件下，可尽量选择叉车。

(2)装卸机械吨位的选择，应以现场作业量、物资特性为依据

一般来说，吞吐量较大的车站、码头、货场，应选择较大吨位的装卸机械，这样可满足在作业次数相对较少的情况下，完成较大的装卸作业量。对于长大、笨重的物资，可选择较大吨位的起重设备。对单体重量较轻的物资可选择相应较小吨位的机械。装卸机械吨位的具体确定，应对现场要求进行周密的计算、分析。

(3)在能完成同样作业效能的前提下，应选择性能好、节省能源、便于维修、有利环境保护、利于配套、成本较低的装卸机械。

9.2.3 装卸搬运机械的配套

装卸作业往往靠一两台机械设备是不能胜任的，那么在采用几台相同设备或数台不同类型的设备协同作业时，机械设备如何做到配套成龙？

1. 装卸机械在生产作业区的衔接

门式起重机由于受到横向和纵向运行轨道的限制，其作业范围往往被限制在一定的区间内，为了能使物流顺畅地通过，各种机械就必须相互联系、相互补充、相

互衔接。

2. 装卸机械在吨位上的配套

装卸机械在作业吨位上的配套，可以使每台机械设备的能力都得到充分的发挥。这样，在单位时间里可以使装卸作业量达到最大值。在数台不同的装卸机械协同作业的时候，如其中某个环节机械作业吨位的不协调，必然会带来整个作业过程的脱节。

3. 装卸机械在作业时间上的紧凑性

机械设备的作业时间与作业场地关系很大，一般来说，运行距离越长则时间花费得越多。要使机械设备在作业时间上配套，首先应合理安排机械的运行距离。其次，前一个装卸作业过程与下一个装卸作业过程如能满足和接近下列关系，即前一装卸机械每作业吨需要的时间与后一装卸机械每作业吨所需时间相等，即装卸速率相同，则装卸作业过程在时间上就可得到很好的衔接。例如，采用传动带进行装卸作业，其作业活动由输送带上的移动、输送带两端的装卸等三个环节组成，如果上述三个作业环节不能以同一速率进行作业，就不能达到协调和高效率。

4. 装卸机械配套的方法

(1)按装卸作业量和被装卸物资的种类进行机械配套

在确定各种机械生产能力的基础上，按每年装卸1万吨货物需要的机械台数和每台机械所担任装卸物资的种类与每年完成装卸货物的吨数进行配套。

装卸机械配置的计算方法：

$$Z_{配}=(\eta Q_{年}-Q_{地})Z_1(台)$$

或

$$Z_{配}=(\eta Q_{年}-Q_{地})/G_{台}$$

式中：$Z_{配}$——配置机械台数；

$Q_{年}$——年装卸总作业量(万吨)；

η——某种货物占 $Q_{年}$ 的百分数(%)；

$Q_{地}$——货主或地方单位担任的装卸量(万吨)；

Z_1——每年装卸1万吨需要的机械台数；

$G_{台}$——1台机械每年完成的半年作业量(万吨)。

(2)运用线性规划方法，设计装卸作业机械的配套方案

运用线性规划方法是根据装卸作业现场的要求，列出数个线性不等式，并确定目标函数，然后求其最优解。

例如，以寻求物资装卸的最少费用为目标函数的设计方法，可如下所列：

$$\begin{cases} \sum_{i=1}^{n} X_i R_i \geqslant \\ \sum_{i=1}^{n} X_i T_i \leqslant T_e \\ \sum_{i=1}^{n} X_i U_i \leqslant U_e \\ X_i \geqslant Y \\ X_i \geqslant 0 \end{cases}$$

目标函数：$\text{Min } G = \sum_{i=1}^{n} G_i X_i$

式中：X_i——设计方案中的各种机械设备；

R_i——各种设备的日作业量；

Q——现场要求的日最高装卸量；

T_i——各种设备的电耗定额；

T_e——现场耗电指标；

U_i——各种设备的油耗定额；

U_e——现场耗油指标；

Y——对 i 种设备的限定台数；

G_i——各种设备的作业费用。

应指出，用线性规划方法求出的各种设备的种类和台数，很可能与装卸作业现场的具体要求有一定的差距。因此，在具体设置配套机械时，可在求解的基础上做适当的、必要的调整。

(3)运用综合费用比较方法来确定装卸机械的配套方案

运用综合费用比较法的原则是先比较初步方案的作业费用，再比较初步方案的利润情况，最后选出最佳方案。

表 9-1 中，如 $C_1 < C_2$，并且 $L_1 > L_2$，那么在方案Ⅰ、Ⅱ中，当然方案Ⅰ好；

如果是 $C_1 > C_2$，但 $L_1 < L_2$，这时可比较两个方案的费用比。如 $C_1/C_2 > L_1/L_2$，则方案Ⅰ不好；反之如 $C_1/C_2 < L_1/L_2$，则方案Ⅰ优。

表 9-1　　综合费用比较法

装卸作业单位经济指数	初始方案		
L——年机械作业利润总额 $C_{总}$——年机械作业费用支出总额	Ⅰ	Ⅱ	Ⅲ
	C_1	C_2	C_3
	L_1	L_2	L_3

在比较初始方案时，如方案较多，可先两个一组分别进行比较，然后选择较好者再进行比较，直至选出最佳方案为止。

9.3 集装箱装卸搬运

9.3.1 集装箱装卸搬运的方式

1. 吊装方式

在专用集装箱码头前沿一般都配备岸边集装箱起重机械，以进行船舶的集装箱装卸作业。完成集装箱吊装作业的集装箱起重机械一般配有集装箱吊具。集装箱通过吊具上的转锁对准集装箱顶部或底部的四个角配件孔，提取、吊运集装箱。集装箱吊具主要有固定吊具和伸缩吊具两种。固定吊具是不可伸缩的吊具，伸缩吊具则是为适应集装箱的尺寸可伸缩的吊具。

集装箱吊装方式按货场上使用的机械类型可分为跨车方式、轮胎式龙门起重机方式、轨道式龙门起重机方式和底盘车方式。

2. 滚装方式

滚装方式是将集装箱放置在底盘车（挂车）上，由牵引车拖带挂车通过与船艏门、艉门或舷门铰接的跳板，进入船舱，牵引车与挂车脱钩卸货实现装船。或者将集装箱直接码放在船舱内，船舶到港后，采用叉车和牵引列车驶入船舱，用叉车把集装箱放在挂车上，牵引列车拖带到码头货场，或者仅用叉车通过跳板装卸集装箱。

9.3.2 集装箱装卸搬运的注意事项

集装箱是具有一定规格和强度的周转用的大型货箱。集装箱在运输过程中要反复使用。在装卸过程中如果操作不当，或使用了不恰当的工具，或违反了操作规程都会使集装箱、货物以及人身安全造成损伤。因此，为了保证集装箱运输的安全，除要了解集装箱的结构和强度的特征外，还要掌握集装箱的装卸方法。《系列1集装箱——装卸和紧固》（ISO 3874—2002）国际标准，对不同种类集装箱的装卸做了具体的规定。

1. 装卸前的一般注意事项

（1）必须遵守有关规则的规定。在装卸前必须掌握劳动安全、操作规程、公路法规以及有关危险货物的运输、保管等规则的内容，不能违反这些规则的规定。

(2)集装箱及有关装卸机械应做好充分的准备。“做好充分准备”,是指集装箱的可拆部分的零部件以及集装箱的箱门和角件等都必须处在正常状态下。集装箱的形状、尺寸、强度都要符合国际标准的要求。集装箱的装卸机械包括集装箱装卸桥、集装箱轮胎式(或轨道式)龙门吊、跨运车、叉式装卸车及底盘车等,并包括以上各种机械的吊具。“做好各种装卸机械的充分准备”,是指上述机械要保持在正常而且能安全操作的状态之下。

(3)要固定好集装箱的活动部件和附件。例如,集装箱的箱门、罐式集装箱的入孔盖、散货集装箱装货口盖以及其他各种闭锁装置等可活动部件、台架式集装箱两侧的立柱、敞顶集装箱上的箱顶弓梁等可拆式附件,在集装箱吊起、移动和搬运之前必须牢牢地固定在集装箱上。

(4)严格执行安全指示。对从事集装箱操作的人员,要给予必要的安全作业指导,操作人员必须严格执行安全指示。

2. 集装箱着地时的注意事项

(1)装卸集装箱时,不能使集装箱在着地时受到猛烈冲击,以免损坏箱内货物。

(2)集装箱在下降过程中不能突然停止。

(3)应平衡着地,如不得不倾斜着地时,一端着地后,要特别注意另一端着地时不受冲击。

(4)在装卸全集装箱船时,由于舱内有箱格导柱,特别是在肉眼难以看清的情况下,集装箱必须慢慢地放下,以免与箱内格导柱产生剧烈撞击。

3. 集装箱移动位置时的注意事项

(1)不准在地面上或其他集装箱上拖曳集装箱。

(2)不能用滚轮或圆棍棒移动集装箱。

(3)不能在摇摆状态下着地,或者拖曳、吊起集装箱。

(4)不能利用摇动将集装箱放置在离吊索下方以外的地方。

(5)在普通货船等运输工具上装卸时,不能用钢丝绳挂在底角件上拖拉集装箱。

案例分析

顶峰电子公司的货物分拣系统

顶峰电子公司是位于美国亨茨维尔市的一家现代化仓库,它采用自动识别系统技术改进货物分拣系统,从出货到装船实现了全部自动化操作,显著改善了该公司的物流管理。这个系统在基于 UNIX 的 HP 19000 上运行美国 ORACLE 公司的数据库,服务器由 4 个 9000MHz 的 Norand RF 工作站组成,它连接各个基本区域,每个区域支持 20 个带有扫描器的手持式无线射频终端。订单从配送中心的商务系统(在另一个 HP 19000 上运行的)下载到仓储管理系统(WMS),管理系统的服务器根据订单的大小、装船日期等信息对订单进行分类,实施根据订单分拣与零星分拣策略,并且指导分拣者选择最佳分拣路线。根据订单分拣货物,如果订单订货数量比较大,可以根据订单,一个人一次提取大量订货。货物分拣者从他或她的无线射频终端进入服务器,选择订单上各种货物,系统会通过射频终端直接向货物分拣者发送货物位置信息,指导分拣者选择最佳路径。货物分拣者在分拣前扫描货柜箱上的条形码标签,如果与订单相符,直接分拣。完成货物选择后,所有选择的货物经由传送设备运到打包地点。扫描货物条码,对分拣出来的货物进行包装前检查,然后打印包装清单,完成包装以后在包装箱外面打印订单号条码(使用 CODE—39 条码)。包装箱在 UPS 航运站称重,扫描条形码订单号,并且把它加入到 UPS 的跟踪号和重量信息条码中,这些数据,加上目的地数据,构成跟踪记录的一部分上报到 UPS。

零星分拣货物。小的订单(尤其是 5 英镑以下订货)的分拣或者单一路线货物分拣,则采用"零星分拣货物"的策略来处理。信号系统直接将订单分组分派给货物分拣者。每个分拣人负责 3～4 个通道之间的区域。货物分拣者在自己负责的区域内,携带取货小车进行货物分拣,取货小车上旋转多个货箱,一个货箱盛放一个订单的货物。如果货架上的货物与订单相符,就把货物放进小车上的货箱,并且扫描货箱上条形码序列号。在货物包装站,打印的包装清单既包括货物条码,也包括包装箱序列号。

这一系统方案为顶峰电子公司遍及全美的服务区域提供了电视、录像装备,实现远程监控与订货,装船作业在接到订单 24～48 小时内完成,每日处理订单达到 2000 份。同时,应用这一系统,顶峰公司绕过了美国国内 60 个、国外 90 个中间商,把产品直接输送到个人服务中心,缩短了产品供应链,大大降低了产品的销售成本,显著提高顶峰公司企业的市场竞争能力。

新的货物分拣系统使装船准确率增长到 99.9%,详细目录准确率保持在 99.9%,货物分拣比例显著提高。以前,货物分拣者平均每小时分拣 16 次,现在是 120 次。由于这一系统的运用,劳动力减少到原来的 1/3,从事的业务量增加了 26%。尽管公司保证 48 小时内出货,实际上 99%的 UPS 订货在 15 分钟内就能完成,当日发出。

(资料来源:蒋蕊聪. 自动分拣系统. 中国储运,2007(11))

本章小结

本章分别介绍了装卸搬运的概念、装卸搬运机械、集装箱装卸搬运等。通过本章的学习，学生需要掌握装卸搬运的基础知识，为学习本书后续章节奠定理论基础。

本章思考题

一、判断题(正确的用 A 表示，错误的用 B 表示)

1. 在物流过程中，装卸搬运活动是出现频率最高的物流活动。 (　　)
2. 装卸搬运自动化系统优势特别明显，所有仓库都应当采用。 (　　)
3. 在集装箱下降的过程中不能突然停止。 (　　)

二、单项选择题

1. 在下列物流活动中，造成货物损耗的最主要环节是(　　)。
A. 运输　B. 装卸　C. 包装　D. 配送
2. AGVS 是指(　　)。
A. 自动引导搬运车　B. 自动化机器人
C. 自动分拣设备　D. 自动化系统

三、多项选择题

1. 装卸搬运活动按照作业场所的不同可以分为(　　)。
A. 铁路装卸搬运　B. 港口装卸搬运
C. 公路装卸搬运　D. 场库装卸搬运
2. 下列属于装卸搬运合理化的主要措施有(　　)。
A. 防止无效装卸　B. 充分利用重力
C. 装卸搬运自动化　D. 提高装卸搬运灵活程度
E. 保持装卸搬运的系统性
3. 装卸搬运的要素有(　　)。
A. 人　B. 装卸物　C. 搬运场所
D. 搬运时间　E. 搬运手段

四、简答题

1. 如何理解装卸搬运的概念？
2. 装卸集装箱时的注意事项有哪些？
3. 简述装卸搬运作业的基本原则及其内容。

五、讨论题

论述实现装卸搬运活动合理化的途径。

现代物流的发展新趋势

第10章

【学习目标】

- 熟悉电子商务物流的概念、内涵和特点
- 了解自贸区建设对中国物流行业发展的促进作用
- 理解绿色物流的概念、内涵和体系，了解逆向物流的相关知识
- 熟悉应急物流的概念和作用，了解发展应急物流的重要性
- 理解物流企业履行企业社会责任的重要性

引导案例

2016年“双11”中国电商物流指数

中国物流与采购联合会与京东集团联合调查的2016年“双11”中国电商物流指数为213.5点，比2015年“双11”期间增加49点，增长29.8%。

从各分项指数来看，总业务量指数为454.5点，比2015年“双11”增加142.6点，增长45.7%。

农村业务量指数为626.1点，比2015年“双11”增加262.4点，增幅达到72.2%。

库存周转指数为162.5点，比2015年“双11”增加15.2点，增长10.3%。

物流时效指数为148.1点，比2015年“双11”增加52.1点，增长54.2%。

履约率指数为93.7点，比2015年“双11”下降2.5点，下降2.6%。

满意度指数为100.6点，比2015年“双11”提高0.2点，基本持平。

人员指数为157.1点，比2015年“双11”增加23.1点，增长17.3%。

实载率指数为105.3点，比2015年"双11"减少3.8点，下降3.5%。

国务院发展研究中心市场经济研究所所长认为，指数反映出2016年"双11"物流活动在关键时点、业务规模、服务质量、运作效率、影响广度等方面都较往年有较大提升，可以从"早、高、升、广"四个方面进行总结。

1."双11"电商物流首先突出时间早。一是启动早，2016年各大电商物流备战"双11"的启动时间要早于往年，从11月前5天的情况看，总业务量指数平均为377.1点，比2015年同期高129.7点，增长52.5%。

二是发力早，11月7日总业务量开始发力，比2015年提前2天，11月9日开始冲刺，当日总业务量指数达到333点，一方面是商家开展商品预售引导下单；另一方面消费者为保证物流时效主动避开高峰提前购物，反映出"双11"期间买卖双方预期更趋理性，更加重视物流体验和产品质量。

2.业务量规模突破新高。一是总量高，"双11"期间各大电商物流业务量规模高速增长，总业务量指数比2015年增加142.6点，增长45.7%。

二是单日再创历史新高，"双11"大战首日，11月1日总业务量指数达到496.9点，比2015年同期高272.3点，增长121.3%，而11月11日当天的总业务量指数为1313.3点，比2015年同期高492.5点，增长60%。业务量的显著增加也给物流配送活动带来了一定压力，"双11"履约率指数为93.7点，比2015年"双11"下降2.5点，下降2.6%。

3.物流运作效率和服务质量显著提升。"双11"物流时效指数为138.9点，比2015年"双11"增加40.8点，增长41.6%。

据统计，2016年最快的物流订单完成时间不到13分钟。库存周转指数为162.5点，比2015年"双11"增加15.2点，增长10.3%，而"双11"期间实载率指数达到了105.3点，接近今年各月最高水平，实属不易。

值得注意的是，在人员指数仅增长17.2%的情况下，支撑了数倍业务量的高速增长和物流效率的改善，反映出电商物流人均效率显著提升。

从消费者的角度看，满意度指数为100.6点，与2015年相比提高0.2个点，综合反映出消费者对电商物流的满意程度在提高。"双11"期间急速增长的天量订单对整个物流体系都带来了巨大考验，因此各大电商物流企业都在不断创新，采取措施。

据了解，京东物流2016年采取了众包资源、增加运力等具体措施，还通过大数据分析，提前进行供需精准对接、智能配货和网络布局，提升高峰订单和尖峰时刻的应对能力，同时为保证农村物流时效，还加大了对小城镇的人员和网点投入。

4.从城市到乡村、从东部到中西部地区，电商物流的广度在不断拓展延伸。2016年"双11"期间农村业务量指数为626.1点，比2015年增加262.4点，增幅达到72.2%,“双11”当天农村业务量指数达到1864.9点,比2015年增加908.2点,增长94.9%,反映出农村电商物流需求保持了强劲增长。

“双11”东部、中部、西部和东北地区总业务量指数分别为417.2点、527.2点、481.7点和530.2点,也反映出电商物流以东部为基础、中西部地区快速增长的互动格局。

(资料来源:中国国际电子商务网)

分析

以“双11”为代表的电子商务的快速发展对现代物流发展有什么影响?

10.1 电子商务物流

10.1.1 物流与电子商务

物流作为电子商务的一个支撑,与电子商务协同造就了电子商务时代,促成产品销售方式和终端消费者购买方式发生了根本性转变。同时,电子商务的发展也为物流提供了新技术、新发展机会和发展空间。

1. 电子商务的概念及发展

通常,电子商务就是全球商贸活动中利用电子形式运行的商品流通模式,也可泛指依托互联网进行的商务活动。它所能涵盖的范围,小到个人及家庭购物,大至企业经营、全球贸易等领域。我国国家标准《物流术语》GB/T 18354—2006对电子商务的定义是:在Internet开放的网络环境下,基于Browser/Server的应用方式,实现消费者的网上购物(B2C),企业之间的网上交易(B2B)和在线电子支付的一种新型的交易方式。电子商务是多样式的,主要有B2B、B2C、C2C、ABC、O2O、C2B、B2G、O2P、M2E以及社交电子商务、团购、跨境电子商务等。

全球电子商务的发展大约经历了三个阶段:

(1)20世纪60年代至90年代,基于EDI的电子商务。

(2)20世纪90年代以后,基于Internet的电子商务。

(3)2000年以来形成的E概念电子商务。

小提示

中国电子商务发展阶段

纵观我国电子商务发展历程,可以将其划分为四个历史阶段:

第一个时期，初创期(1997 年至 2002 年)。互联网虽然是舶来品，但是却受到人们的热切期待。加之此时美国网络热潮兴起，也促使我国互联网得以快速发展，中国化工网、8848、阿里巴巴、易趣网、当当网、美商网等知名电子商务网站很快就在最初的几年时间里发展起来。然而，由于这段时期我国信息化发展水平仍然较低，社会大众对于电子商务仍然缺乏了解，加上不久之后的互联网泡沫等，电商网站大多举步维艰。不过，这段时期的经历为我国电子商务发展打下了很好的基础，营造了很好的社会舆论和环境。

第二个时期，快速发展期(2003 年至 2007 年)。在这段时期里，电子商务的发展获得了难得的历史机遇，支撑电子商务发展的一些基础设施和政策也在这一期间得以发展起来。阿里巴巴先后建立淘宝网并推出“支付宝”。国家也先后出台了一些促进电子商务发展的重要措施，《国务院办公厅关于加快电子商务发展的若干意见》《电子商务发展“十一五”规划》等接连落地，从政策层面为电子商务发展指明了方向。

第三个时期，创新发展期(2008 年至 2012 年)。尽管受到国际金融危机的影响，但是 2008 年以来我国电子商务仍然以较高的速度增长。这段时期的特点是，我国电子商务初步形成了具有中国特色的网络交易方式，网民数量和物流快递行业都快速增长，电子商务企业竞争激烈，平台化局面初步成型。

第四个时期，密集创新和快速扩张期(2013 年至今)。主要表现为：我国电子商务仍然保持快速增长态势，潜力巨大；企业、行业信息化快速发展，为加快电子商务应用提供坚实基础；电子商务服务业迅猛发展，初步形成功能完善的业态体系；跨境电子交易获得快速发展。此外，电子商务发展环境不断改善。全社会电子商务应用意识不断增强，应用技能得到有效提高。相关部门协同推进电子商务发展的工作机制初步建立，围绕电子认证、网络购物等主题，出台了一系列政策、规章和标准规范，为构建良好的电子商务发展环境进行了积极探索。

2. 电子商务与物流的关系

电子商务与物流之间是相互促进、相互发展的。

(1)物流是电子商务的组成部分和实现保障

电子商务无论涵盖面多广，形式如何多样化，其本质不仅包括便捷地实现消费者网上购物、商户之间网上电子交易和在线电子支付，以及相关综合性服务，而且还蕴含网上完成交易的商品必须流转到终端买方之手的意思。这涉及的正是商品流通。

电子商务的商流和物流是分流的，因为电子商务中的商流(含资金流、信息流)可以通过计算机和网络通信设备在线实现。而物流却需要在线下才能最终实现，只有少数非实体类产品和服务(电子出版物、信息咨询、金融服务等),可直接通过线上传输实现配送。但是,电子商务的商流与物流又是相辅相成的。物流是电子商务的有机组成部分,是电子商务的另一半。离开了物流的电子商务是残缺的,也是不复存在的。事实上,电子商务流程就是客户从登录网络查找产品/服务信息、网上交易、网上结算,经配送到门及售后服务与支持的全过程。很显然,电子商务=商流+物流。

完整的电子商务,要依靠物流的支撑和保障。没有物流的配合和支持,电子商务商流只是“空头支票”而已,是毫无实际意义的;电子商务所带来的购物便捷也就归于零。因此,物流对于电子商务具有十分重要的作用。

(2)电子商务是物流技术的产物和发展的催化剂

作为电子商务前身的电子数据交换技术(EDI)的产生是为了简化烦琐、耗时的订单等的处理过程,以加快物流的速度,提高物资的利用率而诞生的。电子商务的提出最终是为了解决信息流、商流和资金流处理上的烦琐以及现代化的物流过程的延缓,进一步提高现代化的物流速度。

电子商务的关键就在于依靠电子设备和网络信息技术。不断发展中的电子商务,为物流提供了相应的发展机会、发展空间和技术支持,也对物流发展提出了新的要求。物流必须与电子商务协同发展,不断完善电子商务物流体系。

10.1.2 电子商务物流的内涵和特点

电子商务作为一种新的数字化商务方式,代表未来的贸易、消费和服务方式。因此,要完善整体商务环境,就需要打破原有的工业的传统体系,建立以商品代理和配送为主要特征,物流、商流、信息流和资金流有机结合的社会化电子商务物流体系。

1. 电子商务物流的内涵

电子商务物流就是依托互联网平台,综合应用先进的计算机网络技术、信息技术、物流管理技术来完成物流的组织、交易、协调、控制和管理的全过程,提供从网络前端到最终客户端的所有中间过程服务,实现产品最简单、准确、快捷的物理性流动。

从广义的角度理解,电子商务物流可以称为“电子商务时代的物流”,或者理解为“物流管理电子化”。因此,有人称电子商务物流为虚拟物流(Virtual logicstics),即以计算机网络技术进行物流运作与管理,实现企业间物流资源共享和优化配置的物流方式。

电子商务物流是一种全新的物流模式。它以大量复杂的企业间电子化信息互动为基础，全面应用了客户关系管理（CRM）、商业智能（BI）、条形码技术（Bar Code）和POS信息采集系统、管理信息系统（MIS）、集成系统（CIMS）、企业资源计划（ERP）、电子订货系统（EOS）、电子数据交换（EDI）、全球卫星定位跟踪系统（GPS）和基于Internet的信息网络技术等先进的信息技术手段，以及配送优化调度、集成化的物流管理系统，从而为企业建立敏捷的供应链系统提供了强大的技术支持。

电子商务物流提供的是一种综合性物流服务。它涉及更广泛的业务范围，包括咨询服务（确认客户需求）、网站设计/管理、客户集成方案实施等网上前端服务和订单管理、仓储与分拨、配送与交付、退货管理、客户服务以及数据分析处理等后端服务，它能够为客户提供系统集成服务解决方案。

2. 电子商务物流的特点

电子商务时代的来临，使物流具备了一系列新的特点：

（1）信息化

物流信息化是电子商务的必然要求。物流信息化表现为信息的商品化、物流信息收集的数据库化和代码化、物流信息处理的电子化和计算机化、物流信息传递的标准化和实时化、物流信息存储的数字化等。

（2）自动化

物流自动化的基础是物流信息化。物流自动化的核心是机电一体化，自动化的外在表现是无人化，自动化的效果是省力化。另外，自动化还可以扩大物流作业能力、提高劳动生产率、减少物流作业的误差等。

（3）智能化

物流智能化是信息化和自动化的一种高层次应用。物流作业过程大量的运筹和决策，如库存水平的确定、运输（搬运）路径的选择、自动导向车的运行轨迹和作业控制、自动分拣机的运行、物流配送中心运营管理的决策支持等问题都需要借助于大量的知识才能解决。

（4）网络化

物流领域网络化的基础也是信息化。这里的网络化有两层含义：一是物流配送系统的计算机通信网络，包括物流配送中心与供应商或制造商的联系要通过计算机网络，另外与下游顾客之间的联系也要通过计算机网络通信。二是组织的网络化，即所谓的企业内部网（Intranet）。物流的网络化是物流信息化的必然，是电子商务物流活动的主要特征之一。

（5）柔性化

柔性化本来是为了实现“以顾客为中心”的理念而在生产领域提出的，但要真正做到柔性化，即真正地根据消费者需求的变化来灵活调节生产工艺，没有配套的柔性化的物流系统是不可能达到目的的。因此，柔性化的物流正是适应生产、流通与消费的需求而发展起来的一种新型物流模式。这就要求物流运作能根据消费需求“多品种、小批量、多批次、短周期”的特色，灵活组织和实施物流作业。

另外，物流设施、商品包装的标准化，物流的社会化、共同化也都是电子商务下物流模式的新特点。

小提示

跨境电子商务

跨境电子商务是指分属不同关境的交易主体，通过电子商务平台达成交易、进行支付结算，并通过跨境物流送达商品、完成交易的一种国际商业活动。

我国跨境电子商务主要分为企业对企业（即 B2B）和企业对消费者（即 B2C）的贸易模式。B2B 模式下，企业运用电子商务以广告和信息发布为主，成交和通关流程基本在线下完成，本质上仍属传统贸易，已纳入海关一般贸易统计。B2C 模式下，我国企业直接面对国外消费者，以销售个人消费品为主，物流方面主要采用航空小包、邮寄、快递等方式，其报关主体是邮政或快递公司，目前大多未纳入海关登记。

跨境电商分为出口跨境电子商务和进口跨境电子商务。

中国跨境电子商务综合试验区是中国设立的跨境电子商务综合性质的先行先试的城市区域，旨在跨境电子商务交易、支付、物流、通关、退税、结汇等环节的技术标准、业务流程、监管模式和信息化建设等方面先行先试，通过制度创新、管理创新、服务创新和协同发展，破解跨境电子商务发展中的深层次矛盾和体制性难题，打造跨境电子商务完整的产业链和生态链，逐步形成一套适应和引领全球跨境电子商务发展的管理制度和规则，为推动中国跨境电子商务健康发展提供可复制、可推广的经验。

2015 年 3 月 7 日，国务院关于同意设立中国（杭州）跨境电子商务综合试验区。

2016 年 1 月 6 日，国务院常务会议决定，在宁波、天津、上海、重庆、合肥、郑州、广州、成都、大连、青岛、深圳、苏州 12 个城市新设一批跨境电子商务综合试验区，用新模式为外贸发展提供新支撑。

10.2 自由贸易区

2013 年，中国经济最重大的事件之一就是中国（上海）自由贸易试验区的诞生。从最初的上海自贸区，到第二批的广东、天津、福建自贸区，再到 2017 年 4 月挂牌的河南、辽宁等 7 个自贸区，中国的自贸区建设大踏步迈入了 3.0 时代。何为自由贸易区，自贸区的建设为中国物流行业带来的机遇和挑战是什么，有哪些可复制可推广的经验值得借鉴，这些内容都是中国现代物流发展面临的新趋势。

10.2.1 自贸区综述

1.自贸区的内涵

“自由贸易区”有两个内涵差异很大的概念：“Free Trade Area”(FTA)和“Free Trade Zone”(FTZ)。由于FTA和FTZ按其字面意思均可翻译为“自由贸易区”，简称“自贸区”，故常常引起概念混淆。随着建设“自由贸易区”上升为国际战略，为避免误解，便利工作，2008年5月，我国商务部和海关总署专门就此问题发文，建议将“Free Trade Area”统一翻译为“自由贸易区”，而将“Free Trade Zone”统一翻译为“自由贸易园区”。

(1)“自由贸易区”(Free Trade Area，FTA)：根据世界贸易组织的有关解释，是指两个以上的主权国家或单独关税区通过签署协定，在世贸组织最惠国待遇基础上，相互进一步开放市场，分阶段取消绝大部分货物的关税和非关税壁垒，改善服务和投资的市场准入条件，从而形成的实现贸易和投资自由化的特定区域。“自由贸易区”所涵盖的范围是签署自由贸易协定的所有成员的全部关税领土，而非其中的某一部分。

对于其中的“关税领土”，《关贸总协定》(GATT，1947)第24条第2款规定：“关税领土应理解为一个与其他领土之间贸易实质部分保留单独关税或其他贸易法规的任何领土。”

迄今，我国已经与东盟、新加坡、巴基斯坦、新西兰、智利、秘鲁、哥斯达黎加、冰岛、瑞士、韩国、澳大利亚、格鲁吉亚等国家和地区签署自由贸易协议，内地与香港、澳门特别行政区政府分别签署了内地与香港澳门《关于建立更紧密经贸关系的安排》(简称CEPA，是内地第一份全面实施的自由贸易协议)，从而建立起了涵盖我方和对方全部关税领土的“自由贸易区”。

(2)自由贸易园区(Free Trade Zone，FTZ)，指在某一国家或地区境内设立的实行优惠税收和特殊监管政策的小块特定区域，类似于世界海关组织的前身——海关合作理事会所解释的“自由区”。该组织于1973年5月18日在日本京都签署《京都公约》(全称是《关于简化和协调海关制度的国际公约》)。按照《京都公约》的解释：“自由区(Free Zone)系指缔约方境内的一部分，进入这一部分的任何货物，就进出口税费而言，通常视为在关境之外，并免于实施通常的海关监管措施。有的国家还使用其他一些称谓，例如自由港、自有仓等。”

根据前述定义，当前我国11个省市正在建设的自由贸易试验区，严格意义上讲，应该称之为“自由贸易试验园区”，否则容易在概念与内涵上与真正的自由贸易区混淆。但是，实际情况是国内普遍称其为“自由贸易区”或者经常简称为“自贸区”。究其原因，是“自由贸易区”显得更简单上口，更易为大众所接受。因此，本节中的“自贸区”也为此意。

2. 世界自贸区的演进

(1)世界自贸区发展过程

自贸区作为促进本国或地区经济及国际经济贸易发展的特殊区域，随着经济全球化和区域经济一体化的发展不断演进，逐渐发展成为国际性潮流。其发展过程可以分为四个阶段：

①19世纪以前，发端于欧洲及地中海沿岸国家。自贸区最早的雏形可追溯到古希腊时代，腓尼基人将泰尔和迦太基两个港口划为特区，这也是现在自由港区最早的由来。这些国家设立自贸区的目的是利用区位优势或港口便利条件发挥商品集散中心的作用，采取免除进出口关税的措施，吸引外国商品到此转口，扩大对外贸易，促进当地经济的发展。

②19世纪以后到第二次世界大战前，全球缓慢发展扩散阶段。1936年美国出现第一个对外贸易区即纽约3号，主要功能是从事对外贸易和转口贸易。从自贸区问世到第二次世界大战前夕，世界自贸区的数量少，分布地域狭窄，发展比较缓慢，而且几乎只是从事对外贸易和转口贸易，经济活动比较单一。

③第二次世界大战后到20世纪70年代，出口加工区的出现和发展。1958年，爱尔兰设立的香农出口自由区，是世界上最早从事出口加工活动的自由港区。我国台湾省于1966年建立的高雄出口加工区，是最早正式使用出口加工区名称并制定相应管理办法的自贸区。出口加工区在转口和出口贸易初级加工的基础上，逐步增加了生产制造的新内容，扩大了业务范围。

④20世纪70年代至今，数量迅速增加且功能趋向综合。目前，世界上多数自由贸易区通常都具有进出口贸易、转口贸易、仓储、加工、商品展示、金融等多种功能，这些功能综合起来就会大大提高自由贸易区的运行效率和抗风险能力。

小提示

世界自贸区发展类型

按功能划分：自由港型自贸区、综合型自贸区、出口加工区型自贸区、工贸结合型自贸区、贸易型自贸区、自由边境区型自贸区、保税仓储型自贸区。

按区域范围划分：港城融合型、港城分离型、跨境发展型、主副发展型。

按专注领域划分：单一领域集聚型、多元领域集聚型。

(2)世界自贸区发展趋势

随着自贸区在广度和深度上的不断扩展,其发展也呈现出几大趋势:

①自贸区发展日趋成为全球供应链的枢纽。自贸区日趋成为跨国公司实施全球运筹管理,构建以"购销全球化、订单电子化、服务专业化、物流无缝对接、生产零库存"为特点的全球供应链的重要节点。

②服务贸易日趋成为自贸区的主导产业。制造业之前一直是自贸区的主导产业,但随着世界高端服务业在全球的转移,服务贸易渐渐呈现出取代制造业成为自贸区主导产业的趋势。爱尔兰香农自贸区成功发展服务业就是一个很好的例证,该区拥有详细的数据支持和出色的金融服务。

③形成特色产业集聚发展态势。迪拜被人称为海湾地区的"纽约",其成功经验之一就是建设产业集群式发展的自由贸易园区,例如迪拜网络城、迪拜媒体城、迪拜汽车城、迪拜知识村、迪拜珠宝城、迪拜五金城等,其各个自由区有独特的产业。

④区域规划走向规模化。自贸区规模变大、自由港和自由城不断出现,使得企业在区位选择时有了更多的选择,而且足够的空间也有利于园区形成产业集群,区内的经济活动种类趋于多样化。

⑤自贸区开发运营的私有化。自贸区最显著的一个趋势是私人开发运营的情况不断增加。总体来看,自贸区之间开始从价格竞争转向产品差异化竞争和非价格竞争。为了吸引目标产业,自贸区提供越来越专业化的设施和服务以迎合目标产业的特殊要求,这些自贸区被称为"下一代"自贸区。例如,在多米尼加共和国,私人自贸区吸引高附加值产业,可以收取更高的费率;公共自贸区吸引低附加值、成本敏感的产业如服装业。

10.2.2 中国自贸区的实践

1. 自贸区建设的必要性

(1)经济全球化的兴起与世界经济的快速发展

经济全球化的兴起使得产品流动、要素流动日趋全球化,从而进一步推动世界经济的快速发展。从长期来看,一方面,经济全球化使生产要素得到了更好的配置,加速了技术创新速度,提高了生产要素的边际生产率,推动了世界各国生产规模增大。另一方面,经济全球化使得国际分工更为深化,世界整体的经济结构趋于"软化"——第三产业的发展速度快于第一、二产业的发展,其中,欧美等发达国家的经济结构"软化"趋势更为明显,而以中国为代表的发展中国家经济结构则呈现"硬化"趋势。

(2)经济全球化的不利后果与全球性金融危机爆发

经济全球化的发展过程中,由于市场调节造成分配不均、美元垄断国际货币市场、不完全信息、金融与服务贸易市场存在机制缺陷、外部性等市场失灵以及政府解决市场失灵的政策失误,造成资源配置偏失长期积累,最终以金融危机的暴力形式对经济全球化中的市场失灵和政策失灵进行纠正。

(3)全球性金融危机爆发后国际经济发展新趋势

面对金融危机,世界各国开始反思和纠正经济全球化中市场失灵和政策失灵,继而引发对新一轮可持续的经济全球化进程中制度考核机制的形成。其中,绿色经济、服务贸易、区域主义的兴起,以及国际经济规则的重构尤其引人瞩目。

(4)全球性金融危机爆发后中国经济发展新趋势

中国是上一轮经济全球化过程中的最大赢家,但中国直接从计划经济融入经济全球化,因此,中国不仅受到全球化的不利影响,而且还受到计划经济的制约。具体表现为:(1)经济快速增长,但经济结构不合理;(2)市场机制不完善,政府与市场关系未完全厘清;(3)市场体系有待进一步健全;(4)经济增长方式粗放,资源环境制约日趋严重;(5)收入快速增长,但收入分配差距扩大。

(5)我国实施自由贸易试验区建设的重大意义

自由贸易试验区诞生的目的,就是为了进一步改革开放,为了打造中国经济的"升级版"。自由贸易试验区的实践,为中国国内改革指明了新的方向,并且决定中国将以怎样的姿态、方式利用国际新机遇、应对国际挑战,即以开放促进改革,以改革服务开放。

2. 上海自贸区的成功实践

(1)自贸区概况

2013 年,中国(上海)自由贸易试验区正式成立。当时其范围涵盖上海市外高桥保税区、外高桥保税物流区、洋山保税港区和上海浦东机场综合保税区 4 个海关特殊监管区域,总面积为 28.78 平方公里。2015 年 4 月 8 日,国务院公布《进一步深化中国(上海)自由贸易试验区改革开放方案》。上海自贸试验区扩区后,实施范围 120.72 平方公里,除之前涵盖区域(28.78 平方公里)外,增加陆家嘴金融片区(34.26 平方公里)、金桥开发片区(20.48 平方公里)以及张江高科技片区(37.2 平方公里)。这样,上海自贸区迎来了"升级版"。

上海自贸区是在原上海综合保税区的基础之上升级而来,其重点任务是要加快政府职能转变、探索管理模式创新、扩大服务业开放、深化金融领域开放创新。上海自贸区建设的三大特点是:①体现主动、内在地开放;②核心是制度创新;③具有较强的示范性。

小提示

中国的11个自由贸易试验区

2013年9月27日，国务院批复成立中国(上海)自由贸易试验区。

2015年4月20日，国务院批复成立中国(广东)自由贸易试验区、中国(天津)自由贸易试验区、中国(福建)自由贸易试验区3个自贸区，并扩展中国(上海)自由贸易试验区实施范围。

2017年3月31日，国务院批复成立中国(辽宁)自由贸易试验区、中国(浙江)自由贸易试验区、中国(河南)自由贸易试验区、中国(湖北)自由贸易试验区、中国(重庆)自由贸易试验区、中国(四川)自由贸易试验区、中国(陕西)自由贸易试验区7个自贸区。

至此，中国形成“1+3+7”共计11个自贸区的格局。

(2)制度创新

制度创新包括四个方面：一是投资管理制度，二是贸易监管制度，三是金融制度，四是综合监管制度。核心在于政府职能转变，营造国际化、法制化的营商环境。这些亦是上海自贸区“可复制可推广”的经验。

①投资管理制度创新

上海自贸区按照国际化、法制化的要求，积极探索建立与国际高标准投资和贸易规则体系相适应的行政管理体系，推进政府管理由注重事前审批转为注重事中、事后监管。主要措施有四项：a. 负面清单管理模式；b. 商事登记制度改革；c.“一口受理”制度；d. 境外投资备案管理。

②贸易监管制度创新

总体要求：创新监管模式，推进实施“一线放开、二线安全高效管住、区内自由”，促进要素自由流动。贸易监管体制创新涉及监管方式、监管流程、海关和检验检疫的合作等，提高物流通关效率。

③金融监管制度创新

自贸区成立以来，管委会会同上海市金融办、一行三局等部门积极配合国家金融管理部门研究出台支持试验区金融开放创新的制度和细则，协调推动金融市场在试验区设立国际交易平台，支持推动金融机构入驻试验区，并根据实体经济需要和已经出台的创新制度，积极探索并大胆开展金融创新。具体措施包括：a. 存款利率市场化创新；b. 企业融资创新；c. 支付结算创新；d. 企业资金管理创新；e. 对外直接投资创新；f. 金融机构集聚创新。

④事中事后监管制度创新

关键是要在试验区实行“宽进严管”——“宽进”是发挥市场的主导作用，“严管”在于政府能够提供并保障一个公平、公正的营商环境。目前自贸区通过安全审查制度、反垄断审查制度、社会信用体系、企业年度报告公示和经营异常名录、信息共享和综合执法制度、社会力量参与市场监督等六个方面推进自贸区综合监管制度创新。

(1)建设成效

截止到2017年4月，中国(上海)自由贸易试验区取得了重要的阶段性成果，其改革创新理念和100多项制度创新成果在全国复制推广。具体方面概括如下：

a. 确立以负面清单管理为核心的投资管理制度，形成与国际通行规则一致的市场准入方式。负面清单由最初的190条缩减到122条，90%左右的国民经济行业对外资实现了准入前国民待遇。

b. 确立符合国际高标准贸易便利化规则的贸易监管制度，形成具有国际竞争力的口岸监管服务模式。海关特殊监管区域实现一线进境货物进出境时间较全关区平均水平分别缩短78.5%和31.7%，物流成本平均降低约10%。

c. 确立适应更加开放环境和有效防范风险的金融创新制度，形成与上海国际金融中心建设的联动机制。创设自由贸易账户体系，累计开立6万个自由贸易账户，建立宏观审慎管理的资本项目可兑换操作模式，助推人民币国际化、利率全面市场化、金融市场开放等重点领域金融改革。

d. 以规范市场主体行为为重点的事中事后监管制度，形成透明高效的准入后全过程监管体系。以综合监管为基础，以专业监管为支撑，基本建立了市场主体自律、业界自治、社会监督、政府监管互为支撑的综合监管格局。

e. 联动创新一级政府管理体制，实现符合市场经济规则的政府职能转变新突破。充分发挥上海自贸试验区管委会与浦东新区政府合署办公的优势，着力提升一级地方政府行政效率和公共服务能力。

国务院发展研究中心、普华永道等第三方评估机构认为，上海自贸区创新政府管理经济方式，实现由管制型政府向服务型政府的转型，政策服务体系已经覆盖企业生命周期的各个阶段，改革溢出效应不断显现。

小提示

“一带一路”倡议与自贸区建设

在我国现有的11个自由贸易试验区当中，大多数都担负着直接与“一带一路”建设进行对接的任务，如位于“长江经济带”和“一带一路”地理位置“交汇点”的中国(上海)自由贸易试验区是我国首个被纳入“一带一路”愿景和行动计划的自贸试验区，肩负着基础设施互联互通、金融聚集等重要作用和功能；中国(广东)自由贸易试验区则主要通过与“21世纪海上丝绸之路”沿线国家和地区的经贸往来，打造物流、投资、贸易枢纽来为“21世纪海上丝绸之路”建设服务；而作为“一带一路”陆海交汇点的中国(天津)自由贸易试验区则将发挥自身优势，促进京津冀地区的口岸辐射能力；作为“21世纪海上丝绸之路”的核心区，中国(福建)自由贸易试验区则可以发挥古代“海上丝绸之路”起点的历史和人文优势，加强与沿线国家的经贸对接力度；辽宁省作为“一带一路”规划中的18个重要省区之一，主要肩负着中蒙俄经济走廊和面向东北亚地区开放的任务，成立自由贸易试验区也将会全面提升东北老工业基地的整体竞争力和对外开放水平；与上海相似，浙江省也处在“长江经济带”和“海上丝绸之路”的交汇点，以宁波、舟山港为核心的自由贸易试验区的设立将成为我国新一轮对外开放的海上门户；作为内陆省份，河南省处在“丝绸之路经济带”的枢纽位置，设立自由贸易试验区有助于提高我国整体对外开放的层次和中部地区的协调发展水平；湖北省作为“一带一路”国际产能合作的典范省份，设立自由贸易试验区有助于省内优势企业加快“走出去”的步伐，助力“一带一路”建设；重庆市作为我国中西部地区唯一的直辖市，位于“一带一路”与“长江经济带”连接处，设立自由贸易试验区标志着我国加大了西部地区门户城市的开放力度；与重庆市相似，在四川省建设自由贸易试验区有利于探索符合我国内陆尤其是西部地区实际情况的开放机制，从而提升与“一带一路”沿线国家和地区的贸易、投资合作水平；陕西省作为“丝绸之路经济带”的核心区，设立自由贸易试验区有利于发挥“一带一路”建设对西部大开发的带动作用，提高内陆地区与“一带一路”沿线国家的经贸合作与人文交流水平。

10.2.3 自贸区建设对中国物流的影响

1. 对物流企业的影响

首先对国内的物流企业来说，在金融领域，自贸区建设会加快金融制度创新，鼓励企业充分利用境内外两种资源、两个市场，实现跨境融资自由化，给物流企业提供多种融资途径，使其能够运用国外的资本发挥杠杆效应。在税收领域，自贸区实施促进投资的税收政策，例如规定注册在试验区内的企业或个人股东可在不超过5年期限内，分期缴纳所得税，这一政策可以减轻一些物流企业在创业初期的税收负担，使更多资本投资到自身的发展壮大上。另外，自贸区对融资租赁企业实施的进出口税收优惠政策，也会催化更多物流设备和船舶飞机的租赁企业诞生，为物流业的发展提供硬件的保障。此外，自贸区建设能够提升加快培育跨境电子商务服务的功能，因此与电商相关的国际物流快递企业也会得到快速发展。

其次对国外的物流企业来说，自贸区对外商企业实施的各项利好方案会吸引其前来投资。例如,自贸区规定对外商投资试行准入前国民待遇,并且允许符合条件的外国投资者自由转移其投资收益,这有利于外资物流企业同国内物流企业享受同等待遇,进行公平的竞争。此外,自贸区还开放国际船舶管理,允许设立外商独资的国际船舶管理企业,这势必会导致众多外籍船舶管理企业进驻自贸区,凭借其先进的管理经验,将会提升自贸区整体的船舶管理水平。随着跨国公司营运中心或者分拨中心在自贸区的建立,许多国外的第三方物流公司将纷纷跟进,以求为其提供具有竞争力的物流支持服务。

最后对自贸区内的物流企业来说,自贸区的成立还有助于提升这些企业的转型升级。随着贸易限制的取消,关税的降低以及便利的进出口通关政策的实施,将直接降低商品流通成本,加快自贸区内外的物资流通速度,由此带来物流量的大幅增加。在多元化的货运业务需求下,物流企业需要改变过去单一的经营模式,开展多样化的物流服务,增加各类物流设施设备,并利用自贸区的改革红利,满足自贸区内不同企业的物流需求,继而在"内外夹击"的市场竞争中赢得一席之地。

2. 对航空货运市场的影响

一是贸易条件日益便利促进航空货源不断增长。贸易便利性是航空货运发展的重要因素,如香港作为自由贸易港就是香港机场保持航空货运业务快速发展的主要动力。目前,广州是国内三大航空货运枢纽之一,而天津、厦门都是所属区域的领头城市,航空货运需求潜力巨大。随着自贸区制度的推进,贸易制度进一步完善,相关贸易便利配套服务水平提高,将能满足各个自贸区的国际航空货运需求。

二是刺激新型业务快速发展。自贸区建设将加强外贸制度探索创新,将有利于货航开展新型国际货运业务。扩容的三个自贸区都不约而同地提到发展跨境电商业务,完善与之相适应的海关监管、检验检疫、退税、跨境支付、物流等配套流程,这有利于跨境电商货物在这些地区的运输及集散。

三是扩大国际航空货源的腹地范围。自贸区建设强调其辐射功能,未来各个自贸区内的枢纽机场腹地范围将进一步扩大,有利于推动所在区域的一体化进程,促进区域内航空货物的运输集散。

10.3 绿色物流

在社会文明程度日益提高的今天,经济的发展必须建立在维护地球环境的基础上。可持续发展的原则之一,就是使今天的商品生产、流通和消费不至于影响未来的商品生产、流通和消费的环境及资源条件。将这一原则应用于现代物流管理活动中,就产生了"绿色物流"这一全新概念。

10.3.1 绿色物流概述

1.绿色物流的概念与内涵

绿色物流(Environmental Logistics)是20世纪90年代中期才被提出的一个新概念,目前还没有统一的定义。随着供应量管理理论的发展,绿色供应链、生态供应链的概念也应运而生,绿色物流理论主要是改变原来由“资源—产品—废弃物排放”所构成的开环型物质单向流动模式,而构成一种“资源—产品—再生资源”的闭环型物质流动系统。

根据中华人民共和国国家标准《物流术语》(GB/T 18354—2006)给出的定义,绿色物流是指在物流过程中抑制物流对环境造成危害的同时,实现对物流环境的净化,使物流资源得到最充分合理的利用。

绿色物流是以经济学一般原理为基础,建立在可持续发展理论、生态经济学理论、生态伦理学理论、外部成本内部化理论和物流绩效评估的基础上的物流科学发展观。同时,绿色物流也是一种能抑制物流活动对环境的污染、减少资源消耗,利用先进的物流技术规划和实施运输、仓储、装卸搬运、流通加工、包装、配送等作业流程的物流活动。

绿色物流是一个多层次的概念,它既包括企业的绿色物流活动,又包括社会对绿色物流的管理、范围和控制。从绿色物流的范围来看,它既包括各个单项的绿色物流功能要素,还包括为实现资源再利用而进行的废弃物循环物流。因而,绿色物流的概念包含微观和宏观两个层次。

与传统物流相比,绿色物流具有可持续发展是最终目标、活动范围涵盖成品的整个生命周期、行为主体多样化的特点。绿色物流是对物流过程的优化,可以实现资源的更高效率的利用,实现环保和节能。绿色物流的应用是国家经济利益、社会利益和环境利益的必然需要。

2.绿色物流体系

物流与节约资源、环境保护相关的流通活动的发生密切相关,绿色物流由绿色运输、绿色仓储、绿色装卸搬运、绿色包装、绿色流通加工、绿色配送和废弃物物流管理等七个子范畴组成。

(1)绿色运输

交通运输工具的大量能源消耗,运输过程中排放的大量有害气体,产生的噪音污染,运输易燃、易爆、化学品等危险原材料或产品可能引起的爆炸、泄露等事故,都会对环境造成很大的影响。因此,构建企业绿色物流体系就显得至关重要。

①合理配置配送中心,制订配送计划,提高运输效率以降低货损量和货运量。开展共同配送,减少污染。共同配送是以城市一定区域内的配送需求为对象,人为地进行有目的、集约化的配送。它是由同一行业或同一区域的中小企业协同进行配送。共同配送统一集货、统一送货可以明显地减少货流,有效地消除交错运输,缓解交通拥挤状况,可以提高市内货物运输效率,减少空载率;有利于提高配送服务水平,使企业库存水平大大降低,甚至实现"零"库存,降低物流成本。

②实施联合一贯制运输。联合一贯制运输是指以件杂货为对象,以单元装载系统为媒介,有效地巧妙组合各种运输工具,从发货方到收货方始终保持单元货物状态而进行的系统化运输方式。通过运输方式的转换可削减总行车量,包括转向铁路、海上和航空运输。联合一贯制运输是物流现代化的支柱之一。

③评价运输者的环境绩效,有专门运输企业使用专门运输工具负责危险品的运输,并制定应急保护措施。企业如果没有绿色运输,将会加大经济成本和社会环境成本,影响企业经济运行和社会形象。

(2)绿色仓储

仓储在物流系统中起着缓冲、调节和平衡的作用,是物流的一个中心环节。仓储的主要设施是仓库。现代化的仓库是促进绿色物流运转的物资集散中心。绿色仓储要求仓库布局合理,以节约运输成本。布局过于密集,会增加运输的次数,从而增加资源消耗;布局过于松散,则会降低运输的效率,增加空载率。仓库建设前还应当进行相应的环境影响评价,充分考虑仓库建设对所在地的环境影响。例如,易燃易爆商品仓库不应设置在居民区,有害物质仓库不应设置在重要水源地附近。采用现代储存保养技术是实现绿色储存的重要方面,如气幕隔潮、气调储存和塑料薄膜封闭等技术。

(3)绿色装卸搬运

装卸搬运是跨越运输和物流设施而进行的,发生在输送、储存、包装前后的商品取放活动。实施绿色装卸搬运要求企业在装卸过程中进行正当装卸,避免商品体的损坏 从而避免资源浪费以及废弃物环境造成污染。另外,绿色装卸搬运还要求企业消除无效搬运,提高搬运的活性,合理利用现代化机械,保持物流的均衡顺畅。

(4)绿色包装

绿色包装是指采用节约资源、保护环境的包装。绿色包装的途径主要有:促进生产部门采用尽量简化的以及由可降解材料制成的包装;在流通过程中,应采取措施实现包装的合理化与现代化。

①包装模数化:确定包装基础尺寸的标准,即包装模数化。包装模数标准确定

以后，各种进入流通领域的产品便需要按模数规定的尺寸包装。模数化包装利于小包装的集合，利用集装箱及托盘装箱、装盘。包装模数如能和仓库设施、运输设施尺寸模数统一化，也利于运输和保管，从而实现物流系统的合理化。

②包装的大型化和集装化：有利于物流系统在装卸、搬迁、保管、运输等过程的机械化，加快这些环节的作业速度，有利于减少单位包装，节约包装材料和包装费用，有利于保护货体。如采用集装箱、集装袋、托盘等集装方式。

③包装多次、反复使用和废弃包装的处理：采用通用包装，不用专门安排回返使用；采用周转包装，可多次反复使用，如饮料、啤酒瓶等；梯级利用，一次使用后的包装物，用毕转化作他用或简单处理后转作他用；对废弃包装物经再生处理，转化为其他用途或制作新材料。

④开发新的包装材料和包装器具：发展趋势是，包装物的高功能化，用较少的材料实现多种包装功能。

(5)绿色流通加工

流通加工指物品在从生产地到使用地过程中，根据需要施加包装、分割、计量、分拣、组装、价格贴付、标签贴付、商品检验等简单作业的总称。流通加工具有较强的生产性，也是流通部门对环境保护可以大有作为的领域。

绿色流通加工主要包括两个方面措施：一是变消费者加工为专业集中加工，以规模作业方式提高资源利用效率，减少环境污染。如饮食服务业对食品进行集中加工，以减少家庭分散烹调所带来的能源和空气污染；二是集中处理消费品加工中产生的边角废料，以减少消费者分散加工所造成的废弃物的污染，如流通部门对蔬菜集中加工，可减少居民分散加工垃圾丢放及相应的环境治理问题。

(6)绿色配送

绿色配送是指通过选择合理运输路线，有效利用车辆，科学配装，提高运输效率，降低物流成本和资源消耗，并降低尾气排放。

绿色配送运输是在配送运输过程中抑制配送对环境造成危害的同时，实现对配送环境的净化，使配送资源得到最充分利用。它包括配送作业环节和配送管理全过程的绿色化。从配送运输管理过程来看，主要是从环境保护和节约资源的目标出发，实现配送运输全过程的绿色化。具体实施可采用共同配送、复合一贯制运输方式和第三方物流等配送形式。

(7)废弃物物流

废弃物物流是指将经济活动中失去原有使用价值的物品，根据实际需要进行收集、分类、加工、包装、搬运、储存等，并分送到专门处理场所时所形成的物品实体流动。废弃物回收物流的作用是，无视对象物的价值或对象物没有再利用价值，仅从环境保护的角度出发，将其焚化、化学处理或运到特定地点堆放、掩埋。废弃物回收物流需要建立一个包括生产、流通、消费的废弃物回收利用系统。企业不能只考虑自身的物流效率化，而是需要从整个供应链的视角来组织物流，还需要考虑废弃物的循环物流。

10.3.2 绿色物流的发展战略

1. 树立绿色物流观念

观念是一种带有根本性和普遍意义的世界观，是一定生产力水平、生活水平和思想素质的反映，是人们活动的指南。由于长期的低生产力，人们更多地考虑温饱等低层次问题，往往为眼前利益忽视长远利益，为个体利益忽视社会利益，企业因这种非理性需求展开掠夺式经营，忽视长远利益和生态利益及社会利益，进而导致来自大自然的警告。人们开始意识到：一切经济活动都离不开大自然，取之于大自然，复归于大自然。于是，循环经济或绿色经济应运而生，引起人们经济行为的变化，甚至社会经济结构的转变，一系列新的市场制度和经济法规，迫使企业降低环境成本而采用绿色技术，进行绿色生产、绿色营销及绿色物流等经济活动。许多专家认为，21世纪是绿色世纪。据世界经济合作与发展组织统计，2000年世界绿色消费总量已达到3000亿美元，以后还会大幅度增长。循环经济或绿色经济要求物流企业在经营决策的时时刻刻，综合考虑人们的近期需求和长远利益、企业利益和社会利益、有形利益和无形利益。并以此观念，策划绿色物流活动。因此，企业经营者必须尽快提高认识和转变观念，绝不能存在“环保不经济，绿色要花费”的思想，把绿色物流作为世界全方位绿色革命的重要组成部分，确认和面向绿色物流的未来。

2. 推行绿色物流经营

物流企业要从保护环境的角度制定其绿色经营管理策略，以推动绿色物流进一步发展。

(1)选择绿色运输。通过有效利用车辆，降低车辆运行，提高配送效率。例如，合理规划网点及配送中心，优化配送路线，提高共同配送，提高往返载货率；改变运输方式，由公路运输转向铁路运输或海上运输；使用绿色工具，降低废气排放量，等等。

(2)提倡绿色包装。包装不仅是商品卫士，而且也是商品进入市场的通行证。绿色包装要醒目环保，还应符合4R要求，即少耗材(Reduction)、可再用(Reuse)、可回收(Recla m)和可再循环(Recycle)。

(3)开展绿色流通加工。由分散加工转向专业集中加工,以规模作业方式提高资源利用率,减少环境污染;集中处理流通加工中产生的边角废料,减少废弃物污染,等等。

(4)搜集和管理绿色信息。物流不仅是商品空间的转移,也包括相关信息的搜集、整理、储存和利用。绿色物流要求搜集、整理、储存的都是各种绿色信息,并及时运用于物流中,促进物流的进一步绿色化。

3. 开发绿色物流技术

绿色物流的关键所在,不仅依赖绿色物流观念的树立、绿色物流经营的推行,更离不开绿色物流技术的应用和开发。没有先进物流技术的发展,就没有现代物流的立身之地;同样,没有先进绿色物流技术的发展,就没有绿色物流的立身之地。而我们的物流技术与绿色要求有较大的差距,如物流机械化方面、物流自动化方面、物流的信息化及网络化,与西方发达国家的物流技术相比,大概有10年至20年的差距。要大力开发绿色物流技术,否则绿色物流就无从谈起。

4. 制定绿色物流法规

绿色物流是当今经济可持续发展的一个重要组成部分,它对社会经济的不断发展和人类生活质量的不断提高具有重要意义。正因为如此,绿色物流的实施不仅是企业的事情,而且还必须从政府约束的角度,对现有的物流体制强化管理。一些发达国家的政府非常重视制定政策法规,在宏观上对绿色物流进行管理和控制。尤其是要控制物流活动的污染发生源,物流活动的污染发生源主要表现在:运输工具的废气排放污染空气,流通加工的废水排放污染水质,一次性包装的丢弃污染环境,等等。因此,他们制定了诸如污染发生源、限制交通量、控制交通流等的相关政策和法规。国外的环保法规种类很多,有些规定相当具体、严厉,国际标准化组织制定的最新国际环境标志也已经颁布执行。尽管我国自20世纪90年代以来一直致力于环境污染方面的政策和法规的制定和颁布,但针对物流行业的还不是很多。制定和颁布这些环保政策或法规,既可以成为企业的压力,又可以为企业提供发展的机会,物流企业经营者进行分析研究,以便明确方向,克服障碍,推动绿色物流的顺利发展。

5. 加强对绿色物流人才的培养

绿色物流作为新生事物,对营运筹划人员和各专业人员的素质要求较高,因此,要实现绿色物流的目标,培养和造就一批熟悉绿色理论和实务的物流人才是当务之急。各相关大专院校和科研机构应有针对性地开展绿色物流人才的培养和训练计划,努力为绿色物流业输送更多合格人才;还可以通过调动企业、大学以及科研机构相互合作的积极性,促进产学研的结合,使大学与科研机构的研究成果能转化为指导实践的基础,提升企业物流从业人员的理论业务水平。

📖 小提示

快递绿色包装

据中国国家邮政局介绍，中国快递业2015年共消耗包装箱99亿个、编织袋31亿个、塑料袋83亿个。而缠绕这些包装的胶带竟长达170亿米，可绕赤道425圈。200亿个包裹可以产生400万吨垃圾，其中大部分被送进垃圾场填埋，快递纸箱回收率不到20%。

中国邮政部门已经启动绿色包装项目，并承诺在2020年前基本淘汰有毒有害物质超标的包装物料。目前，中国使用的很多包装物是由化工废料制成的。这意味着，其燃烧时将向空气中散发大量对健康有害的微粒，使中国城市的生态局势进一步恶化。

目前阶段阻碍向生态无害包装全面过渡的主要问题是成本。普通包装平均价格是0.08元人民币，而生态可降解包装价格要高出4倍。据报道，一些公司有自己的"生态包装"项目。比如，阿里巴巴集团旗下的菜鸟网络目前正发展自己的生态包装项目。公司计划2020年前推广自己的生态可降解包装。

《快递条例(征求意见稿)》(2015年11月)将有利于推进中国绿色物流包装及回收利用。应吸纳固体废物污染环境防治法，推进固体废弃物减量化、无害化、再利用和资源化条款内容到条例中，明确国家鼓励快递包装的充分回收和重复利用，明确固体废弃物生产使用者的污染防治责任，防治过度包装，促进现代物流产品包装设计源头上的绿色化。建议条例增加"产品包装物的设计制造应当遵守国家有关清洁生产规定，促进包装的标准化、成本低廉化、技术多功能化、智能化、可降解化、材质单一化、生产易回收利用化"，"优先选择采用易回收、易拆解、易降解、无毒低害的材料和设计方案"。政府对快递物流新材料、新技术、新设计、新工艺的绿色包装和新型环保包装材料使用予以资金奖励和激励优惠政策。

10.3.3 逆向物流

1. 逆向物流的概念

根据国家标准《物流术语》(GB/T 18354—2006)的定义，逆向物流(Reverse Logistics)指物品从供应链下游向上游的运动所引发的物流活动，也称反向物流。

逆向物流的表现是多样化的，从使用过的包装到经处理过的电脑设备，从未售商品的退货到机械零件，等等。也就是说，逆向物流包含来自于客户手中的产品及其包装品、零部件、物料等物资的流动。简而言之，逆向物流就是从客户手中回收用过的、过时的或者损坏的产品和包装开始，直至最终处理环节的过程。

2012年越来越普遍被接受的观点是，逆向物流是在整个产品生命周期中对产品和物资的完整的、有效的和高效的利用过程的协调。然而对产品再使用和循环的逆向物流控制研究却是过去的十年里才开始被认知和展开的。

不同的学者对逆向物流的定义有不同的表述，但其主要思想是一致的，可以概括为四个方面：

(1)逆向物流的目的是重新获得废弃产品或有缺陷产品的使用价值，或是对最终的废弃物进行正确的处理。

(2)逆向物流的流动对象是产品、用于产品运输的容器、包装材料及相关信息，将它们从供应链终点沿着供应链的渠道反向流动到相应的各个节点。

(3)逆向物流的活动包括对上述流动对象的回收、检测、分类、再制造和报废处理等活动。

(4)尽管逆向物流是物品的实体流动，但同正向物流一样，逆向物流中也伴随着资金流、信息流以及商流的流动。

2. 逆向物流的成因

(1)主要驱动因素。在那些已经运用逆向物流系统的公司中，高级管理人员过度地将它的管理推给了运营层。这已经不再是有效的方法。有许多有力的因素迫使企业将逆向物流的管理提高到战略程度的高级管理日程上。带来这些变化的主要驱动因素有：政府立法、新型的分销渠道、供应链中的力量转换、产品生命周期的缩短。

(2)主要动机。对于企业而言，逆向物流往往出于以下动机：环境管制；经济利益(体现在废弃物处理费用的减少、产品寿命的延长、原材料零部件的节省等方面)和商业考虑。因而，管理者首先应认识到逆向物流的重要性和价值，其次要在实际运作中如何给予逆向物流以资源和支援，才是发挥竞争优势的关键。

随着电子商务的快速发展，物流业已从传统的流通业中独立出来并日益受到人们的关注。国内电子商务领域已经有成熟的逆向物流模式，其驱动因素主要有三个：

①逆向物流与现代物流和快递业发展紧密相关

随着现代物流和快递业的发展，国内消费者已经可以足不出户网购全球商品。而在国内现代物流和快递业已经能够深入一、二级城市以及三、四级城市直达用户家中，这为逆向物流发展打下了良好基础。

②逆向物流与电商行业发展紧密相连

现代物流和快递业发展与电商行业发展相辅相成，没有现代物流和快递业发展，电商发展将会滞后；同样，没有电商行业繁荣，也难有现代物流和快递业的发达。以往电商领域只有正向物流，没有逆向物流，行业迅速发展呼唤电商物流实现完美闭环。

③交寄物品损毁责任界定

逆向物流中，交寄物品在运输过程中难免损毁，其责任如何界定，后果由谁来承担，成为能否实现逆向物流的关键因素。

3. 逆向物流的分类

(1)按回收物品的渠道分

按照回收物品的特点可分为退货逆向物流和回收逆向物流两部分。退货逆向物流是指下游顾客将不符合订单要求的产品退回给上游供应商，其流程与常规产品流向正好相反。回收逆向物流是指将最终顾客所持有的废旧物品回收到供应链上各节点企业的物流活动。

(2)按材料的物理属性分

按照逆向物流材料的物理属性可分为钢铁和有色金属制品逆向物流、橡胶制品逆向物流、木制品逆向物流、玻璃制品逆向物流等。

(3)按成因、途径和处置方式及产业形态来分

按成因、途径和处置方式的不同，逆向物流被学者们区分为投诉退货、终端使用退回、商业退回、维修退回、生产报废与副品，以及包装等六大类别。

4. 逆向物流的特点

逆向物流作为企业价值链中特殊的一环，与正向物流相比，既有共同点，也有各自不同的特点。二者的共同点在于都具有包装、装卸、运输、储存、加工等物流功能。但是，逆向物流与正向物流相比，又具有其鲜明的特殊性。

(1)分散性。逆向物流产生的地点、时间、质量和数量是难以预见的。废旧物资流可能产生于生产领域、流通领域或生活消费领域，涉及任何领域、任何部门、任何个人，在社会的每个角落都在日夜不停地发生。正是这种多元性使其具有分散性。而正向物流则不然，按量、准时和指定发货点是其基本要求。这是由于逆向物流发生的原因通常与产品的质量或数量的异常有关。

(2)缓慢性。人们发现，开始的时候逆向物流数量少，种类多，只有在不断汇集的情况下才能形成较大的流动规模。废旧物资的产生也往往不能立即满足人们的某些需要，它需要经过加工、改制等环节，甚至只能作为原料回收使用，这一系列过程的时间是较长的。同时，废旧物资的收集和整理也是一个较复杂的过程。这一切都决定了废旧物资缓慢性这一特点。

(3)混杂性。回收的产品在进入逆向物流系统时往往难以划分为产品，因为不

同种类、不同状况的废旧物资常常是混杂在一起的。当回收产品经过检查、分类后，逆向物流的混杂性随着废旧物资的产生而逐渐衰退。

(4)多变性。由于逆向物流的分散性及消费者对退货、产品召回等回收政策的滥用，有的企业很难控制产品的回收时间与空间，这就导致了多变性。主要表现在以下四个方面：

①逆向物流具有极大的不确定性；

②逆向物流的处理系统与方式复杂多样；

③逆向物流技术具有一定的特殊性；

④相对高昂的成本。

小提示

逆向物流、废弃物物流与回收物流

在我国，由国家物流标准化技术委员会发布、2007 年 5 月 1 日起正式实施的《中华人民共和国国家质量标准物流术语》(GB/T 18354—2006)中所讲的“逆向物流”就是狭义的逆向物流，它不包括废弃物物流，具体表述如下：

回收物流(Returned Logistics)是指退货、返修物品和周转使用的包装容器等从需方返回供方或专门处理企业所引发的物流活动。比如回收用于运输的托盘和集装箱、接受客户的退货、收集容器、原材料边角料、零部件加工中的缺陷在制品等的销售方面物品实体的反向流动过程。

废弃物物流(Waste Material Logistics)是指将经济活动或人民生活中失去原有使用价值的物品，根据实际需要进行收集、分类、加工、包装、搬运、储存等，并分送到专门处理场所的物流活动。

综上所述，逆向物流有广义和狭义之分。狭义的逆向物流(Returned Logistics)是指对那些由于环境问题或产品已过时的原因而产品、零部件或物料回收的过程。它是将排泄物中有再利用价值的部分加以分拣、加工、分解，使其成为有用的资源重新进入生产和消费领域。广义的逆向物流(Reverse Logistics)除了包含狭义的逆向物流的定义之外，还包括废弃物物流的内容，其最终目标是减少资源使用，并通过减少使用资源达到废弃物减少的目标，同时使正向以及回收的物流更有效率。

10.4 应急物流

突发事件的发生往往难以预料，须及时应急处置，这就要求建有预警、预防、检测、快速反应、及时处置的完备应急体系。其中,应急物质的及时运送、供给是基本保障之一,是需要立即采取某些超常规程序运作的。

10.4.1 突发公共事件、应急物资与应急物流

1. 突发公共事件

突发公共事件是指突然发生,造成或者可能造成重大人员伤亡、财产损失、生态环境破坏和严重社会危害,危及公共安全的紧急事件。

根据突发公共事件的发生过程、性质和机理,突发公共事件主要分为以下四类:

(1)自然灾害。主要包括水旱灾害、气象灾害、地震灾害、地质灾害、海洋灾害、生物灾害和森林草原火灾等。

(2)事故灾难。主要包括工矿商贸等企业的各类安全事故、交通运输事故、公共设施和设备事故、环境污染和生态破坏事件等。

(3)公共卫生事件。主要包括传染病疫情、群体性不明原因疾病、食品安全和职业危害、动物疫情以及其他严重影响公众健康和生命安全的事件。

(4)社会安全事件。主要包括恐怖袭击事件、经济安全事件和涉外突发事件等。

各类突发公共事件按照其性质、严重程度、可控性和影响范围等因素,一般分为四级:Ⅰ级(特别重大)、Ⅱ级(重大)、Ⅲ级(较大)和Ⅳ级(一般)。

2. 应急物资

应急物资是指为应对严重自然灾害、突发性公共卫生事件、公共安全事件及军事冲突等突发公共事件应急处置过程中所必需的保障性物质。从广义上概括,凡是在突发公共事件应对的过程中所用的物资都可以称为应急物资。

在国家发展改革委编制的《应急保障重点物资分类目录(2015年)》中,将应急保障重点物资分为四个层级。第一层级主要体现应急保障工作的重点,分为现场管理与保障、生命救援与生活救助、工程抢险与专业处置3个大类;第二层级将保障重点按照不同的应急任务进一步分解为16个中类;第三层级将为完成特定任务涉及的主要作业方式或物资功能细分为65个小类;第四层级针对每一个小类提出了若干种重点应急物资名称,体现了各类作业所需的工具、材料、装备、用品等支撑条件。

小提示

应急保障重点物资分类目录(2015年)

表 10-1　　应急保障重点物资分类目录(2015年)

应急保障类别（大类）	现场任务类型（中类）	主要作业方式或物资功能（小类）	重点应急物资名称
1.现场管理与保障	1.1现场监测	1.1.1气象监测	自动气象站;气象雷达;气象探空仪器;气象移动观测设备等
		1.1.2地震监测	余震监测设备;地球物理场观测设备;短临前兆监测设备;现场地震预警设备等
		1.1.3地质灾害监测	卫星定位测量仪;泥石流泥位仪;泥石流警报传感器;地声传感器;裂缝报警器;裂缝伸缩仪;滑坡监测雷达等
		1.1.4水文监测	雨量自动监测仪;水情自动测报设备;土壤墒情监测设备等
		1.1.5环境监测	温度(热量)测量仪;土壤分析仪;水质分析仪;有毒有害气体检测仪;化学品检测仪;爆炸物检测仪;重金属监测仪等
		1.1.6疫病监测	电子测温仪;现场采样仪(器、箱);生物样品运输箱;动物疫病监测仪器;生物快速侦检仪;红外监测仪;病原微生物检测车等
		1.1.7观察测量	工业内窥镜;测绘仪器;探测机器人;航拍设备;遥测设备;低空探测飞行器;现场监测图传设备;卫星遥感接收设备等
	1.2现场安全	1.2.1现场照明	手电筒;防风灯;防水灯;探照灯;应急灯;移动式升降照明灯组;抢险照明车;帐篷灯;蜡烛;荧光棒;光灯等
		1.2.2现场警戒	移动式交通信号装置;警戒标志杆(柱、牌);安全警戒带;警示灯;紧急疏散标志灯;警报器(电动、手动);照明弹;信号弹;烟幕弹;发(反)光标记等
	1.3应急通信和指挥	1.3.1有线通信	电话交换机;通信调度机;电话机;传真机;光通信设备;载波通信设备等
		1.3.2无线通信	蜂窝移动通信系统(移动电话);集群通信系统(手持台、车载台);微波通信设备;无线电台;对讲机;卫星通信系统(卫星电话)等
		1.3.3网络通信	网络通信设备;网络安全设备;计算机网络设备;网络信息传送设备;移动指挥车;移动应急平台等
		1.3.4广播电视	应急广播系统;收音机;电动喇叭;手持扩音器;电视信号接收设备;大屏幕信息显示设备;电视机等

（续表）

应急保障类别（大类）	现场任务类型（中类）	主要作业方式或物资功能（小类）	重点应急物资名称
1.现场管理与保障	1.4 紧急运输保障	1.4.1 陆地运输	大、中、小型客车、平板运输车、越野车；沙漠车；摩托雪橇；全地形运输车；水陆两栖运输车；危化品运输车等
		1.4.2 铁路运输	客运列车；货运列车；专业作业列车；电气机车；内燃机车等
		1.4.3 水上运输	大、中、小型客车；滚装客船；应急驳船；应急拖轮；气垫船；冲锋舟；救生船；橡皮艇；沼泽水橇；汽车轮渡等
		1.4.4 空中运输	客运飞机；货运飞机；专用作业飞机；直升机；空投器材与吊挂装置等
	1.5 能源动力保障	1.5.1 应急动力	汽柴油发动机；燃油发电机组；应急发电车（轮式、轨式）；应急电源车等
		1.5.2 燃料供应	汽油、柴油、炼油、天然气、液化气、固体酒精等燃料；干电池、蓄电池（配充电设备）、燃料电池等；应急运油车；应急加油车等
		1.5.3 气液压动力	空气压缩机；液压动力站；乙炔发生器；工业氧气瓶等
2.生命救援与生活求助	2.1 人员安全防护	2.1.1 卫生防疫	防护服；防护口罩；防护眼镜；防护鞋帽；乳胶手套或橡胶手套等
		2.1.2 消防防护	消防头盔；消防手套；消防靴；避火服（防火服）；隔热服等
		2.1.3 化学与放射	防毒面具；防化服；防化手套；防化靴；防化护目镜；防辐射服；碘片等
		2.1.4 防高空坠落	保护气势；防护网；安全带；安全钩；救生绳等
		2.1.5 通用防护	安全帽（头盔）；手套；安全鞋；工作服；安全警示背心；垫肩；护膝；护肘；防护镜；雨衣；水靴；呼吸面具；氧气（空气）呼吸器；呼吸器充填泵等
	2.2 生命搜索与营救	2.2.1 生命搜索	生命探测仪（声学、电磁、化学、红外线、视频）；搜索机器人；生物传感器；搜救犬；搜救雷达；求救信号发送机、接收机等
		2.2.2 攀登营救	上升（下降）器；救生滑轮组；高层缓降器；高空液压车；救生软梯；救生滑道；充气滑梯；抛绳器；救生吊篮等
		2.2.3 破拆起重	切割工具；扩张工具；破碎工具；牵拉、液压和气动顶撑；吊车、叉车；葫芦、绞盘；千斤顶等
		2.2.4 水下营救	潜水服；水下照明灯；水下通信设备；水下呼吸设备；救生圈；救生衣；漂浮绳；水下探测设备；水下切割工具；水下工程设备等
		2.2.5 通用工具	普通五金工具；铁锹（铲）；铁（钢）钎；斧子；十字镐；大锤；挠钩；撬棍；滚杠；绳索；电钻；电锯；无齿锯；链锯等

（续表）

应急保障类别（大类）	现场任务类型（中类）	主要作业方式或物资功能（小类）	重点应急物资名称
2.生命救援与生活求助	2.3 紧急医疗救护	2.3.1 伤员固定与转动	颈托；躯肢体固定托架（气囊）；关节夹板；担架；隔离担架；急救车；直升机救生吊具（索具、网）等
		2.3.2 院前急救	急救箱或囊；除额起搏器；输液泵；移动 ICU；心肺复苏机；简易呼吸器；多人吸氧器；便携呼吸机；氧气机（瓶、袋）；高效轻便制氧设备；软体高压氧舱；手术床；麻醉机；监护仪；小型移动手术车；洗眼器；重伤员皮肤洗消装置；脱脂纱布、敷料；轮液袋等
		2.3.3 药品疫苗	抗生素、急热镇痛、麻醉、解毒、抗过敏、抗寄生虫等各类常用药；血浆；人用疫苗；抗毒血清等
	2.3 紧急医疗救护	2.4.1 临时住宿	帐篷（单帐篷、棉帐篷；功能性帐篷）；宿营车（轮式、轨式）；移动房屋（组装、集装箱式、轨道式、轮式）；折叠床；蚊帐；棉被；睡袋；火炉；桌椅等
		2.4.2 保暖衣物	棉大衣；防寒服；棉鞋；棉袜；毛毯等
		2.4.3 卫生保障	沐浴车；简易厕所（移动、固定）；垃圾箱（车、船）；洒水车；真空吸污车；垃圾袋；医用污物塑料袋；消毒液；洗洁用品；个人卫生用品；殓尸袋；殡葬车等
	2.3 紧急医疗救护	2.5.1 食品加工	炊事车（轮式、轨式）；主副食半成品加工车；移动厨房；野外灶具；炊具；餐具等
		2.5.2 饮用水净化	应急净水车；过滤净化机（器）；海水淡化机；水箱；水袋等
		2.5.3 粮油食品供应	面粉；大米；小包装成品粮；方便食品（罐头、压缩食品、真空包装食品）；小包装成品油等
		2.5.4 其他食品供应	肉禽、蛋品、蔬菜；食用盐；其他调味品等
		2.5.5 生活用水供应	应急运水车；瓶装水；桶装水等
3.工程抢险与专业处置	3.1 交通与岩土工程抢修	3.1.1 岩土工程施工	推土机；挖掘机；铲运机；工程钻机；凿岩机；碎石机；装载机；打桩机；压拔桩机；平整机；翻土机；液压抛石机；液压岩石钻；水泥切割锯；电镐；风镐等
		3.1.2 搞雪除冻作业	扫雪车；吹雪机；铲雪机；抛雪机；热风式除雪机；融雪剂撒播机；铲雪锹；除冰车；破冰机；破冰船；灭雹高射炮；融雪剂；防滑链等
		3.1.3 公路桥梁抢修	稳定土摊铺机；矿石撒布机；平地机；铣刨机；压路机；夯实机；软地面铺设车；应急路面材料等
		3.1.4 应急桥梁搭建	舟桥；吊桥；浮箱；钢梁桥；吊索桥；应急机动舟桥；应急装配式钢桥；应急机械化桥等

（续表）

应急保障类别（大类）	现场任务类型（中类）	主要作业方式或物资功能（小类）	重点应急物资名称
3. 工程抢险与专业处置	3.2 电力工程抢修	3.2.1 电网抢修作业	电力设备检测车；电网输变电设备；电网应急抢修工器具；电网抢修材料等
		3.2.2 配电设备抢修	配电箱（开关）；电线杆；防爆电缆；防水电缆；铜芯铝绞线；合成绝缘子；玻璃绝缘子等
		3.2.3 融冰抢险作业	高压线路融冰装置；车载直流融冰装置；交流融冰变压器；移动式融冰设备等
	3.3 通信工程抢修	3.3.1 通信抢修恢复	应急通信车；光纤熔接设备；应急通信抢修工器具等
		3.3.2 通信设施抢修	通信基站设备；通信杆（塔）；通信光缆；通信线缆等
	3.4 污染清理	3.4.1 堵漏作业装备与材料	金属堵漏套管；管道密封套；堵漏枪；堵漏工具（注入式、粘贴式、电磁式、柔性施压式、气动吸盘式）；堵漏密封胶；木制堵漏楔；管道黏结剂；堵漏袋；下水道阻流袋等
		3.4.2 污染物收集	抽吸泵；排污泵；移动拦截工具；移动存储设备；有毒物质密封桶；污水袋；吸附袋；活性炭等
		3.4.3 污染物处理	水处理设施；空气污染处理设施；中和剂；絮凝剂；氧化还原剂、曝气机等洗消材料与装备
		3.4.4 防疫消杀作业	防疫车；检水检毒箱；高压消毒器；垃圾焚烧炉；喷雾（粉、烟）机；杀菌灯；预防性消毒、杀虫、杀菌、灭鼠等药剂；过氧化氢；空气清菌片；气雾剂等
	3.5 防汛抗旱	3.5.1 防水防雨作业	帆布；苫布；彩条布；防水卷材；防渗布料；防水材料等
		3.5.2 防洪排涝作业	防洪挡木板；编织袋；麻袋；覆膜编织等；防管涌土工滤垫；围井围板；快速膨胀堵漏袋；防洪子堤；钢丝网兜；铅丝网片；排水管件等
		3.5.3 抗旱打井浇灌	找水仪器；打井机；洗井机；移动浇灌、喷滴灌设备器材；储水罐等
		3.5.4 水工工程作业	移动排水抢险车；潜水泵；溶水泵；大功率供排水装置；排水管材等
	3.6 其他专业处置	3.6.1 火灾处置	消防车（船、飞机）；大功率水泵车；泡沫供应车；灭火器；风力灭火机；移动式排烟机；灭火拖把；油锯；割灌机；森林草原灭火器材等
		3.6.2 溢油应急处置	应急溢油清污船；溢油回收装备（收油机）；消油剂喷洒装置；油污土壤清洗车；含油废弃物焚烧装备；含油泥沙油分离装置；阻燃型围油栏；吸油毡；吸油索；隔油浮漂；凝油剂；消油剂；收油网；储油罐等

（续表）

应急保障类别	现场任务类型	主要作业方式或物资功能	重点应急物资名称
（大类）	（中类）	（小类）	
3.工程抢险与专业处置	3.6 其他专业处置	3.6.3 核应急响应	辐射监测仪；辐射剂量计（仪）；能谱仪；移动式辐射检测车；放射性污染处置装置；放射性去污染消装置；核设施应急补水装置等
		3.6.4 生物灾害应对	动植物样本采集装置；有害生物诱捕器；杀虫灯；有害生物消杀药械（剂）等
		3.6.5 矿山救援	矿用风机；矿用风筒；井下轻型救灾钻机；大口径救生钻机；井下快速抢险掘进机；井下快速成套支护装置；钻机随钻测斜仪；井下快速密闭设备；井下灭火装置；灾区有毒有害气体排放系统；矿井排水救灾装置；矿用排沙潜水泵等
		3.6.6 危险化学品处置	强酸；碱洗消器（剂）；洗消喷淋器；洗消液均混罐；移动式高压洗消毒；高压清洗机；洗消帐篷；生化细菌洗消器（剂）等
		3.6.7 水（海）上救援	救助船；抢险打捞起重船；潜水工作母船；半潜驳船；打捞装置；救生艇（筏）；减压舱等

3. 应急物流

(1)应急物流概述

尽管当今世界科技高度发达，但突发性自然灾害、公共卫生事件等“天灾”，决策失误、恐怖主义、地区性军事冲突等“人祸”仍时有发生，这些事件有的难以预测和预报，有的即使可以预报，但由于预报时间与发生时间相隔太短，应对的物资、人员、资金难以实现其时间效应和空间效应。

从宏观层面上看，从美国“9·11”事件到中国汶川大地震，从SARS、“禽流感”到埃博拉，人们在突发事件面前表现出的被动局面均暴露出现有应急机制、法律法规、物资准备等多方面的不足，而中国属于自然灾害高发国家，公共卫生设施、国家处突的经验等方面均存在诸多亟待改进的地方，急需对应急物流的内涵、规律、机制、实现途径等进行研究。

从微观层面来看，一方面由于企业决策所需的信息不完备以及决策者的素质限制等原因，任何决策者都无法确保所有决策均正确无误；另一方面，因道路建设断路等使货物在途时间延长、交货期延长，因信息传递错误而导致货到而不能及时提取等也会产生应急需求，企业迫切需要制订预案，对不可抗拒的和人为造成的紧急状况进行有效防范，将应对成本降到最低。

根据我国国家标准《物流术语》(GB/T 18354—2006)中的定义，应急物流是指针对可能出现的突发事件已做好预案，并在事件发生时能够迅速付诸实施的物流活动。应急物流与普通物流一样，由流体、载体、流向、流程、流量等要素构成，具有空间效用、时间效用和形质效用。应急物流多数情况下通过物流效率实现其物流效益，而普通物流既强调效率又强调效益。

(2)应急物流的特点

应急物流的“应急”二字本身带有一定的军事色彩，但应急物流并不等同于军事物流。军事物流的指令性较强，尤其在战争爆发的时候，始终把军事利益放在首位。而应急物流系统则应该以社会利益为牵引，服务的对象是受灾地区的人民。

应急物流一般具有突发性、弱经济性、不确定性和非常规性等特点，多数情况下通过物流效率实现其物流效益，而普通物流既强调效率又强调效益。目前中国的应急物流有自己的特点，其表现为：政府高度重视，企业积极参与；军民携手合作，军队突击力强；平时预有准备、预案演练到位等。

应急物流是一般物流活动的一个特例，它具有区别于一般物流活动的特点：

①突发性和不可预知性：这是应急物流区别于一般物流的一个最明显的特征。

②应急物流需求的随机性：应急物流是针对突发事件的物流需求，应急物流需求的随机性主要是由于突发事件的不确定性。

③时间约束的紧迫性。

④峰值性。

⑤弱经济性：普通物流既强调物流的效率，又强调物流的效益，而应急物流在许多情况下是通过物流效率的实现来完成其物流效益的实现。

⑥非常规性。

⑦政府与市场的共同参与性。

小提示

军事物流与应急物流

在《中华人民共和国国家质量标准物流术语》(GB/T 18354—2006)中，军事物流(Military Logistics)指用于满足平时、战时军事行动物资需求的物流活动。

2007年12月25日，中央军委颁发《全面建设现代后勤纲要》，明确提出“构建军民结合的军事物流体系”的战略部署。军事物流与应急物流在建设内容上具有相似的重点工程、任务和发展策略。二者在管理指挥系统、应急物资系统、设施设备系统、专业人员系统、信息管理系统、理论系统以及政策法规系统的建设等领域面临相类似的矛盾与问题，在发展路径选择上可以相互借鉴、参考和彼此促进。

2016年10月20日，第八届军事物流与应急物流研讨会在河南省漯河市隆重召开。研讨会以“创新驱动发展军民深度融合军事(应急)物流建设”为主题，结合

"一带一路"、供给侧改革等对军事(应急)物流的需求和影响,重点围绕军事(应急)物流理论和技术创新、军事(应急)物流军民融合发展等专题展开研讨交流。

10.4.2 应急物流的运作

1. 应急物流系统

物流系统是指在一定的时间和空间里,由所需位移的物资、包装设备、装卸搬运机械、运输工具、仓储设施、人员和通信联系等若干相互制约的动态要素所构成的具有特定功能的有机整体。

应急物流系统的结构包括控制层、决策层、数据层和环境层四个层次。

(1)应急物流系统的特点

①"时间"要素特点。应急物流系统除了应具有一般物流系统的六个基本要素外,还应具有特有的要素"时间"。由于应急物流的突发性特点,即应急物流需求发生的时间具有极大的不确定性和应急物流需求时间约束的紧迫性,决定了在应急物流系统中"时间"是一个重要的系统因素,即应急物流系统有七个要素:流体、载体、流向、流量、流程、流速和时间。

②快速反应能力。应急物流的突发性和随机性,决定了应急物流系统应具有快速反应能力,具有一次性和临时性的特点。这一特点决定了应急物流系统区别于一般的企业内部物流或供应链物流系统的经常性、稳定性和循环性。

③开放性和可扩展性。应急物流需求的随机性和不确定性决定了在应急物流系统的设计上,应具有开放性和可扩展性。应急物流需求和供给在突发事件发生前是不确定的,而必须在突发事件发生之后将其纳入应急物流系统中。

(1)应急物流系统的组成

①应急物流指挥中心。应急物流系统首先必须立即成立应急协调指挥中心,统筹指挥做好救援物资的筹集、运输、调度、配送等工作,中心本身并不进行物资采购、储存、运输等具体的业务,它主要负责根据收集来的信息,对各加盟物流中心的物资采购、储备、运输等方面进行指导工作,使整个应急体系高效有序地运作。

②物资供应端。企业物流的供应部门一般有固定的合作厂商、固定的上游原料供货商,应急物流则不同,除了备用的应急物资储备,物资的供应端是多元且杂乱的。如果物资未加以整合分类就直接往灾区运送,将造成物资的浪费,配送低效率与物资重复运送等问题均可能会产生,因此如何对供应端进行统筹集结或直接指派是应急物资供应端管理中的一个重要课题。

③物流中心。其功能类似普通物流的配送中心,主要功能为将供给端送来的

物资在进行分拣、加工、包装等处理后分别送到各个需求点,减少物资再度转运、装卸的人力与时间成本,提高应急物资从物流中心到灾区灾民手中的输送效率。

④物资需求端。灾害发生时造成的混乱让信息流通不畅,在第一时间内也许无法得到需求详细信息,因而必须透过事前的资料收集,针对灾害发生区的地理特性、人口分布、人口结构等相关特性进行分析,预测物资需求量。同时,随着救援活动的进行,物资需求端会逐渐恢复本身应有的机能,对应急物资需求的急迫性以及需求量会不断地变化,应当及时进行信息反馈,关注需求的变化。

2.应急物流运作

(1)运作基本条件

应急物流的运作是需要具备多方面条件的,而且根据应急物流需求不同,其运作条件也不尽相同。在通常情况下,主要的基础运作条件是:

①监测预警机制。监测与预警是一切应急事件救援、处置、处理的基础,各级职能部门应根据国家有关法律法规认真收集、归纳、整理、分析相关信息,并将有关信息上请下达,形成联动。对早期发现的、影响可能较大的潜在隐患,以及可能发生的灾害性突发事件,应通过主管领导或管理部门会同卫生、防疫、地质、气象、消防、防洪、环保等有关专家进行风险预测评估,提供预警意见,及早采取应对措施。

②全民动员机制。应急物流中的全民动员机制可通过传媒和通信告知民众受灾时间、地点、受灾种类、范围、赈灾困难情况、工作进展,民众参与赈灾的方式、途径等。

③政府协调机制。紧急状态下处理突发性事件的关键在于政府职能的有效发挥,主要包括:对各种国际资源、国内资源的有效协调、组织和调用;及时地提出解决应急事件的处理意见、措施或预案;组织筹措、调拨应急物资、应急救灾款项;根据需要紧急动员相关单位生产应急抢险救灾物资;采取一切措施和办法协调、疏导或消除不利于应急物资保障的人为因素和非人为障碍。

④法律保障机制。法律保障对应对处理重大自然灾害、突发性公共卫生事件及安全事件有着至关重要的作用,它可以规范个人、社团和政府部门在非常时期法律赋予的权利、职责和应尽的义务。

⑤"绿色通道"机制。为了保证应急物资的顺利送达,可在重大灾害发生及救灾赈灾时期,建立地区间的、国家间的"绿色通道"机制,即建立并开通一条或者多条应急保障专用通道或程序,在必要时可以给予应急物资优先通过权,这样可有效简化作业周期和提高速度,从而提高应急物流效率,缩短应急物流作业时间,最大限度地减少生命财产损失。

⑥应急报告与信息公布机制。突发事件的应急报告是决策机关掌握突发事件发生、发展信息的重要渠道,而以实事求是、科学的态度公布突发事件的信息,是政

府对社会、公众负责任的体现，有利于缓解社会的紧张氛围。信息的及时收集和传递是应急物流保障，也是有效救灾的重要手段。

⑦应急基金储备机制。应急物流活动中的资金流是不可忽视的管理环节，对于我国经济建设发展需求来说，突发事件的侵袭会对地区甚至全国造成各方面不利影响。应急基金的筹措和管理无论方式如何，法制化、规范化和经常化是十分重要的。

⑧应急物流系统的技术支持平台。建立应急物资信息系统或数据仓库、应急物流运载工具信息系统或数据仓库、应急物流预案数据库，构筑应急运输方案自动生成的应急物资运输调度平台，以及基于 GPS、GIS 的应急物资运输监控平台。

(2)应急物流的保障体系

①基础设施的保障。保障物流通畅、准确就必须有基础设施作为保障，包括通信、交通、物资仓储设施及物流信息网络等。同时，物流基础设施的发展进度直接影响着应急物流的顺利实施，承担着相当重要的角色。在通信系统发达的前提下，灾难的产生才可以得到及时预警，使大家在事故发生时或之前做好充分准备；物资仓储设施及良好的交通状况可以保障物流网络稳定运行，使灾后救援物资能够准确及时运送到指定地点，方便的交通网络可以将物资运送到任何有需求的地方；物资信息网络对应急物流的事实很有帮助，可以依托政府信息平台建立应急物流信息平台，及时发布灾后信息、运输情况及仓储信息，向各大媒体报告最新信息。

②建立基于政府协调机制的应急物流系统。面对突发性的灾害或公共卫生事件，政府必须建立应对的指挥中心，起到协调和调用各种资源的作用；要及时提出应对灾害的解决方案；组织筹集相应的救灾物资和救灾款项并加以管理；根据灾情需要，联系商品生产单位抓紧时间进行生产；采取一切可实施方案，消除对救灾不利的人为因素和非人为因素。

③相应预案的设立。因为突发事件没有预见性，所以没有必要为应急物流建立庞大的机构，储备足够的物资。这样一来，设置应急物流预案是可选方案。我们可以根据以前发生过的突发事件时的处理方式，或与国际上的应急预案进行一下对比，我们可以对海啸的应急预案的分析如下：根据区域来划分，什么气候、什么时候、什么样的地区，相对发生率较高的是什么灾害。前提条件是预案的设置和建立务必要依照总体，系统、科学、规范，还有效率原则这些方面。

④完善的应急物流通道。处置突然发生的公共事件时，往往时间紧张，任务繁重，比方说地震发生之后 72 小时之内是抢救灾区人员及财产损失的黄金时间范围，在这期间就对应急物流的时限性有非常高的要求。

📖 小提示

应急物流与一般物流的差异

表 10-2　应急物流与一般物流的差异

要素	一般物流	应急物流	政府作用
流体	合法经营的各类普通货物，品种无所不包；来源单一，企业供给	主要是人员安全防护等16类；多来源，包括政府储备物资（公共物品）、应急政府采购、调拨、自筹、社会捐赠	建立物资储备制度、应急政府采购相关制度，组织并实施；指令调拨及捐赠管理
主体	企业、外包企业	政府、红十字会、企业及志愿者等其他非政府组织	政府制定预案、组织、指挥、协调、控制、监督
载体	常态的设施与设备	常态的设施为主，辅以临时性设施与设备；运输工具有军用和征用	抢修、保障紧急状态下损坏的公共设施；指令调用、征集运输工具
流向	事先可预测需求，多流向	事先不可预测需求，事后流向指定救援地	建立应急信息平台；指令
流速	常态	非常态，有快有慢；完成物流的时间延长或缩短	政府的应急物流组织状况决定流速
流量	数量相对稳定	特定品种的物流流量激增，其他物品通常减少	政府成为物资的提供者，提供的数量要视应急需求量及政府的财力而定
流程	流程基本上可按合理化原则安排	很可能因设施的损坏等，常使路径、路程发生某些变化	政府应保证流程的通畅

10.4 物流企业社会责任

物流事关人类社会生产、生活及公共活动，其触角遍及全球人居空间。任何组织或个人尤其是物流企业（含自营物流的企业），都相应负有与物流相关的社会责任。和其他企业社会责任一样，物流企业的责任主要涉及经济、环境、安全、人权、道德、公益和慈善等。在约束性上集中归结为物流法律责任与物流伦理责任，这是一种法律与伦理约束并举的责任管理。

📖 小提示

企业社会责任

对于企业社会责任（CSR）的认知，综合起来主要有三类。第一类观点，是企业利益本位论。不管是为股东赚钱，还是首先向股东负责，即或是将发展企业作为头等大事，都是以股东和企业利益为根本的。第二类观点，是公共利益本位论。这与第一类观点正好相反，将企业最大的社会责任定义为公共利益最大化。第三类观点，以偏概全论。企业运营管理在一定时期有所侧重的方面就是最大社会责任所在。综合以上观点，企业的最大社会责任应当是企业利益和公共利益的兼顾以及包括股东在内的各利益相关方期望、诉求和要求的平衡。特别是在企业生产经营每个过程和环节的同时体现，而达到企业的营利性和社会性的和谐统一。

10.4.1 物流法律责任

物流企业在物流相关的法律法规框架范围内，遵循行业规范，执行物流标准，履行诚信承诺，提供物流服务，承担相应的法律责任，即物流法律责任。

物流法律法规就是与物流相关的法律法规，主要包括与物流企业、物流服务、物流作业或物流操作等有关的国家法律、政府法令、部门法规、物流标准(国际标准、国家标准、行业标准)、国际公约、国际惯例等。物流企业及物流从业人员必须严格依法守法、合规履约，保证物流规范化、物流运营有序和安全，维护有关当事人的合法权益。

1. 维护利益相关者权益

利益相关者(Stake Holder)是指所有与物流企业存在直接或间接利害关系的个人或组织，包括所有者和股东、银行和其他债权人、供应商、购买者和顾客、广告商、管理人员、雇员、工会竞争对手、地方及国家政府、管制者、社区、媒体公众利益群体、政党和宗教群体以及军队等。物流企业必须依照相关法律法规，承担对利益相关者的责任，保证利益相关者的合法权益。

(1)对所有者和股东、银行和其他债权人的资金安全和收益负责，并实现资产增值最大化，为所有者和股东创造红利，向债权人支付利息。

(2)按照国家适用法律及行业标准中有关劳动时间和劳动报酬的规定，对员工支付薪酬，尊重员工的各项权利，并为员工提供公平和人性化的工作环境，保障员工的健康和安全，关心员工的生活、家庭和职业生涯，培训员工业务能力，并提供良好的职业发展空间；不使用童工，不进行强迫性劳动，不发生各种用工歧视。

(3)依据客户需求，将所运货物及时安全送达，储存保管好客户的货物，为客户提供符合质量要求与安全规范的产品或服务，尊重和维护客户权益，努力提高客户满意度。

(4)按约向供应商提供成品或半成品或原材料、设备、技术等支付款项，并在平等互利的基础上与供应商建立长期合作关系，保证供应商的利益，与供应商结成战略联盟。

(5)接受政府政策导向和法律法规、行业规范的制约，自觉服从政府的监管，守法经营，照章纳税，实现生产安全和环境安全，节能减排，切实承担环保责任。

(6)参与社区建设，保持和美化社区环境，维护社区安全，为社区居民提供劳动就业机会，尽量减少对社区居民生活的影响，保持社区和谐。

(7)在物流活动中合理利用资源，减少交通拥堵和尾气、噪音污染，降低以至消除污染物的排放，建立有效的废弃物处理设施，使污染物质的排放达标，确保生态安全，实现物流生态化。

(8)为社会发展、公众生活提供更多、更优质的物流服务，创造更多的价值回报社会。

2. 强化物流安全

物流安全泛指物流运作中发生的因人为失误或技术缺陷造成的交通事故、危害环境升天、货物损坏或失效、物流设施损坏及物流信息失真等安全问题。物流企业必须坚决贯彻“预防为主、安全第一”的方针，将安全落实到物流作业全程，并全方位覆盖物流活动的各个领域。物流安全是物流企业的首要责任。

(1)防范内外人员故意或非故意性的破坏行为。

(2)采取各种防范措施，严防物流各作业环节中发生的人身伤亡、货品丢失破损、设施设备损坏、食品污染和变质等事故。

(3)根据货品的可燃性、易爆性、自燃性等性质的不同，预防仓库、堆场、实载运输工具发生火灾；对已经发生的相关物流火灾进行及时消防扑救。

(4)确保账物相符或单据实物相符。一旦发现账物不符或单据与实物不符，应查找原因，追究责任；及时发现被切被盗，尽快保安侦查。

(5)按强腐蚀品、剧毒品、易爆品和贵重物品等的不同物理、化学、生物特性，强化管理，以保证其在物流中的安全。

10.4.2 物流伦理责任

物流伦理或物流企业伦理，和其他企业伦理一样，凝聚企业道德修养、诚信、良知和相应的社会责任，表达人类内心世界的和谐与关爱意愿，是一种全球性的共同语言。

1. 物流伦理与物流伦理责任

物流企业在物流运营、物流作业各环节中，能否诚信守信，能否维护行业信用，满足客户、服务社会，需要物流伦理予以规范和约束。

(1)物流伦理，按照一般性描述，通常是指与物流相关的各种行为规范和道德准则，除了已被定义为物流法律法规的，包括未纳入法律范畴用以评判物流中善与恶、适当与否的道德准则；也可理解为客户、公众、社会对企业的物流运营决策和相关行为的善恶价值判断，即判断物流是否符合各利益相关者利益。

(2)物流伦理责任是社会对物流企业及物流从业人员知善知恶、为善为恶和诚信守信的期望,要求以道德准则规范其物流,以及履行相应的社会责任,能给社会带来最大福利。

物流伦理责任是一种道德力量,即使在法律产生并被执行的场合,它也存在着法律代替不了的作用。首先,可提升自律能力,避免出现损人利己甚至损人不利己的行为,调节企业与各利益相关者之间的关系,营造和谐环境,拓展新的发展领域。其次,增强企业内部凝聚力,从而激发和提升企业的自主创新能力,不断寻求新发展。第三,诚信兴业,将诚信贯穿于物流各环节,塑造良好的社会形象,增强企业生存力和竞争力,促进物流业健康有序发展。

2. 物流败德行为和现象防治

物流中的败德行为和现象,主要是订货虚假、包装偷工减料或用材不当、货品假冒、野蛮装卸分拣、超载超速、送货延迟或不到位、乱加价或乱收费、投诉处理推诿、信息不实或有隐瞒、不守信等。这都与各物流主体对私利的过度追求有关,除强化法律制约外,还需加强物流伦理约束和综合治理。

(1)企业自律。加强物流伦理宣传教育、培育和提高从业者物流伦理素养,在思想观念上彻底摒弃短期功利行为,完善物流伦理准则,建立物流伦理自律约束长效机制,有效对物流败德行为和现象进行自我约束、自我控制,并纳入企业责任管理系统,增进物流行为理性化,增强物流企业社会责任感。

(2)制度惩戒。完善物流行业惩戒制度及行政、法律、社会监督制度的设置,使违背物流伦理道德者所付出的最低成本高于其预期收益,营造良好的物流伦理氛围,遏制和杜绝物流败德行为和现象。

(3)媒体监督。媒体舆论作为一种社会监督,对物流败德行为和现象的抑制作用,虽然不像行政、司法监督手段那样具有强制作用,但却不可替代,甚至在某些时候比行政、司法更具影响力。

3. 物流公益与慈善责任

物流企业也负有对公益和慈善事业的社会责任,在自愿前提下,应尽力参与社会公益和慈善活动。这是物流企业履行其社会责任的一种主要方式,也是获得政府、公众、社会认可和扩大影响力的有效途径。

物流公益和慈善可以是多样化的,主要包括但不限于安排运输车辆,为灾区运送救灾、赈灾物资;鼓励员工参加志愿者和社会公益活动;向医院、敬老院、患病者、贫困者等,进行慈善性质的捐赠救助和无偿提供物流服务;接受残疾人、缺乏劳动技能者或其他就业困难者进入物流企业,并安置在合适的岗位;向教育机构提供奖学金和其他款项;参与公共应急系统,并无偿提供资金或相关物流设施设备;无偿帮助社区改善公共环境,自愿为社区工作等。

📖 小提示

企业责任竞争力

企业责任竞争力是指企业运用自身的专业优势解决社会、环境和员工等方面的问题，使得企业履行社会责任的同时，经济效益也得以同步提升，即企业的责任竞争力得到增强。企业责任竞争力主张把企业社会责任融入企业经营的过程当中，将其视为企业战略和竞争力的重要组成部分，视为企业生存和长远发展的重要前提。

10.4.3 物流企业社会责任促进

物流企业社会责任的推进，既需要物流企业的自觉担当，也需要包括政府在内的社会各界的共同努力。

(1)充分发挥物流企业的主体作用，不断强化社会责任意识，完善履行企业社会责任管理机制。

(2)强化政府引导作用，采取多种奖惩措施，尤其是加强执法监督和法制建设，规范企业行为，促进企业主动履行社会责任。

(3)联系实际，推广国际通行的社会责任标准体系即 SA8000 认证(SA8000 是由美国的社会责任国际(SAI)发起并联合欧美部分跨国公司和其他一些国际组织共同制定的社会责任标准，总部设在美国，是第三方评估机构)；加强对社会责任标准体系的物流从业人员的岗位培训，提高企业履行社会责任的能力，规范企业社会责任行为。目前可以对中国企业进行认证的机构是 CTI(Centre Testing International)，ESTS(Extensive Standard Technical Serices Co.，Ltd.)，KHQAA；SMT-Global，这些机构是 SAI 认可的认证机构。

📖 小提示

SA 8000 社会责任体系

SA 8000 即“社会责任标准”，是 Social Accountability 8000 的英文简称，是全球首个道德规范国际标准，旨在提供一个基于国际劳工权益规范和标准采用者所在国家劳工法律的标准，以保护和协助所有在企业控制和影响范围内的生产或提供服务的人员，包括企业自身及其供应商、分包商雇用的人员。

SA8000 自 1997 年问世以来，受到了公众极大的关注，在欧美工商界引起了强烈反响。越来越多的企业家意识到，及早分析企业是否履行了公认的社会责任，在企业运行过程中是否有违背社会公德的行为，是否切实保障了员工的正当权益，不仅可以获得社会效益，还可以提高企业的声誉，增强竞争力，改善风险管理。尽管许多企业在运营中并无不道德行为，但一直缺少展现绩效的工具。而今天，企业行为是否符合社会公德可以根据该企业与 SA 8000 要求的符合性予以确认和声明。

SA 8000 认证审核是依据该标准的要求审核、评价企业是否与保护员工基本权益的要求相符，在全球所有的工商领域均可应用和实施 SA 8000 体系，SA 8000 认证审核范围包括：

- 童工；
- 强迫劳工；
- 惩戒性措施；
- 歧视；
- 健康和安全；
- 工作时间；
- 结社自由和集体谈判自由；
- 薪酬福利；
- 管理体系。

案例分析

TNT"心系我星"二氧化碳减排计划

TNT 快递公司正实施"心系我星"二氧化碳减排计划，力求成为公路与航空运输业内首家二氧化碳零排放企业。

TNT 致力于成为首家二氧化碳零排放的快递与邮政服务公司。这一宏伟目标要求 TNT 不仅仅符合政府的规章制度，满足客户当前需求。它已经成为 TNT 公司使命的一部分，承担起全球责任。TNT 力求成为公路与航空运输业内首家二氧化碳零排放企业。

像关心财务问题一样重视碳排放量

TNT 致力于战胜全球变暖问题的根本原因在于：既然快递企业在全球变暖这一问题上难辞其咎，TNT 就应义不容辞地为之提供解决方案，TNT 的职业道德要求我们如此。客户正不断测评供应商帮助他们改善环境的能力。越来越多的政府部门正颁布法令以降低车辆尾气排放量。公众亦希望污染环境者将其清理干净。

"心系我星"是一项遍及 TNT 公司上下的一个"环环相扣"的系列活动。从业务运营的各方面降低二氧化碳的排放，而不仅仅是从运输车辆层面。该活动的重心在于从运营活动过程中减少二氧化碳排放量，而不仅仅是通过花钱购买二氧化碳配额这种形式来"承担责任"。TNT 鼓励员工个人亦采取措施。TNT 的本次环境保护举措要求员工在个人生活中同样做到。这一部分的举措被称为“橙色选择”。

TNT 已经对二氧化碳排放进行了记录。遵照全球报告倡议组织及 AA1000 标准的要求，TNT 发布了年度社会责任报告，并由普华永道进行了审核。自 2008 年第一季度始，TNT 将迈出更近的一步：参照财务报表的标准，对所有的碳排放数据予以记录并制成报表。

“心系我星”降低二氧化碳排放量的策略分以下三部分：“二氧化碳排放计量”，以提升公司二氧化碳排放量的透明度；“橙色准则”，包括 TNT 日常运营中的承诺与应对措施；“橙色选择”是一项激励员工及其亲属参与的活动。

从哪“减肥”

如要对二氧化碳排量“减肥”，则须先了解其当前的“体重”。2006 年，TNT 的二氧化碳排放量为 825600 吨。

作为交通运输业的一员，公司的性质决定了 TNT 不可避免地增加了全球二氧化碳的排放量。TNT 每周都要将四百万件快递包裹、文件资料及货物送达 200 多个国家，而且通常要在第二日送达。仅荷兰当地的 TNT 邮政主导部门及荷兰最大邮政运营商，其每日递送的信件与包裹就达一千六百万份，年驱车距离达到 6000 万公里，也就是地球周长（4 万公里）的 1500 倍。

TNT 现有 44 架货运机，16700 辆汽车与卡车，以及占地 300 万平方米的设施。TNT 雇用了 159000 名员工，他们在上班途中或飞赴远程会议时也会排放出二氧化碳。在 2006 年，TNT 的二氧化碳排放量达到了 825600 吨。航空货运部首当其冲，位居其次的是公路运输车辆及公司的建筑。

TNT 不仅是一家大公司，它的业绩增长速度亦是非常惊人的。邮件部门正拓展其位于欧洲（尤其是在英国与德国）的邮件网络。快递部门在印度、巴西及中国发展势头强劲，并为其航空机组新添了两架 B747-400 飞机。因而，2006 年 TNT 集团的二氧化碳排放量增长了 15%，在 2007 年和 2008 年仍然有所上扬。

橙色准则是指 TNT 在运营过程中减少二氧化碳排放，成为“心系我星”活动的第一部分，席卷公司上下的活动，并在 TNT 各业务领域制定目标并采取行动，加大航空业的研发力度。

在支持并加大航空业的研发力度的同时，TNT 正努力降低业内二氧化碳的排放量。2006 年，TNT 44 条航线二氧化碳排放量占全公司排量的 51%。在接下来的几年里，随着业务量的增长，TNT 空运中二氧化碳排放还将上扬。降低二氧化碳排放量，这是一个极具挑战性的任务。航空零排放难以企及。对于动力飞机而言，尚无石油燃料的替代材料。试验证明，通过动力升级设备，如翼状设备等，可减排，但效率略低且价格高昂。

TNT 的承诺是优化集团公司运营，以便提升航空与地面运输的燃料效能；与航空航天业通力合作，以加速发展高效燃料技术或可替代能源。TNT 的短期运营策略是：

- 改进线路规划；
- 寻找降低飞行器重量的方法；
- 投资电子路面支持设备；
- 在仿真机而不是飞行器上对飞行员进行培训；
- 与比利时列日(Liege)机场合作，优化使用持续降落模式(CDA)以及着陆程序。通过飞行器的持续降落，发动机总功率保持在较低水平，从而减少燃料的燃烧，并降低噪声。

然而，这一影响还不够大。因此，TNT 将加强其运营力度，实施其他措施，例如：

与 Liege 机场合作，优化飞机起飞时间；

使用飞行器与水洗型发动机这种清洁发动机的方法来提升其燃油性能；

增加对飞行器地面动力装置的使用；

增强飞行器的空气动力学性能，并研发出创新型集装设备(ULDS)，以减少载货量。

此外，TNT 还将与波音公司启动一项合作计划，以对航空标准操作规程(SOPS)进行审核、维护、空运管理及燃油保护等。

水力发电的环保型办公室

TNT 在荷兰使用二氧化碳零排放式水力发电，截至 2010 年，TNT 将修建成环保型样板式新总部办公室。

TNT 用于其建筑的能源占了公司二氧化碳排量的 21%，其中大多数是不可再生能源，如煤炭及天然气。

TNT 占地逾 300 万平方米，横跨 63 个国家。位置不同，其建筑有着不同的解决方案。在办公楼建筑上，总部与分公司间无须相同。例如，意大利的规章制度与气候就不同于瑞典。TNT 必须适应于这一多样化原则。此外，TNT 必须为其近年来新并购的公司保持风格上的一致，包括中国的华宇物流，印度 Speedage 及巴西 Mercurio。

在将来 TNT 所有办公设施达到二氧化碳零排放或减排二氧化碳；在各公司级修建最优的“绿色”办公室(集团公司、快递公司与邮件公司)，在阿姆斯特丹附近建一座新型总公司办公室；为邮件部与快递部打造最佳分公司，在荷兰、意大利与瑞典率先打造样板建筑。

同时，TNT 将降低现有建筑物的能耗。通过能效措施，TNT 将得以降低其排放，并节省电能。TNT 将尽可能以环保能源替代传统能源。

从2008年1月起，拥有61000名员工的TNT总部办公室与运营部门使用无排放的水力发电(约1.25亿千瓦时)。TNT正在与Electrabel签约收购Witte Electric teit。这一并购将对TNT的二氧化碳排放产生重大影响。TNT在荷兰拥有130万平方米的地产。2006年，TNT荷兰运营所耗电量占全球的39%，二氧化碳排放量占全球公司的6%。而今，TNT荷兰公司耗电量中有7.5%为水力发电。TNT荷兰运营模块包括邮政与快递服务，分级邮递中心，分公司，总公司，集团公路中心，Cendris，Netwerk VSP，包裹，TNT Innight，TNT Fashion。

在意大利，TNT购买了可再生水力发电能源，为其134家分公司与16家总站发电。意大利分部因此减弱了对环境的影响，并超出了ISO14001的要求。

TNT正与某财团协商，建造一系列环保型办公楼，包括设立于阿姆斯特丹Schiphol机场附近的未来总部。这一未来总部将不同寻常，它将由各工作场所与会场组成，带有管理委员会设施。所有的环保型办公楼都将建于靠近交通枢纽处，对TNT所有部门的员工开放。这些新建的办公楼还应靠近大多数员工的家，以降低交通通勤过程产生的二氧化碳排放量。TNT的全新办公楼于2010年初投入使用。

TNT分公司包括大型总站与分拣中心(平均占地面积大于25000m^2)以及小型邮件分拣中心与快递分公司(占地约1500m^2)。TNT不断对小型分公司进行翻新，并在荷兰以每年建造五座新公司的速度发展。

(资料来源：上海科技成果转化促进会官网)

分析

TNT二氧化碳减排计划的主要内容是什么？绿色物流的重要性有哪些？

本章小结

本章介绍了电子商务物流、绿色物流、应急物流等物流领域发展前沿领域和热门话题，详细讲解了相关概念的内涵、特点、发展状况；本章最后引入企业社会责任的概念，介绍了物流企业应履行的社会责任以及促进企业履责的方法。

延伸阅读

华为与德国邮政DHL开展物联网合作

物联网是新一代信息技术的重要组成部分，也是“信息化”时代的重要发展阶段。其英文名称是：“Internet of Things(IoT)”。顾名思义，物联网就是物物相连的互联网。这有两层意思：其一，物联网的核心和基础仍然是互联网，是在互联网基础上的延伸和扩展的网络；其二，其用户端延伸和扩展到了任何物品与物品之间，进行信息交换和通信，也就是物物相息。物联网通过智能感知、识别技术与普适计算等通信感知技术，广泛应用于网络的融合中，也因此被称为继计算机、互联网之后世界信息产业发展的第三次浪潮。物联网是互联网的应用拓展，与其说物联网是网络，不如说物联网是业务和应用。因此，应用创新是物联网发展的核心，以用户体验为核心的创新2.0是物联网发展的灵魂。

2017年2月14日，华为与德国邮政DHL(Deutsche Post DHL)签署了合作备忘录(以下简称“备忘录”)，将通过工业级物联网硬件和基础设施，为客户提供一系列供应链解决方案。

到2025年，物联网可为全球物流业带来高达1.9万亿美元的附加价值，运营商将可以使用低成本的网络传感器和设备，来更好地监控、优化其供应链流程。根据该备忘录，华为和DHL将合作开展创新项目，聚焦基于蜂窝网络的物联网技术，以最小的功耗连接大量地域分散的设备。通过在仓储运营、货物运输、最后一公里交付等环节中提供关键数据与可见性，该技术可以提升网络连接性，从而实现更为融合的物流价值链。

“从现在到2020年，互联物流解决方案的支出预计将增长一倍以上。以DHL为代表的众多物流供应商早已开始对供应链进行物联网应用的探索，从增强资产跟踪到无人驾驶运输车，无一不包”。DHL供应链全球首席运营官兼首席信息官马库斯·沃斯(Markus Voss)博士说，“该备忘录将使华为和DHL能够通过世界级物联网硬件、网络、专业知识的强大组合，实现端到端的供应链管理，从而应对复杂的运营与业务挑战。”

根据该备忘录，华为将为DHL提供物联网设备、连接领域专家、网络基础设施，并不断努力，使其仓储、货运、最后一公里交付服务具备更强大的传感与自动化能力。华为和DHL还将携手合作，将创新成果(包括在欧洲和中国的试点商业项目)进行市场化和商业化。

“华为依托于在‘云管端’技术的协同发展和创新，打造更加开放、灵活、弹性、安全的平台，帮助客户轻松集成并开发出适合不同业务场景需求的应用。”华为企业BG总裁阎力大说，“这次合作开启了一个机遇，将以前所未有的方式改善全球供应链的效率、安全和客户服务，并定义了物联网在未来几年的创新关键期将如何改变物流行业发展。”

在物联网领域，华为聚焦提供面向海量设备、传感器互联的网络管道以及面向大数据处理的云计算基础设施，坚持开放合作共赢。除了与DHL合作以外，华为还与运营商客户及制造业客户在物联网领域展开了广泛的合作。

(资料来源：通信产业网)

本章思考题

一、选择题

1. 下列哪项不是电子商务物流的特点(　　)。

A. 自动化　　B. 信息化　　C. 柔性化　　D. 一体化

2. 绿色物流体系不包括(　　)。

A. 绿色运输　　B. 绿色包装　　C. 废弃物物流　　D. 回收物流

3. 应急物流系统的特点不包括(　　)。

A. 闭合性　　B. 时间要素　　C. 开放性　　D. 快速反应能力

4. 企业社会责任的英文缩写是(　　)。

A. CRM　　B. CSR　　C. CIS　　D. CFO

二、判断题

1. EDI 又称电子数据交换。(　　)

2. 绿色物流的最终目的是促进经济的可持续发展。(　　)

3. 普通物流只强调物流的效益,而应急物流在许多情况下是通过物流效率的实现来完成其物流效益的实现,在某些情况下,甚至会变为纯消费行为,只考虑物流效率的实现。(　　)

4. 物流企业社会责任是法律责任和经济责任的统一。(　　)

三、名词解释

1. 电子商务物流　　2. 绿色物流　　3. 应急物流　　4. 企业社会责任

四、简答题

1. 什么是电子商务物流？它有哪些特点?

2. 如何把握绿色物流的内涵?

3. 应急物流的保障条件有哪些?

4. 物流企业社会责任主要有哪几个方面?

五、实训题

1. 通过走访企业和查找相关资料,为当地物流企业编制年度企业社会责任报告书。

2. 结合当地实际自然地理条件,以及物流业发展现状,为政府部门制定本地区物流业发展“五年计划”。